SOCIAL CLASS IN THE 21st CENTURY

21世纪英国的社会阶级

MIKE SAVAGE, NIALL CUNNINGHAM, FIONA DEVINE,
SAM FRIEDMAN, DANIEL LAURISON, LISA MCKENZIE,
ANDREW MILES, HELENE SNEE, PAUL WAKELING

〔英〕迈克·萨维奇（Mike Savage）等 —— 著
袁博 等 ———— 译

社会科学文献出版社
SOCIAL SCIENCES ACADEMIC PRESS (CHINA)

First published in Great Britain in the English Language
by Penguin Books Ltd.

Copies of this translated edition sold without a Penguin sticker
on the cover are unauthorized and illegal

Published under licence from Penguin Books Ltd.
Penguin(in English and Chinese)
and the Penguin logo are trademarks of Penguin Books Ltd.

The authors have asserted their moral rights.
封底凡无企鹅防伪标识者均属未经授权之非法版本。

目 录

表目录 / iii

图目录 / v

致　谢 / i

导　言　英国阶级大调查与当今的阶级回归 / 1

第一部分　社会阶级的历史

　　第 1 章　争夺阶级边界：区分中产阶级和工人阶级 / 19

第二部分　资本、积累与社会阶级

　　第 2 章　积累经济资本 / 53

　　第 3 章　高雅和新兴文化资本 / 88

第 4 章　社会资本：网络与个人关系纽带 / 121

第 5 章　阶级新面貌：经济资本、文化资本

　　　　与社会资本的交互作用 / 152

第三部分　社会流动、教育与地理空间

第 6 章　登山：社会流动的探险 / 171

第 7 章　两个校园的故事：普通大学与精英院校 / 201

第 8 章　英国的阶级与空间不平等 / 237

第四部分　21 世纪英国的阶级分化

第 9 章　顶层图式：英国的新"普通"精英 / 277

第 10 章　朝不保夕的不稳定无产者：那些被忽视的人 / 306

第 11 章　阶级意识与新的自我优越感 / 334

结　论　21 世纪的新旧阶级政治 / 363

附　录　英国阶级大调查（GBCS）/ 379

索　引 / 385

译后记 / 400

表目录

表 0.1　GBCS 受访者中占比过多的职业 / 10

表 0.2　GBCS 受访者中占比不足的职业 / 10

表 0.3　GBCS 受访者中的族群偏差 / 12

表 1.1　英国注册总署制定的社会阶级图式 / 29

表 1.2　英国国家统计局社会经济分类 / 37

表 2.1　职业阶级的年收入差异（2011 年 1~4 月）/ 62

表 2.2　职业阶级的收入水平 / 63

表 2.3　按职业类别与年龄划分的平均收入 / 64

表 2.4　最昂贵的 20 个自治市镇房价排名 / 74

表 2.5　最便宜的 20 个自治市镇房价排名 / 76

表 3.1　英国的首要文化对立 / 98

表 3.2　英国的次要文化对立 / 105

表 4.1　受访者认识选定职业人员的比例 / 128

表 4.2　根据相互接触的机会对从事某些

职业的人进行划分 / 133

表4.3 不同职业群体之间联系的频率 / 137

表5.1 不同阶级及其收入 / 156

表5.2 GBCS新社会阶级汇总 / 160

表6.1 GBCS"七个阶级"与其家庭出身 / 178

表6.2 按职业类别和家庭出身划分的平均收入 / 185

表7.1 各大学毕业生受访者（25~65岁）
属于精英群体的比例 / 220

表7.2 GBCS受访者（30~49岁）按社会/教育
途径划分的精英成员比例 / 225

表7.3 各类资本在各大高校的分布 / 232

表8.1 按社会资本、文化资本和经济资本排名的前20个
英国自治市镇 / 268

表11.1 认为自己属于按GBCS阶级类别所划分的
某个社会阶级的人数比例 / 342

表11.2 认为自己属于按GBCS阶级类别所划分的
不同阶级的人数比例 / 343

表C.1 职业阶级与政党身份认同之间的比例
（1983~1984年）/ 366

表C.2 职业阶级与政党身份认同之间的比例
（2010~2011年）/ 367

图目录

图 0.1　GBCS 受访者的地理位置与人口 / 8

图 2.1　2008 年、2010 年欧盟 15 国与主要英语
　　　　国家的收入不平等情况 / 60

图 2.2　按年龄划分的经济资本的分布 / 78

图 4.1　家庭年收入和你所认识的每个群体的人数 / 139

图 4.2　家庭年收入和社会网络 / 142

图 4.3　受教育程度和你所认识的每个群体的人数 / 143

图 4.4　因家庭出身而产生的社会交往差异 / 145

图 4.5　因家庭出身和收入而产生的社会交往差异 / 147

图 4.6　不同年龄组社会交往的人数差异 / 148

图 6.1a　具有高级管理背景的比例最高的十个职位 / 182

图 6.1b　具有高级管理背景的比例最低的十个职位 / 183

图 6.2　按家庭出身划分的精英阶级的经济资本 / 188

图 6.3　按家庭出身划分的精英阶级的文化资本和

社会资本 / 189

图 7.1　1860~2010 年英国高等教育招生人数 / 206

图 7.2　不同社会阶级的大学毕业生占比 / 207

图 7.3　大学毕业生与非大学毕业生的社会阶级比较 / 209

图 7.4　不同大学毕业生（35~50 岁）的社会阶级 / 217

图 7.5　不同院校毕业生的经济资本 / 228

图 8.1　2011 年按城区划分的人均总增值（GVA）/ 243

图 8.2　2007~2011 年英国 17 个主要城市地区与伦敦的总增值（GVA）的比例变化 / 244

图 8.3　2007~2008 年英国 14 个主要城市的收入两极分化 / 246

图 8.4　伦敦金融城内的英格兰银行各辐射范围内的平均家庭收入 / 248

图 8.5　英国 10 个主要建筑密集区中精英在邮政行业中所占的比例 / 249

图 8.6a　精英集群 / 258

图 8.6b　社会资本：地位 / 260

图 8.6c　社会资本：范围 / 262

图 8.6d　社会资本：高雅文化 / 264

图 8.6e　社会资本：新兴文化 / 266

图 10.1　阶级计算器的拙劣模仿 / 312

致　谢

这是一部恢宏、精彩且巨细无遗的合著成果。迈克·萨维奇（Mike Savage）（伦敦政治经济学院社会学教授）和菲奥娜·迪瓦恩（Fiona Devine）（曼彻斯特大学社会学教授）是"英国阶级大调查"（GBCS）的负责人，也是与英国广播公司（BBC）联络的关键人物，他们自始至终领导着这个项目。迈克负责整个项目的整体分析策略，并牵头分析了本研究与其他阶级研究的关系（第1章和第5章），以及文化资本（第3章）和精英研究章节（第9章）。菲奥娜对分析策略做出了重要贡献，并率先于2013年向媒体呈现了分析结果，她还与尼尔·坎宁安（Niall Cunningham）（杜伦大学地理学讲师）、海伦妮·斯尼（Helene Snee）（曼彻斯特城市大学社会学讲师）、安德鲁·迈尔斯（Andrew Miles）（曼彻斯特大学社会学准教授）一起负责第2章中有关经济资本的分析。尼尔负责对BBC提供的GBCS

数据进行初步整理与分析，并利用他的地理信息系统（GIS）技术带领我们进行空间和阶级研究（第 8 章）。萨姆·弗里德曼（Sam Friedman）（伦敦政治经济学院社会学助理教授）在组织本书所报告的 50 个定性访谈，以及为我们起草关于社会流动（第 6 章）、自我优越感与阶级认同（第 11 章）相关论点的过程中扮演了关键角色，此外还为有关文化资本和精英的章节做出了贡献。丹尼尔·劳里斯顿（Daniel Laurison）（伦敦政治经济学院博士后研究员）牵头准备了 GBCS 数据的归档工作，并进行了大量数据分析，尤其是在关于社会资本（第 4 章）和社会流动（第 6 章）的章节。丽莎·麦肯齐（Lisa Mckenzie）（伦敦政治经济学院研究员）对第 10 章所述的不稳定无产者进行了研究。安德鲁·迈尔斯全程协助我们进行数据的组织与分析。海伦妮·斯尼协助整理了在英格兰北部进行的定性访谈材料，并帮助起草了关于经济资本（第 2 章）、自我优越感与阶级认同（第 11 章）等章节。保罗·韦克林（Paul Wakeling）（约克大学教育学高级讲师）主导了第 7 章有关大学和社会流动的分析。

迈克负责将这本书不同的章节串联成完整的叙述，并为其撰写结论。所以他也将为本书的所有不足之处负最终责任。

我们要感谢许多人，在研究过程中，虽然他们没有对本书做出直接贡献，但他们的基础研究为我们提供了宝贵的帮助。这些人包括约翰内斯·赫埃尔布雷克（Johannes Hjellbrekke）

（挪威卑尔根大学）、李姚军（Yaojun Li）（曼彻斯特大学）、马克·泰勒（Mark Taylor）（谢菲尔德大学）、布里吉特·勒鲁（Brigitte Le Roux）（巴黎第五大学－索邦巴黎西岱联合大学），他们都对 GBCS 数据进行了分析，这为我们的工作提供了依据。在伦敦政治经济学院的社会学系有一个优秀的研究生团队：内尔·比彻姆（Nell Beecham）、凯塔琳娜·赫克特（Katharina Hecht）和乔治娅·尼科尔斯（Georgia Nichols），他们提供了补充研究、批判性思考和精神上的支持。维尔夫·霍斯福尔（Wilf Horsfall）为我们的一些研究结果提供了出色的图形可视化效果。我们也要感谢梅尔·尼科尔斯（Mel Nichols）对早期草稿一针见血的见解，这只有经验丰富的记者才能提出来，这对改写本书的最终版本起到了极大的帮助。乔治娅做了一件了不起的工作，她校对了稿件，并发现了以前我们没有注意到的问题（现在大部分都已解决）。

我们还要感谢许多支持过我们的人。曼彻斯特大学社会学系是这项研究得以产生的智力源泉，感谢贝弗利·斯卡格斯（Beverley Skeggs）、艾伦·沃德（Alan Warde）、温迪·博泰罗（Wendy Bottero）、尼克·克罗斯利（Nick Crossley）、科利特·费根（Colette Fagan）以及其他人，感谢他们对重新思考阶级在这个变化着的世界中的意义的兴趣。来自曼彻斯特大学和开放大学的英国经济与社会研究理事会（ESRC）的社会文化变革研究中心（CRESC）的支持是这个项目得以发展的基础。我们要特别感谢文化资本和社会排斥研究项目团队［托尼·贝内特（Tony Bennett）、伊丽莎白·席尔瓦（Elizabeth Silva）、艾伦·沃德、莫德斯托·加约-卡尔（Modesto Gayo-Cal）、大卫·赖特（David Wright）］，该项目是这项研究的重要基础。近期来自约克大学社会学系同事的支持［尤其是劳里·汉奎内（Laurie Hanquinet）和罗杰·伯罗斯（Roger Burrows）］，以及自2012年以来伦敦政治经济学院社会学系同事的支持，对这个项目取得成果起到了至关重要的作用。我们要感谢伦敦政治经济学院的许多学生，随着我们思维的变化，他们在研讨会和课堂上用他们特有的活力与热情回应了我们的想法。我们得到了路易丝·费希尔（Louise Fisher）（部门经理）、阿蒂拉·桑托（Attila Szanto）（调研经理）和路易莎·劳伦斯（Louisa Lawrence）（私人助理）出色的行政支持，他们在整理最终手稿的过程中给予了我们极大的帮助。我们还要感谢伦敦政治经济学院的同事约翰·希尔斯（John Hills）（社会政策系）、妮基·莱西（Niki Lacey）（法律系）和大卫·索斯凯斯（David Soskice）（政府学系），感谢他们一直以来对这个项目的热情和鼓励。就在本书出版的同一年，伦敦政治经济学院国际不平等研究所也成立了，我们对此感到非常兴奋，因为它将成为我们对本书中所提出的主题做进一步研究的平台。

致 谢

如果没有 BBC 的大力支持，这个项目是不可能完成的。他们从来没有告诉我们，他们在 GBCS 项目上投资了多少钱，但一定是相当可观的。我们希望这本书能够证明公共社会科学不仅限于学术界，还可以从与媒体的合作中获益。我们要特别感谢理查德·凯布尔（Richard Cable）、迈克尔·奥威尔（Michael Orwell）和菲利普·特里本巴赫（Philip Trippenbach），他们在保障这个项目顺利进行的过程中发挥了至关重要的作用（有时是在项目进展非常艰难的情况下）。

最后，我们要感谢企鹅出版社（Penguin）的约瑟芬·格雷伍德（Josephine Greywoode），感谢她的支持和对本书早期手稿的出色建议，还有路易莎·斯莱登·沃森（Louisa Sladen Watson）的专业校对，这极大地提高了该书的专业度。

伦敦、曼彻斯特和约克
2015 年 4 月

导　言
英国阶级大调查与当今的阶级回归

在 21 世纪的前 25 年，不平等问题重新回到了公众的视野。2014 年，世界经济论坛强调，收入差距是当今世界经济和政治安全面临的主要风险之一。乐施会等国际非政府组织也提醒人们注意世代相传的优势循环，并指出这种机会的不平等强化了特权。尽管我们生活在一个更加富裕的时代，但诸如贫困等长期存在的问题似乎正变得越来越严重，而且越来越多地与超级富豪迅速增长的财富对立起来。

本书以英国为例，展示了这些呈螺旋式上升的不平等是如何重新建构当今英国的社会阶级的。指出经济不平等的加剧是一方面，我们还需要了解人们是如何理解这些分歧的。它们是否与更广泛的社会、文化，以及政治分化相重叠？我们能否辨别出拥有共同生活方式、身份认同、社会网络、政治取向，以及收入和财富水平的不同社会阶级？因为只有在这种情况下，我们才能谈论卡尔·马克思所谓的"自为阶级"（由具有阶级意识的人组成的阶级），而非"自在阶级"（作为一个社会群体的阶级）。在本书中，我们认为阶级确实从根本上被重新建构了。摆脱了长期存于中产阶级和工人阶级之间的差异，我们正在走向一种新的阶级秩序，这种秩序在区分顶层（我们称之为"财富精英"）和底层（我们称之为"不稳定无产者"，即那些每天都在为生活而挣扎的人）时更加明确，但中间层次却变得更为模糊和复杂。我们将在本书中展示社会阶级是如何由三种不同类型的资本——经济资本（你的财富和收入）、文化资本（你的品位、爱好和活动）和社会资本（你的社会网络、友谊、参加的社团等）聚合而成的。每一种类型的资本，我们都将在后面的章节中进行全面的介绍和解释。以这三种资本为基础来理解阶级，我们可以明确日益增长的经济不平等是如何将顶层和底层之间愈发严重的阶级不平等联系在一起的。我们还可以避免将阶级看作向旧工业时代倒退的倾向，即蓝领工人、煤矿工人、农场工人与工厂主、专业人士、管理人员之间的对立。我们对经济、文化和社会资本的关注为我们提供了另一种选择，不再像先前的社会学分析那样侧重对阶级进行职业分组，因为这种分析并没有充分地阐明阶级本身更为广泛的文化与政治意义。我们还可以借此重申阶级的重要性，因为像欧文·琼斯（Owen Jones）或丹尼·多林（Danny Dorling）这样的批评家很少直接使用阶级的概念。①而且近几十年来,在证明不平等加剧方面做得最多的经济学家们,往往根本不会使用"社会阶级"这一概念,因为他们认为这个概念过于粗糙,以至于无法描述当代的经济分化。

我们的观点让我们看到日益扩大的经济不平等是如何与阶级分化更为广泛地联系在一起的。我们可以识别出目前主要的社会分化,尤其是在顶层与底层之间,并且能够理解进入最有利位置的社会流动的困难性、地理分化的加剧,以及精英大学日益增长的权力。

英国阶级大调查(GBCS)简介

2013年,我们公布了由英国广播公司(BBC)实施的"英国阶级大调查"(Great British Class Survey, GBCS)的调查结果。这一调查结果被媒体广为宣传,在全球范围内引起了惊人的关注,我们意识到当前人们对阶级问题兴趣的大爆发。当BBC说服我们帮助他们设计网络调查时,我们真的不知道这会引发多少人的关注。谁会愿意花20分钟的时间来回答一系列关于自己的休闲兴趣、文化品位、社交网络和经济状况等晦涩难解的问题

---

① Danny Dorling, *Injustice* (Bristol: 2010), and Owen Jones, *The Establishment, and How They Get Away with It* (London: 2014).

呢？当调查在短短几周内就收到超过16.1万份的回复，进而成为英国有史以来规模最大的社会阶级调查时，我们感到非常满意。

自2011年4月从BBC网站下载第一波数据后，我们花了近两年时间试图弄清楚它的模式。经历几次失败的尝试后，在2013年4月，我们精心建构了由七个新阶级组成的新社会学模型，我们将在第5章对此进行详细讨论。[①]BBC用了一组令人印象深刻的可视化图表来宣传我们的发现。然后这些发现被链接到一个交互式的"阶级计算器"（Class Calculator）上，在那个链接中，人们可以花不到一分钟的时间来回答关于收入、储蓄、房产价值以及他们的文化兴趣和社交网络的几个问题，接着他们就会被告知自己究竟属于哪个"新"阶级。

结果令人震惊。不到一周的时间，就有700万人（约占英国成年人口的1/5）点击了阶级计算器，以获知自己属于哪个"新"阶级。[②]社交媒体上充斥着辩论，一股大众的、学术的评论浪潮淹没了我们。在我们过往的职业生涯中，我们主要是为学术界的读者撰写大量关于社会阶级的文章，但从未经历过如

[①] Mike Savage, Fiona Devine, Niall Cunningham, Mark Taylor, Yaojun Li, Johannes Hjellbrekke, Brigitte Le Roux, Sam Friedman and Andrew Miles, "A New Model of Social Class? Findings from the BBC's Great British Class Survey Experiment", *Sociology*, 47(2), 2013, 219–50.

[②] 截至2014年底，这一数字已上升至近900万，每周有超过1万人持续点击阶级计算器。详见 Fiona Devine and Helene Snee, "Doing the Great British Class Survey", *Sociological Review*, 63(2), 2015, 240–58.

导　言　英国阶级大调查与当今的阶级回归

此大规模的社会关注。而大量的博客和媒体对这些争论的关注，在社会学研究中是罕见的。

本书的一个主要观点是：社会阶级再次成为大众想象中的一股非常强大的力量。英国人意识到了阶级的存在，既对阶级感兴趣，也对阶级感到不安。在有关 GBCS 的媒体风暴中，我们听说了火车上的乘客在谈论他们现在属于哪个阶级，小学生也在操场上讨论阶级。在此期间还发生了一些奇怪的事件。在 GBCS 项目启动后的一周，伦敦的剧院门票需求量平均增长了 191%。英国在线票务网站 Seatwave 的发言人路易斯·莫洛克（Louise Mullock）表示："我们发现门票需求量几乎是普遍增长的，我们无法解释这一点，直到我们意识到这与 BBC 推出的阶级计算器直接相关。"① 因为似乎很多人都对阶级计算器将剧院的上座率作为测量其文化资本的一项指标做出了回应，所以决定多出去走走。

科学实验通常被期望（实验者）远离他们正在进行的研究，以提供"客观"的实验结果，例如在比较哪些医疗干预措施有效时使用随机对照实验法。就 GBCS 项目而言，我们不能这样做。因为人们对阶级的兴趣本身就很浓厚，如果我们试图退后一步，那么我们就会错过那些与阶级紧密联系在一起的能量、强度以及敌意和不安全感。事实上，这正是本书的一个基本论点。我们喜

---

① 参见 http://xmedia.ex.ac.uk/wp/wordpress/a-class-act/。

欢把自己想象成一个生活在民主社会中的人,在这个社会,每个人都应该享有平等的权利。然而,我们也知道,人们拥有的经济财富可能是截然不同的。从象征意义上讲,阶级正是经济现实和我们自身信仰之间的差异所引发的焦虑的导火索。

这一问题在 GBCS 网络调查本身差异化的受访率中得到了清晰的体现。事实证明,那些对一个 20 分钟的网络调查感兴趣的人远远不是整个英国人口的典型代表。图 0.1 显示了参与 GBCS 的人口分布情况,考虑到该地区的人口状况(我们从 2011 年的人口普查中得到了这一基本人口数据),我们认为参与 GBCS 的人数与我们的预期有所出入。如果整个国家的参与率是完全均等的,那么根据人口普查,所有地区的参与率都将与我们预期的数字相匹配。然而,事实显然并非如此,我们在地方一级实际观察到的参与程度存在巨大差异。图 0.1 显示了这些差异占我们预期的百分比。在白色区域,考虑到当地的人口基数,参与的人数比我们预期的要少一半(甚至更少),而在深色区域,完成网络调查的人数比我们预期的要多 50%(甚至更多)。因此,图 0.1 显示了 GBCS 参与者的地理分布,并将他们与大不列颠(包括大伦敦区)和北爱尔兰不同自治市镇的人口按郡进行了比较。[①] 我们从一开始就注意到,与英国其他地

---

① GBCS 受访者不足 100 人的空间单元的相关内容已被删除。

区相比,北爱尔兰的参与率明显较低。看来相当一部分北爱尔兰人,尤其是那些带有共和党色彩的人,可能并没有被一项名为"英国阶级大调查"(GBCS)的项目所吸引。所以从这个意义上讲,国家认同感可能比阶级更重要,这或许解释了为什么苏格兰西部甚至英格兰北部大部分地区的人参与率较低。

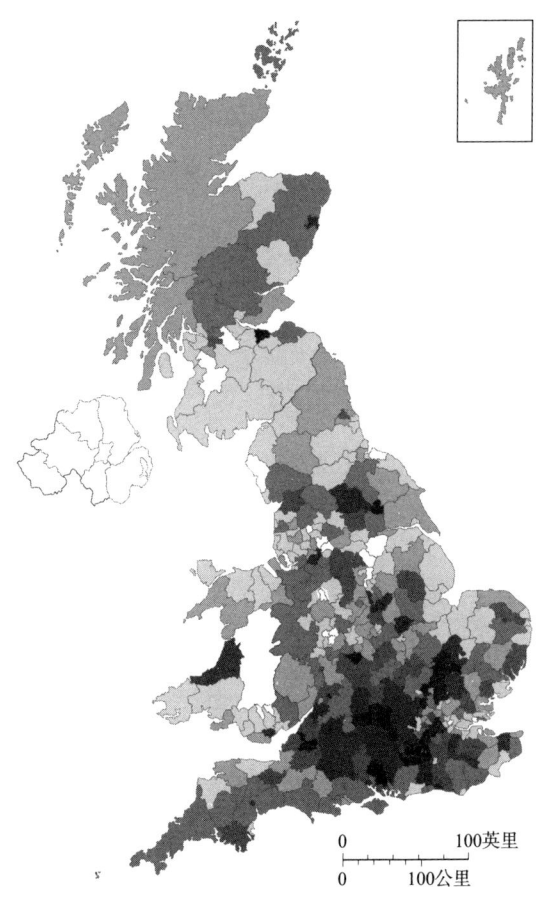

21 世纪英国的社会阶级

K&C 肯辛顿–切尔西区
H&F 哈默史密斯–富勒姆区
按照自治市镇划分的各地区实际参与人数占预期参与人数（16~99岁）的百分比

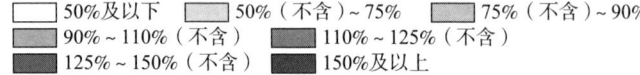

图 0.1　GBCS 受访者的地理位置与人口[①]

在比例尺的另一端，人们对调查反应过度的地区（用深色表示）主要集中在伦敦西部，即在很大程度上更普遍地集中于英格兰东南部。这些地区是受 BBC 影响的中心地带。然而，地理位置是很复杂的。爱丁堡也有很高的受访率，格拉斯哥的居民则紧随其后。从更精细的空间尺度来看，大学城和城市的代

———————
① 本书中地图均系原书插附地图。

表性更高，其中牛津、剑桥和约克以其突出的清晰度从腹地中脱颖而出，且阿伯丁、布莱顿、埃克塞特、坎特伯雷、阿伯里斯特威斯和诺威奇都处于较深的区域中。

GBCS参与率本身就证明了存在明显的地域划分，这也提出了一个基本问题，即为什么一些人对阶级感兴趣，而另一些人却不感兴趣？这种明显差异背后的原因又是什么？越富裕的人似乎对阶级这个话题越感兴趣，尽管他们可能也对调查结果持怀疑态度。即使是衡量GBCS受访者地理位置的最基本指标，其本身也显示了阶级分化的巨大影响。

当我们考虑到最有可能参与GBCS的人的职业时，情况变得更复杂了。表0.1和表0.2展示了这种主要差异。在参与GBCS的受访者中，首席执行官（CEO）的比例高达4.1%，考虑到该职业群体在劳动人口中的总数，这一比例是我们预期的20.4倍。我们还看到，商业及相关金融专业人士，以及自然和社会科学家、研究人员和专业人士的数量明显较多。各行各业的专家都被吸引到了GBCS中。

然而，与此形成对比的是，表0.2中显示的是那些没能立即到BBC的LabUK网站去完成GBCS的职业。这一群体主要由从事非技术性体力劳动的人组成。在16.1万名受访者中，没有一个从事基础服务的清洁工或塑料加工工人来回答问题。玻璃安装工、叉车司机以及类似的从业者也很少参与。在比较这些表格时,阶级分化的巨大力量是显而易见的。

表 0.1　GBCS 受访者中占比过多的职业

单位:%

职业	占 GBCS 受访者的比例	样本人数超出（预期）
首席执行官	4.1	×20.4
商业、研究和管理专业人士	0.9	×5.8
商业及相关金融专业人士	1.5	×13.7
自然和社会科学家	1.2	×8.3
物理学家	0.4	×5.9
律师和法官	0.4	×4.8
精算师、经济学家和统计学家	0.5	×4.8
工程专业人员	1.3	×4.8
记者	1.2	×4.5

表 0.2　GBCS 受访者中占比不足的职业

单位:%

职业	占 GBCS 受访者的百分比	样本人数不足（预期）
基础服务类职业	—	—
基础清洁类职业	—	—
塑料加工人员	—	—
叉车司机	0.01	×0.3
玻璃安装工、窗户装配工	0.01	×0.3
屋顶工、砖瓦匠和石板瓦工	0.02	×0.4
橡胶技工	0.02	×0.4
车辆/喷漆技术员	0.02	×0.4

续表

职业	占 GBCS 受访者的百分比	样本人数不足（预期）
包装工、装瓶工、装罐工和装填工	0.02	×0.4

这些都是非常简单的发现，但这也是英国阶级分化力量的缩影。在这种分化中，一边是生活在伦敦西部和伦敦周围各郡的富裕的、受过教育的专业人士和管理人士；一边是更有可能生活在英格兰东南部以外地区的体力劳动者。这就是阶级的印记，它被标记在研究工具的运作中，以揭示阶级的意义。

但问题远非如此，因为 GBCS 不仅关乎阶级，还关乎"英国人"的身份。我们已经看到，北爱尔兰和苏格兰居民参与 GBCS 的情况与英格兰居民不同。不同的种族之间，以及不同族裔的成员对 GBCS 的参与度也存在很大的偏差。表 0.3 显示，如果样本代表英国人口，那么黑人和亚洲少数族裔的比例比我们预期的要少得多。为什么会这样呢？这可能是因为这些族群更可能处于阶级结构中较低的位置，我们已经看到，这些族群的成员不太可能参与 GBCS。还有一种可能，即"大不列颠人"的含义可能被认为指的是"英国白人"，因此与少数族裔没什么关系。在那些参与了 GBCS 的少数族裔中，学生或大学毕业生的比例很高。这再次表明，从比例来看，GBCS 更倾向于这些群体中受教育程度更高的人。例如，将亚裔与白人进行比较，在很大程度上就是对这两个群体中受过良好教育的成员进行比较。我们不能简单地假设 GBCS 中只存在阶级偏差，因为数据中的偏差会以几种不同的方式呈现，我们在报告调查结果时需要注意这些。

表 0.3　GBCS 受访者中的族群偏差

单位：%

族群	参与 GBCS 的族群占比	参与 GBCS 的人口占比（基于 2011 年英格兰和威尔士的人口普查）	各族群中参与 GBCS 的大学毕业生占比
白人	90.14	85.97	63.4
黑人	0.90	3.32	59.9
亚洲人	2.18	6.81	68.1
中国人	0.94	0.70	71.9
混血人种	1.89	2.18	62.2
其他族群	3.96	0.10	65.0

所以，GBCS 数据当然不能用来报告具有全国代表性的调查结果。但从某种意义上说，这一点实际上是非常重要的，因为正如我们所看到的，这种样本偏差非常具有启发性。如果我们不能理解人们对各种形式的知识和专业技能的运用是如何与阶级本身相关联的，那么我们就无法认识到阶级在当代英国的力量。在本书接下来的部分，我们将反复提到这一点。

然而，这一观察结果也对我们的分析策略提出了根本性的挑战。显然，如果我们只是简单地报告 GBCS 的调查结果，我们将依赖最富裕和受过良好教育的受访者的意见,而很难公正地对待阶级分化及其与种族、性别、年龄等因素的交互影响。事实上,依赖具有如此强烈样本偏差的调查数据的问题,已在以往关于 GBCS 的出版物中被评论人士充分讨论过了。[1]这也就是为什么我们要在这本书中使用许多其他来源的数据来纠正这种偏差的原因。

首先,样本偏差的程度一经发现,BBC 就同意由市场调研公司捷孚凯(GfK)进行一项样本量为 1026 人的具有全国代表性的小型调查。该调查询问了与 GBCS 项目相同的问题,从而为我们提供基准以修正 GBCS 的样本偏差。[2]一方面,我们使用这个全国性样本来建构适合我们论点的具有代表性的模式;另一方面,当我们想要进行更详细的分析时,我们则使用更大的 GBCS 样本。我们将会在分析中明确说明我们使用的是哪一组样本。

其次,考虑到媒体和公众对 GBCS 的浓厚兴趣,我们决定

---

[1] 参见 Colin Mills, "The Great British Class Fiasco: A Comment on Savage et al.", *Sociology*, 48(3), 2014, 437–44, 以及我们的回应, Mike Savage, Fiona Devine, Niall Cunningham, Sam Friedman, Daniel Laurison, Andrew Miles, Helene Snee and Mark Taylor, "On Social Class, Anno 2014", *Sociology*(即将见刊)。

[2] 然而,这里存在一个关于种族分析的特殊问题,由于市场调研公司捷孚凯(GfK)收集的具有全国代表性的样本中少数民族的数量太少(另见附录:英国阶级大调查,第 2 部分),因而无法轻易得出推论。因此,读者应该意识到这一局限性,即使用 GBCS 所提供的数据集或 GfK 收集的具有全国代表性样本的数据集均可能无法令人满意地分析种族问题。

补充 50 个额外的定性访谈，以发掘人们对阶级的更多看法，而不仅仅是通过问卷回答的方式。我们对那些不倾向于做 GBCS 的人，也就是那些处于阶级结构底层的人进行了一些访谈，目的是找到另一种方式来接近那些不倾向于完成问卷调查的群体。我们使用这些定性访谈和民族志片段来充实我们的描述，并提出问卷调查本身遗留的问题。我们还利用这些访谈来放大我们特别感兴趣的精英阶级的成员。

最后，也是非常重要的一点，在报告 GBCS 的调查结果时，我们还借鉴了广泛的社会学研究成果来支持我们对这些问题的长期关注。本书的作者们在众多其他重塑社会阶级划分的研究项目中有着丰富的直接经验，我们将在接下来的研究中深入阐释这项研究与其他研究的关联。尤其要参考的是"文化资本和社会排斥研究"项目，该项目进行了一项全面的全国性调查，创建了焦点小组，并进行了定性访谈，以评估英国文化参与的性质（贝内特等发表于 2009 年的研究结果）。[①] 这开创了我们在 GBCS 项目中使用关于文化资本的问题，并提供了许多与本书主题密切相关的其他研究。

因此，英国阶级大调查是一次真正意义上的实验。无论是数据本身，还是公众对研究的兴趣，都给了我们一个前所未有

[①] 参见 Tony Bennett, Mike Savage, Elizabeth Silva, Alan Warde, Modesto Gayo-Cal and David Wright, *Culture, Class, Distinction* (Abingdon: 2009)。

的机会来思考当代英国存在的新型阶级分化。但在理解这项研究带来的教训时,我们需要跳出数据,去看看更广泛的阶级动态,因为这能告诉我们人们是否有可能自己完成问卷调查。

这本书为我们解释了当今阶级的重要性。我们没有试图对大量文献进行总结,相反,我们借鉴并提炼了近几十年来所进行的广泛研究,试图提供一个具有挑战性的解释,我们希望它能在学术界内外引发讨论和反思。因此,本书不仅仅是我们与 GBCS 项目合作的一份报告,也代表了对阶级社会学研究更广泛的参与。

我们的分析是基于英国的情况,在这方面我们是专家。但我们并不是说英国的经验就是典型的,也不是说英国的经验就能够为其他国家指明道路,远非如此。然而,我们的确认为,这里所讨论的问题不可能只局限于英国这个国家,而将在全球范围内引起共鸣。尽管我们完全承认英国是世界上最富裕的国家之一,但与其他国家相比,英国的财富精英和贫穷阶级之间的关系会非常不同。当然,英国的情况也具有重要的象征意义。在过去的一个世纪里,对英国阶级关系本质的反思已经引发了围绕公民权、福利、贫困、文化优越感、政治激进主义和全球改革等不断变化的本质的激烈争论。在所有这些案例中,通过认识到英国案例的特殊性,其他地方的人也有可能认识到阶级关系在其他环境下是如何运作的。如果我们的书能引起对其他国家形势的反思,那就是我们产生的积极影响。

关于阶级的话题绝非一个温和的话题。对于什么是阶级、如何衡量和分析阶级以及阶级对于社会的意义，人们进行了激烈的争论。在这些争论中，我们远不是中立的。我们一直站在一群英国社会学家的最前沿，他们近年来坚持认为，阶级仍然是社会学分析的基础。我们还支持法国社会学家皮埃尔·布迪厄（Pierre Bourdieu）的思想，他的工作被称为"文化阶级分析"，为揭示当今阶级的复杂性提供了最具洞察力的方法。在本书中，我们不直接与其他观点进行辩论，以免偏离我们的主要目标。

我们的书是存在逻辑结构的，所以最好按顺序阅读。在第一部分，我们解释了现有的关于阶级的思想是如何持续聚焦在中产阶级和工人阶级之间的鸿沟上的，我们将展示这种观点过时了。在第二部分，针对阶级分析的多维方法，我们将阐明经济、文化和社会资本是如何造成不平等的。其中，第5章展示了我们是如何将这些不同类型的资本联系在一起，从而建构一种新的阶级划分方法的。这种方法表明，工人阶级和中产阶级之间并没有清晰的分界线，而是呈现一种更为等级化的阶级秩序，在这种秩序中，财富精英明显高于其他人。第三部分则展示了社会阶级对社会流动、教育和地理空间的影响。第四部分则通过聚焦财富精英和不稳定无产者这两个极端阶级，展示当前所存在的深刻的阶级分化。最后，我们在结论中提出了我们论点的政治意蕴。

第一部分
社会阶级的历史

第1章
争夺阶级边界：区分中产阶级和工人阶级

2011年1月，英国广播公司（BBC）启动了他们对英国社会阶级的新调查——英国阶级大调查（GBCS），并发布了以下公告：

"工人"、"中产"和"上层"这三个标签最早出现于19世纪，是对英国在工业革命时期领导世界时出现的尖锐社会差异进行分类的一种方法。但是，一个在维多利亚时代被设计出来用于描述产业工人、管理者和雇主之间关系的体系，如今依然适用吗？很明显，社会分化还远没有消失，传统的阶级语言仍然充斥在公共事务中，塑造着政治思维，并影响着我们的个人事业。那么，在21世纪的英国，阶级到底意味着什么呢？[1]

---

[1] 参见 http://www.bbc.co.uk/labuk/articles/class。

当然，许多人一直抵制这些阶级分类的价值，因为这可能被视为分裂或简化。历史学和社会学的研究表明，人们对自己在多大程度上属于何种类型的阶级，一直存在着矛盾心理。21世纪初，我们对200名曼彻斯特居民进行了深入的访谈，结果表明，受访者中有2/3的人对自己是否属于某个阶级持矛盾态度。[1] 早在20世纪60年代，当时英国的阶级分化通常被认为已经非常严重，但即便在那时，也有一半的人不认为自己属于某个社会阶级。[2]

我们不应该认为"上层阶级"、"中产阶级"和"工人阶级"之间的区别从来都是明确的或毫无争议的。尽管如此，在许多国家，尤其是英国，在过去的两个世纪里，中产阶级和工人阶级之间的界线问题一直是人们关注的焦点。上层阶级倾向于站在这种基本的紧张关系之外：尽管他们的贵族身份非常引人注目，但这些贵族身份标志着他们与其他社会阶级的区别，是由他们的出身特权以及他们自己的社会规则和礼仪规范所

---

[1] Mike Savage, Gaynor Bagnall and Brian Longhurst, "Ordinary, Ambivalent and Defensive: Class Identities in the Northwest of England", *Sociology*, 34(5), 2001, 875–92.

[2] Anthony Meath, Joan Martin and Gabriella Elgenius, "Who Do We Think We Are? The Decline of Traditional Social Identities", 转自 A. Park, J. Curtice, K. Thomson, M. Phillips 和 M. Johnson 编著的 *British Social Attitudes: The 23rd Report – Perspectives on a Changing Society (London: 2007)*, pp. 1–34。

第1章　争夺阶级边界：区分中产阶级和工人阶级

决定的。他们似乎是作为一种特殊的群体而存在的。① 相比之下，中产阶级和工人阶级对自己的理解则更加不确定，也更具争议性。这些也都是试图动员工人阶级的社会主义者，和试图吸引中产阶级以及上层阶级的保守政客之间政治斗争的一部分。

这种对于工人阶级或中产阶级来说不确定的东西，使这些身份成为强有力的象征和文化力量。这些差异是由收入、道德和价值观、生活方式、居住环境、政治因素所造成的吗？你能从工人阶级出身变成中产阶级吗？成为中产阶级又意味着什么？这意味着你是白领吗？或者说你是"受人尊敬的"人？还是说你受过良好的教育？所有这些不确定性因素都与中产阶级和工人阶级之间的差异有关，这种差异在过去的两个世纪里助长并持续推动着我们对阶级的痴迷。但本书的中心论点是，这已不再有助于阐明当今阶级的运作方式。这种痴迷就像烟幕，为英国社会上层阶级更彻底的阶级重塑埋下了一层阴影。

---

① 这说明只有一小部分人认为自己是上层阶级，而大多数人会将自己视为工人阶级或中产阶级。

英国的阶级认同

历史学家的研究已表明,阶级意识在英国有着悠久的历史。[1] 与其他国家相比,工人阶级身份认同的力量和持久性从 18 世纪后期就开始存在了,这一点是非常引人注目的。[2] 其他国家如法国或美国,赋予了农场主、农民或商人更多的象征性地位,他们被视为国家的脊梁。然而,英国是不同寻常的。一大批独立的农场主或农民很早就消失了。[3] 16 世纪早期开始的资本主义农业,部分与圈地运动有关,这产生了一大批靠工资谋生的农场工人,而他们当中的许多人还兼职从事手工业生产以维持生计。[4] 因此,即使在工业革命之前,农业以及技能型和非技能型行业都存在大量的工薪族。这些工人有着强烈的独立意识,他们吸纳了汤普森(E. P. Thompson)对"生而自由的英国人"文化。这种伴随着手工业生产技能而产生的自豪感一直持续到工业革命时期,甚至到 20 世纪。这些工艺传统可以助长手工业工人对自身阶级身

---

[1] 例如,David Cannadine, *Class in Britain (Harmondsworth: 1984), Ross McKibbin, Classes and Cultures: England 1918–1951* (Oxford: 1998); Selina Todd, *The People: The Rise and Fall of the Working Class 1980–2010* (London: 2014)。

[2] 这里经典的论点指的是 E. P. Thompson, *The Making of the English Working Class* (London: 1963)。

[3] 威廉·华兹华斯的著名诗歌《迈克尔》当然是英国湖区背景下著名的挽歌。

[4] Keith Wrightson, *Earthly Necessities: Economic Lives in Early Modern Britain* (London: 2000).

第1章　争夺阶级边界：区分中产阶级和工人阶级

份的强烈自信，这与19世纪的社会主义运动和劳工运动的发展相互交融。①

与这种强烈的平民身份形成鲜明对比的是贵族和绅士这些上层阶级强大而团结的世界。与大多数欧洲国家不同的是，这个阶级的力量从未在革命性的剧变中被击垮，它异乎寻常地具有创新性和前瞻性，并在早期就意识到它可以通过利用商业机会而蓬勃发展。英国上层阶级的适应性强，并且他们充满信心，他们推动着被经济史学家称为"士绅资本主义"（gentlemanly capitalism）的发展，这种资本主义根植于帝国主义势力以及强大的商业和贸易基础设施（以伦敦为基地）的发展中。②

正如女权主义历史学家所表明的那样，这些紧张关系是通过女性劳动力可能跨越这些界线的方式得以凸显的。妇女最常见的职业是家庭用人，因此她们在工作中经常与中产阶级或上层阶级的男性打交道。因此，人们会担心她们在工作时做出违反性和道德规范的行为。③所以，女性被男性视为强化阶级等级的对象，但她们也有挑战阶级等级的潜力，这便使她们成为他人担心的焦点和被管制的对象。

---

① Thompson, *The Making of the English Working Class*; Mike Savage and Andrew Miles, *The Remaking of the British Working Class, 1840–1940* (London: 1994).
② Peter Cain and Anthony Hopkins, *British Imperialism, 1688–2000* (London: 1993).
③ 参见 Carolyn Steedman, *Master and Servant: Love and Labour in the English Industrial Age* (Cambridge: 2007) 和 *Labours Lost: Domestic Service and the Making of Modern England* (Cambridge: 2009)。

这些因素都意味着英国中产阶级身份的不确定性。不断扩大的由商人、经理、商贩和白领所构成的中产阶级，既面对着冷漠而自信却难以进入的贵族阶级，又面对着一群自信而骄傲的体力劳动者。[1]正如历史学家德罗尔·瓦尔曼（Dror Wahrman）所表述的那样，其结果是中产阶级被定位为一种中介力量，就像是一个被贵族上层阶级和多数工人阶级踢来踢去的皮球。[2]

在19世纪，这种紧张局势开始发挥作用，尤其是在选举改革方面。1832年以前，投票权一般只限于少数男性有产者，绝大多数男性和所有女性都没有投票权。上层阶级担心如果选举权扩大到大多数人，那么他们最终会挑战社会秩序，从而侵蚀"文明的"价值观和他们自己的权威。但是，在19世纪早期的激进派和40年代宪章派的强烈抗议及要求选举权扩大的情况下，在1832年、1867年和1885年的改革中，让更多的男性拥有公民投票权成为一种政治手段。通过这种巧妙的策略，中产阶级在政治上的融入使他们与下层阶级区分开来，同时将这种来自上层阶级的庇护制度化，然而下层阶级仍然不具有选举权。

---

[1] 进入贵族阶级的社会流动性非常有限，参见 Andrew Miles, *Social Mobility in Nineteenth-and Early Twentieth-century England* (Basingstoke: 1999)。
[2] Dror Wahrman, *Imagining the Middle Class: The Political Representation of Class in Britain, C. 1780–1840* (Cambridge: 1995).

第1章 争夺阶级边界：区分中产阶级和工人阶级

我们可以很容易地确定这段历史所产生的利害关系和紧张局势。对一些人来说，工人阶级是一股由平民组成的危险力量，如果让他们发挥太大的作用，那么就会降低标准，并导致社会和文化的衰落。① 然而对于社会主义者和那些积极参加劳工运动的人来说，工人阶级带头倡导的是一种更加平等和更具关怀的精神，这反过来将带来一个更真实的国家、一个能够超越伪善的上层阶级绅士文化的国家。② 在政治信仰方面，这很大程度上取决于一个人是否同情工人阶级。

在这种背景下，相对不安全的中产阶级陷入一种自身地位不确定的文化力场之中。普拉姆（J. H. Plumb）、玛克辛·伯格（Maxine Berg）和约翰·布鲁尔（John Brewer）已检验了从18世纪后期开始，中产阶级是如何通过倡导奢侈品消费和炫耀的方式来为自己建立一个更清晰的身份认同的。③ 这种方式突出了他们与下层工人阶级的文化差异，并可以成为他们与上层贵族阶级的一个接触点。其结果是导致一种文化政治的形成，在

---

① 因此，著名社会学家 T. H. Marshall 认为，使工人阶级文明化的唯一途径是扩大公民权，尤其是通过建立一个福利国家，让工人享有充分的权利，从而提升他们作为人的尊严和体面。参见 T. H. Marshall, *Citizenship and Social Class, and Other Essays (Cambridge: 1950)*。另见 David Lockwood 关于"无产阶级的问题"的观点：David Lockwood, "Marking Out the Middle Class(es)"，转自 T. Butler 和 M. Savage 编著的 *Social Change and the Middle Classes* (London: 1995)。
② 这是汤普森在其著作《英国工人阶级的形成》中的经典论点。
③ Maxine Berg, *Luxury and Pleasure in Eighteenth-century Britain* (Oxford: 2005); John Brewer, *The Pleasures of the Imagination: English Culture in the Eighteenth Century* (London: 1997).

这种政治中，中产阶级和工人阶级之间界线的意义和性质成为一个主要的关注点。

这些变动所产生的矛盾心理在苏格兰、威尔士和爱尔兰形成了深刻的、微妙的、不同形式的英国风格。因此，英国社会主义作家乔治·奥威尔（George Orwell）对中上层阶级的价值观的抨击是出了名的，尤其是在他那篇题为《如此欢乐的童年》（*Such, Such Were the Joys*）的关于私立寄宿学校的长篇大论。但他也陷入了一场关于他在史诗著作《通往维根码头之路》（*The Road to Wigan Pier*）中对工人阶级形象的刻画的争议之中：在20世纪30年代的经济萧条期，为了引起人们对矿工令人绝望的住房条件的关注，奥威尔被指责具有阶级优越感。对此，他坚决反驳："我不仅没有说工人阶级有'臭味'，而且我说的几乎与此相反。我所说的是，正如任何选择查阅这些书籍的人都能看到的那样，在二三十年前，当我还是个孩子的时候，中产阶级的孩子就被教导要相信工人阶级有'臭味'，而且这是一个必须加以考虑的心理事实。"[①]

尽管奥威尔对阶级偏见非常敏感，但他自己的经历也表明，他不可能置身于周围的文化紧张局势之外。这种焦虑充斥在生活的许多领域，以致人们对自己是否站在"阶级"界线的

---

① 参见 D. J. Taylor, *Orwell: The Life* (London: 2003)。

正确一边而感到极度焦虑。

因此，人们对中产阶级结构的痴迷是可以理解的。他们是收入相对较高、技能熟练的工人阶级，还是模仿中产阶级习俗的"劳动贵族"？贫困的白领职员、街角店主或小学教师真的是中产阶级吗？还是说他们只是某种中下层阶级？谁是值得尊敬的，谁又不是？在20世纪的大部分时间里，这些不确定性助长了英国人对阶级和阶级划分的关注。①

阶级分类：早期社会学范式

19世纪初，人们第一次试图对人口进行正式分类，正是出于这种敏感，人们才开始关注中产阶级和工人阶级之间的主要区别。上层阶级是一个独立的群体：他们知道自己是谁，他们不接纳外来者，他们的特权也基本上没有受到过挑战。如果有人有任何质疑，他们可以查询《德布雷特贵族名鉴》(*Debrett's Peerage and Baronetage*)。因为从1769年起，这本名鉴就提供了一个确切的贵族名单。然而，对于专业领域和商业领域的中

---

① 关于这类问题的例子，大量观测是一个很好的途径。参见 D. Kynaston, *Austerity Britain* 1945–51 (London: 2007)，另见 James Hinton, *Nine Wartime Lives* (Oxford: 2010)。这些担忧一直延续到20世纪后期，正如 Beverley Skeggs 在 *Formations of Class and Gender* (London: 1997) 一书中所探究的那样。

产阶级来说，情况略有不同，他们并不总是能够确定自己的地位排名与那些技能型商贩有所不同。

在 19 世纪早期的几十年里，正是这些情绪第一次形成了阶级体系的图式。在大规模城市化、人口增长以及担忧新"弱势群体"（由潜在的违法者和声名狼藉的失业者组成）扩大的大背景下，就产生了一种新的动力去理解贫困的本质和发展动态。① 在这种充满担忧的背景下，著名的伦敦航运大亨查尔斯·布思（Charles Booth）在 19 世纪 80 年代设计了一幅极为详细的伦敦社会贫困地图，而桂格巧克力（Quaker chocolate）实业家西博姆·朗特里（B. Seebohm Rowntree）则于 1901 年在约克郡发表了他那著名的关于贫困的研究。他们都使用了彩色编码的地图，该地图由专业观测者进行测量，并根据居民的道德地位来区分街道。更为重要的是，这些研究将阶级与声望、道德混为一谈，就如同布思的伦敦社会贫困地图所展示的那样，它的范围是从黑色所代表的"最低阶级，邪恶的准罪犯"，到粉色所代表的"比较富裕者"，再到金色代表的"富裕者"。②

正是在这些研究成果不断涌现的环境中，出于对声望、污物和阶级分化的关注，第一个正式的阶级衡量标准由英国注册

---

① Gareth Stedman Jones, *Outcast London* (Harmondsworth, 1971).
② 想了解更多细节，可进一步查看 Charles Booth 的伦敦社会贫困地图的详细部分，请查阅在线资源 http://booth.lse.ac.uk/。

第1章　争夺阶级边界：区分中产阶级和工人阶级

总署于 1911 年制定，目的是将家庭划分为不同的社会阶级。为了解释不同社会群体的健康状况差异，特别是穷人在多大程度上更容易患病和过早死亡，就必须找到明确划分不同的阶级的基准。这使那些质疑下层阶级的不健康和不道德行为是由遗传因素造成的观点的人，可以争辩说，这实际上是由新的社会阶级划分标准所衡量的贫困人群的恶劣社会条件所导致的。[1]

英国注册总署制定的阶级图式如表 1.1 所示。它清楚地区分了"非体力"和"体力"就业者之间的主要等级界线，还将"技能型"的第三等级分成两个部分，即 IIIN 和 IIIM。[2] 这种对中间部分分离出来的特别关注，证明了指向这一中心边界的文化焦虑，以及其中的次级细分群体所涉及的额外利害关系。

表 1.1 英国注册总署制定的社会阶级图式

阶级类型	职业举例
非体力劳动者 I 专业人员	医生、注册会计师、专业工程师
II 管理人员和技术人员 / 中间人员	经理、学校教师、记者
IIIN 技能型非体力劳动者	办事员、会计、零售人员
体力劳动者 IIIM 技能型体力劳动者	体力工人主管、水管工、电工、货车司机

---

[1] Donald A. MacKenzie, *Statistics in Britain, 1865–1930: The Social Construction of Scientific Knowledge* (Edinburgh: 1981); Siman Szreter, *Fertility, Class and Gender in Britain, 1860–1940* (Cambridge: 2002).

[2] 有人可能会说，奇怪的是，英国人痴迷于寻找一种新的方法来划分中间阶级，这种痴迷也存在于大学学位的分类中，它将二等学位区分为"上层"和"下层"。

续表

阶级类型	职业举例
IIV 半技能型体力劳动者	仓库管理员、保安、机器／工具操作员、护理助理、服务员
V 非技能型体力劳动者	劳工、清洁工和邮递员

从表面上看，英国注册总署制定的阶级图式是以人们的职业等级为基础的，首先是从事专业工作的，其次是从事管理工作的，这两类接近阶级结构的顶端，然后是技能型非体力劳动者，最后是区分技能型的、半技能型的、非技能型的体力劳动者。在这里，阶级就是职业的产物。

然而，事实上，分类要比这复杂得多，因为职业是根据职业的"文化"进行分组的，而不是直接根据所从事的工作的性质或其典型的收入水平分组的。这项计划的发起者，卫生医疗官员史蒂文森（T. H. C. Stevenson）强调，他的目的是最有效地抓住阶级的文化方面。他认为文化因素是解释某些社会阶级的死亡率比其他阶级低的最重要原因。他于1927年写道：

> 较富裕阶级的低死亡率更多地取决于文化而不是财富本身，也包括卫生问题，总的来说都是与之相关的。［……］但是就像在不同职业之间那样，文化比财富更容易被估计，因此社会等级划分的职业基础有一种强调文化

的有益倾向。

他接着说:"由此可见,当一个人谈论到或多或少感到舒适的阶级时,他主要想到的是或多或少有教养的阶级。"[1]

因此,这种阶级的"职业"衡量标准实际上是对工作的等级和社会重要性进行文化判断的一种方式。它们微妙地暗示了不同类型工作的道德价值,以及由此产生的社会声望。但是实际上,职业在这些社会阶级中是如何定位的呢?史蒂文森认真地解释说,一个人家里的房间数量并不能充分体现他与其他人之间的区别,因为"富有的单身汉可能不会比有六个孩子的出租车司机多出多少房间"。最后,他宣称"我们都知道大律师和铁匠所属的社会阶级是不同的",这几乎是不证自明的,但对于哪些职业比其他职业更有声望,人们真的达成共识了吗?[2] 将专业人员阶级置于顶端的阶级图式实际上是由专业的公务员和学者设计的,这难道是一种巧合吗?我们可以看到划分阶级是如何与划分道德上可疑的工人阶级群体,以及确定他们偏离体

---

[1] T. H. C. Stevenson, "The Vital Statistics of Wealth and Poverty", *Journal of the Royal Statistical Society,* 91(2), 1928, 207–30. 更全面的回顾参见 Szreter, Fertility, Class and Gender。

[2] 以英国为例,对战后这一问题的广泛研究得出的结论是,实际上很难区分人们对工作威望的实际看法和他们对此类工作所拥有的公众声誉的认识。参见 A. Coxon and C. Jones, *The Images of Occupational Prestige* (London: 1978) 和 T. Coxon, "The Misconstruction of Occupational Judgment", *British Journal of Sociology,* 34(4), 1983, 483–90.

面与规范程度的方式联系在一起的。

基于此,关于阶级分类的起源无法从这种对精英主义的关注中移开,即划分和描绘社会声望的界线,主要是为了区分(非体力的)中产阶级和(体力的)工人阶级(尽管在这些阶级中,每个人或多或少都有一些声望)。因此,潜在的关注点是阶级的文化和道德方面。然而,这也引发了一种声称某些群体比其他群体优越的说法,这与日益民主的风气是背道而驰的,因为民主风气认为并不应该进行这种明显的区分。

其结果是,在有关阶级的社会学测量中,文化的作用被曲解了。当然,大多数专业人士都毫不怀疑自己的文化优势。然而,在一个工会运动如此激烈且自信的年代,以及在1929年经济衰退后的大规模失业与贫困时期,公开承认这一点可能是非常令人厌恶的。尤其是在一个政治体制内,当1918年选举权扩大到所有男性,1928年扩大到所有女性之后,这从表面上看变得更加民主。因此,阶级的文化维度变得"地下化",即人们可以和自己的同类在一起,但这件事不能被更广泛地传播。[1]

一个结果是,英国注册总署制定的阶级图式的正当性随着时间的推移而改变,文化的提及转变为对技能和职业在社区中的"地位"的关注。这似乎使英国注册总署的分类更加"客

---

[1] 更普遍的情况请参见 Mike Savage, *Identities and Social Change in Britain since 1940: The Politics of Method* (Oxford: 2010)。

观"，不再那么武断——尽管在实践中，大多数职业仍然与以前差不多处于同一等级。罗丝·麦基宾（Ross McKibbin）展示了在 20 世纪中期，中产阶级和工人阶级之间的这些分界线是如何被改变的，尤其是保守党政客，他们试图将中产阶级定义为民族美德的堡垒，以对抗他们眼中"危险的"左倾工人阶级。在二战后，由于技术专家强调社会对技能型和合格的"人力资本"的需求，这一分类得到了进一步的发展，这反过来也促进了 20 世纪 60 年代以来教育改革和管理主义的发展。[①]

在 20 世纪，围绕性别和移民问题，人们对白领和蓝领阶级之间的界线产生了更多的焦虑。有越来越多的女性进入以前男性从事的非体力工作的"避难所"，而她们以前被限制在仅能从事教学和护理工作的女性"贫民区"中。从 20 世纪初开始，从事白领工作（如在银行工作或在商店做助理）的女性人数显著增加，尽管她们几乎都处于较低的阶层。因此，有人担心这些女性是"白领无产阶级"，即使在 20 世纪 70 年代初实施的《性别歧视法案》将以不同于男性的条件雇用女性视为违法行为后，她们也仍处于职业结构的较低层次。[②] 正如贝弗利·斯基格斯（Beverley Skeggs）所指出的，声望和女性气质的问题开始集中

[①] 参见 Ross McKibbin, *Classes and Cultures: England 1918–1951* (Oxford: 1998) 和 Savage, *Identities and Social Change in Britain since 1940*。
[②] 参见 Rosemary Crompton and Gareth Jones, *White-collar Proletariat: Deskilling and Gender in Clerical Work* (Basingstoke: 1984)。

于女性难以被接受适合展现中产阶级声望之上,即便她们表现出了中产阶级应有的体面。

移民在这一阶级界线周围引发了更多的焦虑和动员,从20世纪初开始,大量黑人和少数族裔男性和女性开始从事体力劳动,后来他们也开始进入专业职业领域。许多少数族裔找到了一种方式,即通过采用阶级语言,特别是通过自豪地采用工人阶级身份来获得某种形式的英国身份。对于非裔加勒比人和非洲人来说尤其如此。而对于其他移民,主要是后来的移民来说,声称自己的中产阶级地位成为表明他们已在英国社会获得一席之地的一种手段,尽管这种地位经常受到影响。一些社会学家,如安妮·菲扎克利亚(Annie Phizacklea)和罗伯特以"阶级部门"(class fractions)的概念来认识工人阶级内部种族分化的重要性,但后来对种族化的分析发现,即便是以微妙的方式,也很难将种族与阶级分化明确地联系起来。①

因此,我们可以看到,这些力量是如何保持对社会中间群体的历史关注的,而中间社会是划定"谁受人尊敬"和"谁不受尊敬"的基本界线的决定性地带。这一点在英国人对"下层中产阶级"的特殊痴迷中体现得最为明显:一方面,他们与

---

① Annie Phizacklea and Robert, *Miles, Labour and Racism* (London: 1980) and from the Centre for Contemporary Cultural Studies, *The Empire Strikes Back: Race and Racism in 70s Britain* (London: 1982).

体力劳动者的世界格格不入；另一方面，他们又不完全是"中产阶级"。但是在文化上的分歧则要广泛得多。这一历史的遗产使中产阶级和工人阶级之间的界线成为英国人理解阶级的中心。然而在大多数国家，大多数人满足于把自己定义为中产阶级——既不极度富裕，也不极度贫困。而在英国，中产阶级定位通常会被认为是想要获得文化上的自我优越感和特权。

社会阶级的社会学分析：1960~2000年

从20世纪中期开始，社会学家就在这种狂热和情绪化的基础上寻求一种更严格的方法来理解中产阶级和工人阶级之间的界线，这种方法试图消除道德判断，将阶级研究置于一个更客观的基础上。考虑到定义阶级的紧张和利害关系，这将是一个重要的举措。这里的关键人物是战后一代的社会学家约翰·戈德索普（John Goldthorpe），他是其中的主角。他出生于约克郡的工人阶级家庭，在申请牛津大学历史学本科时被拒，但在研究生阶段，他满怀热情地转向了社会学。20世纪60年代，他与大卫·洛克伍德（David Lockwood）共同进行了一项有关高薪"富裕工人"的开创性研究，这促使他坚持认为这些工人的反抗来自中产阶级的规范。他强烈反对工人阶级在文化或道德方面存在某种缺陷的观点,且他对工人阶级所经历的生活机遇的实际差异高度敏感,所以试图将阶级研究置于一个文化负担更少且更"社会学"的平台上。这促使他在20世纪70年代制定了一套新的职业阶级图式,这一图式也在适当的时候成为今天英国国家统计局官方使用的阶级划分基础——国家统计局社会经济分类(NS-SEC)。[1] 这一方法在国际上也得到了广泛的应用,且目前大多数国家都在使用它的某个版本。

在讨论戈德索普的观点之前,我们需要指出,他的干预带来了一个意想不到的后果,那就是削弱了阶级研究与性别、种族和民族研究之间关系的分析。由于戈德索普关注的是将阶级分析放在一个独立的立足点,将其与就业和职业联系起来,因此他决定从分析的角度将其与这些不平等区分开来。

戈德索普的阶级图式就其本身而言被证明比英国注册总署的阶级图式更为复杂和有效,因为它区分了两种不同的原则,这两个原则根据人们的工作来区分他们,并且它没有像英国注册总署的阶级图式那样将人们划入一个统一的等级划分原则上。[2] 表1.2给出了2014年基于这一阶级图式分类的各阶级人口比例。

---

[1] 参见在线资源 http://www.ons.gov.uk/ons/guide-method/classifications/current-standard-classifications/soc2010/soc2010-volume-3-ns-sec--rebased-on-soc2010--user-manual/index.html#skiptotop。
[2] 该论点的关键讨论请参见 Gordon Marshall, Howard Newby, David Rose and Carolyn Vogler, *Social Class in Modern Britain* (London: 1988)。还可参见 David Rose and David Pevalin 编辑的 *A Researcher's Guide to the National Statistics Socio-economic Classification* (London: 2003)。

第1章 争夺阶级边界：区分中产阶级和工人阶级

戈德索普认为，小雇主和个体经营者（在此被归为第4阶级，除非他们是大企业主，在那种情况下他们属于阶级1.1），与雇员之间存在着根本性的区别。其原因是小雇主和个体经营者有着独特的雇佣关系：他们拥有并控制自己的企业，这可能会延伸到雇用员工方面。他们的收入是以利润的形式获得的。这种情况使他们明显区别于大多数雇员和拿工资的人。

表1.2 英国国家统计局社会经济分类

1	高级管理人员、高级行政人员和高级专业职位	11.4%
1.1	大企业主、高级管理人员和高级行政职位	2.7%
1.2	高级专业职位	8.8%
2	低级管理人员、低级行政人员和低级专业职位	21.0%
3	中间职业	10.8%
4	小雇主和个体经营者	8.0%
5	低级监管和技术职位	6.2%
6	半常规职业	11.4%
7	常规职业	8.7%
8	从未工作者和长期失业者	4.5%
	未分类：全日制学生，或无编码职业	18.1%
	全日制学生	7.3%
	未分类：职业信息不全或其他原因	10.8%

资料来源：数据基于2014年7~9月进行的劳动力调查，包括71873名16~74岁的受访者。【劳动力调查是英国规模最大的社会调查，提供了有关人们收入的最广泛的信息，它涵盖所有私人家庭（包括那些在NHS住宿或学生宿舍家庭）样本。】百分比是根据建议的调查权重计算所得。

雇主和雇员之间的差异只是故事的一部分。在那些被雇用的人中，戈德索普进一步划分了专业人员和管理人员的"服务阶级"（目前约占劳动力的1/3），以及中间阶级和工人阶级。在这里，戈尔德索普分析了"员工"和体力劳动"工人"之间的区别，这一点在英国的就业实践中是根深蒂固的。直到20世纪80年代，英国许多公司对不同等级的工人都配备了独立的食堂和厕所，也有着不同形式的薪酬，即对月薪、周薪、时薪或计件工资进行了区分，而且涉及养老金的权利。在某些情况下，这些区别直接与文化标志相联系，例如文职部门中"智力"和"机械"职位类别间的差异。

许多就业部门都以微妙的方式将这些界线铭记于心。在银行业，要想晋升到管理层，首先就需要搬到像经理居住的那种房子中去，为自己的员工负责，准备好在文化上与初级员工有所差异，还要穿西装。这些观点很重要，因为从20世纪50年代开始，随着社会学家越来越多地寻求对阶级划分的更为复杂的理解，他们选择了大卫·洛克伍德所称的工作、市场和地位状况的差异作为阶级关系的基础。①

戈德索普认为，专业人员的薪水和体力劳动者的工资之

---

① 参见 David Lockwood, *The Black-coated Worker* (London: 1958) 和 Susan Halford, Mike Savage and Anne Witz, *Gender, Careers and Organisations* (Basingstoke: 1997)。

间的这种联系可以更严格地加以形式化，以区分那些在"服务关系"中受雇的人和那些签订劳动合同的人。大多数人属于后者：他们得到的是"现结工资"，即他们所做的具体工作的市场价格之和。它可以采取小时工资的形式，也可以汇总成每周甚至每月的工资总额。然而，有些员工扮演的角色更为分散，而且难以被直接监督。因此，他们的雇主准备给予"预期报酬"，如增加工资、养老金福利和其他"附加福利"，旨在向他们灌输一种长期为雇主效力的思想。一般来说，这些人都是具有高技能或专业知识的工人，或者是通过监督他人来掌握管理控制权的人。

因此，戈尔德索普的框架是非常复杂的，比以前的框架更注意人们的就业性质，似乎完全排除了文化和道德方面的因素。20世纪80年代的一系列研究表明，它提供了一个更令人满意的依据来将职业划分为更多的阶级群体，而不是简单地将体力劳动者与非体力劳动者区分开来。[1]

尽管如此，这种阶级划分的方法仍然是长期历史的一部分。首先，上层阶级仍然在这些阶级衡量的范围之外，这也

---

[1] 例如，参见 Anthony Heath 及其同事的论证，它能更准确地预测20世纪80年代的投票行为，转自 Anthony Heath, Roger Jowell and John Curtice, *How Britain Votes* (Oxford: 1985)，或 Patrick McGovern, Stephen Hill, Colin Mills 和 Michael White 的著作。他们声称它与就业部门有关，这在 *Market, Class and Employment* (Oxford: 2007) 一书中有提到。

是最重要的一点。尽管他们被认为是掌握权力和权威的人，但他们并没有明确地体现在这些阶级的度量中。这在一定程度上是因为他们的数量较少，而且在任何大规模调查中都没有出现。①

其次，我们看到了对阶级结构中游进行划分的持续强调。这种划分不再是非体力劳动阶级和体力劳动阶级之间的直接划分，而是由服务阶级（1和2）、中间阶级（3、4、5）和工人阶级（6和7）组成的划分关系。在这里，"服务阶级"可以被明确地视为中产阶级，而中间阶级则占据着一个矛盾的位置——正如他们在过去的两个世纪里，通过"中下层阶级"或第三阶级的概念所体现出的那样。NS-SEC 仍然表现出对中产阶级和工人阶级之间界线的持续关注，事实上，正是它提供了一种更为复杂的方式来呈现这种区分，这也是它具有吸引力的一个重要部分。

NS-SEC 的成功之处在于，它为职业的划分提供了一个更为严谨的解释，而且显然把阶级研究放在一个科学的基础上——一个不需要参考在以前分类中普遍存在的那种文化或道德判断的基础上。这一方法是有关社会流动的重要国际性工作

---

① 参见 Mike Savage and Karel Williams (editors), *Remembering Elites* (Oxford: 2008).

第1章 争夺阶级边界：区分中产阶级和工人阶级

的基础，并在今天继续发挥重要作用。① 然而，这是要付出一定代价的。近年来，我们看到阶级文化标志的激增，至少从表面上来看，这些标志似乎与这些职业阶级没有直接关联。② 但我们相信，我们需要认真解决这些问题才能理解今天的阶级。我们认为，一种新的自我优越感出现了，这种自我优越感并没有公然宣称某些人或某些生活方式比其他人优越——因为这将与我们真正珍视的民主平等意识相悖。相反，新的自我优越感是建立在"了解"的基础上，并表现在用于分类和区分阶级编码的意识上。它将那些善于以一种深谙世故的方式进行判断的人与那些被认为无法有效地进行选择的人（无论他们是谁）区分开来。在我们这样一个以市场为基础的消费社会，这种自我优越感正在扩散。在这个社会，我们对品位的展示是至高无上而又俗不可耐的。但是，这种自我优越感并不容易被归因于作为职业捆绑的阶级，就像上文对 NS-SEC 图式中所标记的那样。为了找到能支撑这种新的自我优越感准则的最佳方法，我们提供了自己的框架来建构当今英国的阶级结构。

---

① 在社会流动性方面，例如参见 Robert Erikson and John Goldthorpe, *The Constant Flux* (Oxford: 1992)。
② 这里的关键贡献参见 Tony Bennett, Mike Savage, Elizabeth Silva, Alan Warde, Modesto Gayo-Cal and David Wright, *Class, Culture, Distinction* (Abingdon: 2009)，更多请参见 Brigitte Le Roux, Henry Rouanet, Mike Savage and Alan Warde, "Class and Cultural Division in the UK", *Sociology*, 42(6), 2008, pp. 1049–71。

布迪厄、继承与文化阶级分析

我们追溯了 20 世纪英国人对阶级扭曲的痴迷，它使中产阶级和工人阶级的界线变得明确化，并成为人们长期关注的焦点之一。这种区别不仅具有道德、文化的特点，而且具有经济、政治和社会的特点。我们这本书的论点是，我们需要在一个不同的基础上重新思考当今的阶级，认识到现在英国的资本主义是一个不同于以前的深刻形式。让我们在这里阐述我们方法的基本特征。

阶级从根本上是与不平等联系在一起的，但并非所有的经济不平等都与阶级有关。想想一个人中了 100 万英镑国家彩票的情况，他将在一夜之间跻身全国最富有人群的行列。然而，这本身并不能将那个人带入一个不同的阶级。只有当优势扩大到超越任何特定交易的方式而持续存在时，不平等才被允许具体化为阶级。因此，只有当彩票中奖者将其财富投资于房地产，或购买一家小型企业时，我们可能会说，他/她的经济资源正在积累，而他/她现在被牵进了不同的阶级关系中。所以我们认为，社会阶级从根本上是与历史包袱的存储和优势的积累相关的。

法国社会学家皮埃尔·布迪厄（Pierre Bourdieu）对这一观点进行了最具启发性的阐述，他无疑是 20 世纪下半期最伟

第1章 争夺阶级边界：区分中产阶级和工人阶级

大的社会学家。他出生于法国一个农村的邮政工人家庭，却成为法兰西学院的教授，从法国最杰出的教职上退休。他自身的社会流动，以及他对自身所经历的文化世界之间的深刻差异的意识，正是成就他自身研究视野的核心所在。他所关注的是阶级的象征性力量，以及羞耻和污名与统治形式的关联方式。对他来说，阶级与一些人感觉"有权利"或"被支配"有关，正是由于认识到了阶级的这些文化、经济和社会方面的特点，他的作品才会在今天有如此大的影响力。

布迪厄认为阶级特权与获取他所谓的"资本"息息相关，他将资本定义为"对未来拥有优先购买权"。有些资源允许团体具有不断增强自己的能力（那些无法获取这些资源的人则无法获得这种能力）。从理论上讲，这种观点被称为"资本、资产和资源"的阶级分析方法（CARs）。[1]资本、资产和资源的阶级分析方法的基本论点是，阶级不应与劳动分工（根据你所从事的工作简单地定义阶级）或剥削的概念混淆，因为像剥削这样的概念已变得充满了负载和道德化，而是更应该关注资源不均衡积累的过程。布迪厄对资本意义的描述是抽象的，但值得复述：

---

[1] 参见 Mike Savage, Alan Warde and Fiona Devine, "Capitals, Assets and Resources", *British Journal of Sociology*, 56(1), 2005, 31–47。

社会世界是一部累积的历史,如果我们不把它简化为行动者之间瞬时机械平衡的不连续系列,如果不把行动者视为可交换的粒子的话,那么我们就必须把社会资本的概念和伴随这一概念的积累物及其全部效应重新引入社会世界。资本是累积的劳动(以其物化的形式,或具体化的、"法人化"的形式),当这种劳动在私人化,即在排他性的基础上被行动者或者行动者小团体所占有时,这种劳动就使他们能够以具体化的或活的劳动的形式占有社会资源。资本是一种固有力(visinsita)、一种铭刻在客体或主体结构中的力量,它也是一种强调社会世界内在规律性的原则(lex insita)。正因如此,社会游戏(包括经济游戏在内的大部分游戏)超越了简单的碰运气的游戏,而碰运气的游戏时刻都会提供创造奇迹的可能性。轮盘赌博提供了在短时间内赢得大量金钱的机会,因而也就提供了能够瞬间改变人们社会地位的可能性。在轮盘赌博中,前一轮赢得的赌注可能会在每一次新的旋转中再次失去,所以轮盘赌博描绘了一幅完全竞争或机会完全均等的幻象世界的精确图景。这个图景是一个没有惯性、没有积累的世界,既没有继承权,也没有固定资产。在这个世界中,每个时刻都是完全独立于前一个时刻的,每一个士兵背包中都装有一根元帅的权杖,每个人都有可能立即中奖。因此,在任何时

第1章 争夺阶级边界:区分中产阶级和工人阶级

刻,任何人都有可能成为任何东西。但资本的情况则迥然不同,它需要时间去积累,需要以客观化的形式或具体化的形式去积累,资本是以统一的形式或扩大的形式去获取生产利润的潜在能力,资本也是以这些形式去进行自我再生产的潜在能力。因此资本包含了一种坚持其自身存在的意向,它是被铭刻在事物客观性之中的力量,所以一切事物并不都具有同样的可能性或同样的不可能性。在特定的时刻,资本的不同类型和子类型的分布结构,在时间上体现了社会世界的内在结构,即铭刻在这个世界的现实中的一整套强制性因素,这些强制性因素以一种持久的方式控制了它所产生的作用,并决定了实践成功的可能性。[1]

这是一个相当长的解释,但它完美地说明了从历史角度理解阶级所涉及的利害关系,而不是经济学家和社会学家通常所做的那样,把阶级理解为在日新月异的世界里发生的一系列交易或关系。把一个社会看作一系列快速移动的快照,我们只能看到一个代理人的世界,每个人都在尽最大努力使自己的地位最大化,就好像所有人都没有"历史包袱"地被置于同一时刻。然而,布迪厄坚持认为,在任何一个时刻,我们以不同的天赋、

---

[1] Pierre Bourdieu, "The Forms of Capital", 转自 Imre Szeman and Timothy Kaposy, *Cultural Theory: An Anthology* (Oxford: 2010), p. 81。

能力和资源进入社会生活,因此我们可以看到阶级是如何在历史上形成的。

经济不平等从根本上说是重要的。因此,我们将在第 2 章考察经济资本的性质。但是,经济资本本身并不足以定义阶级。布迪厄还坚持他所说的文化资本的象征性力量。对我们来说,在这里充分阐述他的论点也是十分重要的。布迪厄对文化资本作用的思考,部分源于他对现代社会中继承如何发生的兴趣。在人类历史的大部分时间里,继承都涉及将经济资本转移给亲属——包括财产、储蓄、工具、传家宝等。但布迪厄认为,继承还有另一种形式的补充,即一种与学历、文化资本相关的继承形式。无论有意与否,受过良好教育的父母会将他们在学校和大学取得成功的能力传给他们的孩子,从而帮助他们的孩子获得进入最好的工作的那种资格。这不是直接继承,因为一个人不能给自己的女儿或儿子颁发学位证书。但这是一个概率性的问题,在这种情况下,这种继承有很强的发挥作用的倾向。这取决于某些被视为优越的文化品位和偏好——比其他文化更"合法"。

这种继承不是直接的,这一事实意味着它的意义可能会被误解。没有人会对经济资本的价值有任何怀疑。但文化资本的力量在于它没有被直接认识。布迪厄的部分思想来自他的人类学背景,在他的人类学背景中,人们对送礼的话题给予了很高的关注度。① 对布迪厄来说，礼物是一种"否认现实的现实"。一旦当我们拒绝把礼物看作利他主义的、自愿性的礼物，而是把它看作一种让我们对送礼者心存感激的利己手段时，礼物就失去了它的力量。如果我们认为某人送我们鲜花是为了诱使我们为其准备一顿丰盛的饭菜，那么我们就会把它当作礼物来对待（我们可能更倾向于把它看作一种情感操控，甚至是一种支配形式）。布迪厄通过象征性暴力的概念来追寻这一思路。在这里，暴力并不依赖于肉体上的胁迫，它可以在我们默许地接受支配时发生。它标志着历史力量的"归化"。

对布迪厄来说，这正是文化资本的运作方式。我们可以立即确认财产的继承权；我们也可以很容易地想象亲戚们聚在一起听律师宣读遗嘱的情景。然而，文化资本的传递是不透明的，它必然会被一种精英成就和努力工作的语言所掩盖。因此，文化的重要性显然在于它运作的同一时刻就被否定了。对布迪厄来说，这种不透明性是文化资本作为资本形式运作能力的一个必要特征。一旦它真的被视为一种公开的特权，那么它就会受到质疑，它的权力也就会受到挑战。

让我们思考一个例子，这个例子也提供了一个平台，用来讨论精英体制是如何允许一种新的自我优越感存在的。对此，

---

① 参见 I. F. Silber, "Bourdieu's Gift to Gift Theory: An Unacknowledged Trajectory", *Sociological Theory*, 27(2), 2009, 173–90。

我们将在本书中加以阐述。可以肯定地说，在旧的教育课程中，某些类型的权威知识，例如古典文学作品、音乐等，要比大众文化的知识更有价值：武断地说，莎士比亚要比《你好!》杂志更有价值。这就使那些在家人会去剧院并谈论文学的环境中长大的孩子，能够比那些不去剧院、不谈论文学的家庭中的孩子更有优势。然而，一旦这些教育课程明显地惠及了有优势的社会群体，也就是说，一旦这种文化资本得到承认，教育改革运动就会指向课程改革。事实上，这些措施在很大程度上是成功的。因此，目前英国文学的"A 级"课程设置了包括诗集在内的文本，有黑人女权主义者玛雅·安吉罗（Maya Angelou）的《我仍将奋起》（*And Still I Rise*），卡罗尔·安·达菲（Carol Ann Duffy）的《女性福音书》（*Feminine Gospels*）和欧文·希尔斯（Owen Sheers）的《斯基里德山》（*Skirrid Hill*），这些作品现在与丁尼生勋爵和勃朗特姐妹的经典作品平起平坐。[1]

这里的重点是要认识到文化资本不能被构建为一套固定的品位，而是一种更加多变的现象。我们将在本书中表明，文化资本的本质已发生了变化，所以它现在采取了世界性和讽刺性的形式，这些形式似乎是多元主义的和反精英主义的。然而，

---

[1] http://www.aqa.org.uk/subjects/english/as-and-a-level/english-literature-a-2740/subject-content.

我们不应该只看表面。这是一个人在不同流派之间轻松优雅地游走，玩分类学和类型学，这可能算得上是当今的文化资本。受过良好教育的人在与机构打交道、推进自己的事业等方面有信心，因此往往能够更好地从学校、保健服务等机构获得服务。而那些没有这些教育资源的人可能会觉得自己不够资格，甚至感到羞愧，无法有效地让别人听到他们的声音。他们可能会责怪自己缺乏自信。这些权利意识上的不平等不仅仅是一个外围问题，也不仅仅是一个人格问题，而是通过积累和制度化，与今天的阶级运作息息相关。

最后，我们应该记住，布迪厄也阐述了社会资本的重要性，即人们的社交网络的范围和性质，它可以影响人们的生活机会。在这里，联系可以随着时间积累，并且可能是一种可以被调动起来获得关于工作、住宿、令人兴奋的机会等方面信息的资源。就像文化资本一样，这是一个普遍存在误识的竞技场。我们也许会把"最好的朋友"定义为不管发生什么，我们都关心的人，也就是我们不指望从他们那里得到什么回报的人。然而，事实上，这种友谊也需要一定程度的互惠才能持久。即使是最好的朋友，在多次提示后仍不回复我们的短信，我们也会受够的。

这种通用方法可以多种方式应用。我们可以理解"地域道德化"，理解社区邻里之间是如何根据其居民特点激发强大的文化内涵的：污名化的、受人尊敬的、时髦的，等等。[1] 因此，阶级以一种强有力的、能引起共鸣的方式铭刻在风景中。年轻人的文化和身份认同，用诸如"傻帽""书呆子""极客"之类的术语来定义，也显示出了阶级和文化价值观之间的联系。

在这些术语中，阶级是无数积累和沉积过程的产物。它们与其他不平等，如年龄、性别、种族和族裔之间的不平等结合在一起，是这些不同资本积累的独特优势的结晶。事实胜于雄辩：在本书的其余部分，我们将看看这种方法可能会产生什么样的洞见。我们的论点是直截了当的。以往对阶级的认识主要集中在个人的职业及其与中产阶级和工人阶级的关系上，这是最令人焦虑和担忧的社会分化。今天，我们把重点放在资本的形式及其积累和继承的能力上。我们将证明，如果以这种方式看待阶级，我们可以发现一个完全不同的结构，一个小而富有的精英阶级与没有多少资源的不稳定无产者之间的对立。在这两个极端之间存在着其他几个阶级的拼凑，它们都有自己独特的资本组合，但都没能接近划分阶级层级最高级的边界。

---

[1] Mike Savage, Gaynor Bagnall and Brian Longhurst, *Globalization and Belonging* (London: 2005).

第二部分
资本、积累与社会阶级

第 2 章
积累经济资本

不平等悖论

我们生活在一个基本的悖论中。近几十年来，经济不平等的扩大／加剧引人注目。英国现在比大多数可比较的国家更加不平等。在税收和福利转移之前，发达国家中只有葡萄牙和爱尔兰的收入差距较大。即使在税收和福利供给起到了适度再分配效应之后，英国的不平等程度仍然高于大多数国家。调查显示，这种转变并没有反映出人们对不平等合法性的普遍看法。大多数人倾向于对不平等持批评态度：78%的英国人支持至少某一种形式的再分配。①

然而，当审视自己的生活时，英国人并不那么直接，甚至

---

① John Hills, *Good Times, Bad Times: The Welfare Myth of Them and Us* (Bristol: 2015), p.37。

根本不把自己当作这场激烈经济竞争中的赢家或输家。我们询问了深度访谈对象,他们是如何对自己进行经济上的排名的。以下是三个典型的回答:

问题:金钱方面,在英国显然有一些人比其他人拥有得更多。如果从 1 到 10 打分,1 分是最高分,依据所拥有的金钱,你会把自己放在哪个分值上?

"哦,在中间……是的,我可以应付。我没有大的需求,我没有电脑,没有这个那个,你知道,我也不旅行,所以我有足够的钱维持生活。"(Jane 的家庭收入:6000 英镑;她没有房产,只有 5000 英镑的储蓄。)

"呃……我想说——哦,我不知道。我想说的是,我想在……确切地说,我不确定,可能在中间的位置,比如 5。我的第一反应是 5,所以是 5。"(Jeremy 的家庭收入:6 万英镑;他的房产价值 25 万英镑,但他没有储蓄。)

"呃,我很可能把自己放在 6 分左右的位置。我有房子,但你看看我的车,你明白我的意思吗?我没有太多的物质财富,我想要得到的东西往往会保存很长时间,你知道,就像活了很长时间一样。是的,6 分,也许 7 分,是的。"(Fiona 的家庭收入:6 万英镑;她的房产价值是 70 万英镑,她还有 10 万英镑的储蓄。）

显然，Jane、Jeremy 和 Fiona 都认为自己属于中产阶级，尽管实际上他们的经济地位完全不同。Jane 的收入很低，靠国家养老金生活。她没有房产，住在收容所，尽管她有一些微薄的储蓄。但即使 Jane 实际上手头拮据，比如没有电脑，也没有旅行的能力，她仍然认为自己处于收入分配的中间位置。

另一个极端是 Fiona，相比之下，作为 IT 项目经理，她的收入很不错，她很容易就能跻身前 10% 的收入者之列。她的房子价格不菲，储蓄也很多。然而 Fiona 也把自己放在了中间范围，并强调了她适度的需求和节俭的消费习惯。她当然不是自夸，她不但不会四处炫耀自己的收入和财富，甚至对自己可观的经济资本感到有点尴尬。而 Jeremy 的收入位置介于 Jane 和 Fiona 之间，他收入不错，但拥有的房产价值较低，没有储蓄，对自己的评分也在"5 分"左右。

这是怎么回事？透过这些访谈，我们看到了不同的方面。虽然人们倾向于把自己放在经济层级结构的中间，但很明显，那些只拥有少量金钱的人意识到，这在过去和现在已塑造并限制了他们的生活。Alison 是一位来自约克郡的贫困退休人员，她在整个采访过程中不断提到钱。例如，她一生从事的工作是否能带来"高薪"；没有"足够的钱"供女儿上大学；需要确保她（离婚后）有"一些钱"来养活她和她的女儿；选择和她的朋友们一起做一些"不太花钱"的事情；她还谈到自己是如何学会做一个"会过日子"的人。

相比之下，富人给我们讲的故事就大不相同了。Louise 处于财富谱的高位。她的收入达到 22.5 万英镑，拥有价值略低于 200 万英镑的房子和价值超过 10 万英镑的其他资产。最初，当我们问 Louise 在经济上处于什么位置时，她不屑地回答："我不知道，你看，钱对我来说不算什么大事……我从来没有为了钱做过任何事，我做事都是出于热爱，所以如果你对我说，我在哪个位置，我不知道。"她淡化了金钱在她生活中的重要性，并强调金钱是热爱自己工作的结果——几乎是偶然获得而非有意为之的。那些有钱的人似乎不太在乎它。然而，实际上金钱对 Louise 很重要，她以微妙的方式认识到它的重要性。她出身于工人阶级，过去负债累累，但目前良好的经济状况使她能够从轻松获取金钱的立场上进行思考：

> 你知道，我的意思是，30 岁时，我的年收入超过 10 万英镑……我想，你知道，我从哪里来，从食不果腹到我现在已过上的生活。我在思考，我是如何走到今天的？

因此，那些收入微薄的人发现他们的生活被必需品所束缚，而这些必需品是他们买不起的。那些更富裕以及"与必然

第2章 积累经济资本

的距离"(如布迪厄所说)更远的人能够远离金钱本身的蛮力。这两类人可能都会说自己处于收入分配的中间位置,但原因却截然不同。两个年龄不同、收入相似但生活环境迥异的女人的故事,将这一点揭示出来。Lorraine 意识到自己生活中缺钱,她和丈夫离婚后,带着两个十几岁的儿子从家里搬了出来,住进了私人出租的寓所。她曾是一名叉车司机,这份工作给了她"一份很低的工资,虽然不是最低的,但也不怎么样",她后来透露,其年薪约为 1.1 万英镑。Lorraine 想再次拥有属于自己的房子,但她为自己的选择感到担忧。她有一些可观的储蓄可以依靠——4 万英镑——但收入有限,"归根结底,只是你挣的钱不够,你只是没有挣到足够的钱"去买房。Lorraine 的案例就是一个例子,由于诸如家庭环境的变化,经济地位发生巨大变化时,人们可能会经历的"冲击"。

Charlotte 是一名退休教师,她认为自己每年从养老金和"各种其他零零碎碎"中获得的收入约为 1.2 万英镑——只比 Lorraine 稍高一点。但她对自己的处境有着完全不同的看法。她虽然也离过婚,但孩子已经成年,有足够的储蓄,并且她完全拥有自己的房子,她把这些描述为一个"垫子"。Charlotte 觉得她自己的生存能力使她能够获得一种自信的道德地位,这实际上是她的资产对她造成的影响。但她以自己简单的生活标准来表达这一点:"实际上我没有很多收入,但我知道该如何管理，你知道的。我总是说我可以过着极节俭的生活。"

　　Lorraine 和 Charlotte 的关键区别不仅在于她们的年龄和家庭环境，还在于她们在"房产阶梯"上的位置。Lorraine 失去了自己的房产，无法回到梯子上；而 Charlotte 在一个舒适的位置上，拥有自己的房产。她们在经济资本的不同构成部分之间游移不定——从某种程度上表明了人们可能很难把自己放在一个从 1 到 10 的简单阶梯上。我们还可以看到她们会把现在和过去生活中的经济地位进行比较，并在之前经历的背景下理解她们目前的经济状况。

　　即使是在这些少数情况下，我们也可以确定，经济分化在人们的身份认同中留下的决定性印记具有复杂性。然而，人们这样做的方式是复杂的，而不是简单地使用例如"富有"、"贫穷"、"中等收入"或"低收入"等词语来进行自我认同。仅仅指出英国是高度不平等的国家，而且这种不平等还在加剧，还不足以解释人们如何在自己的生活中经历这些不平等，以及他们如何理解周围的分化。哪怕仅仅从这几个小插曲中，我们也可以看到许多不同的力量在发挥作用。人们既不想炫耀自己，也不想承认自己处于社会底层的耻辱。然而，尽管人们在经济上对自我认同犹豫不决，但我们仍坚持这种不平等在塑造人们生活中的中心地位。

收入不平等的力量

英国的收入不平等现象非常严重,而且在迅速加剧。在非常有影响力的著作《水平仪》(The Spirit Level)一书中,理查德·威尔金森(Richard Wilkinson)和凯特·皮克特(Kate Pickett)使用标准度量,即基尼系数来衡量国家之间的不平等程度,这些国家包括欧盟于2004年扩大之前的15个成员国,以及澳大利亚、加拿大和美国等主要工业英语国家。[1]图2.1显示了国家之间的不平等,因为它们反映了国家之间在收入方面的相对差异。英国是一个家庭总收入高度不平等的国家,在18个国家中仅次于爱尔兰。图2.1还表明,在2008年至2010年,英国的不平等还在加剧,在经济合作与发展组织(OECD)的调查中,绝大多数国家的情况也确实如此。这清楚地表明,金融危机的影响加剧了英国国内乃至全球范围内的不平等。

为什么英国的收入不平等差距如此之大?受到制造业就业岗位的减少和处于服务业经济低端的低薪岗位激增影响的贫困家庭,与受益于英国在全球贸易、企业、专业和金融网络中的中心地位的富裕家庭相比,两者之间显然存在着鸿沟。这也与

---

[1] 基尼系数衡量的是一个国家的家庭收入,其得分在0(完全平等)到100(完整不平等)之间。其精确的定义,请参见http://www.ons.gov.uk/ons/guide-method/method-quality/specific/social-and-welfare-methodology/the-gini-coefficient/index.html。

强烈的地区分化有关。在伦敦金融城工作的人，无论从基本收入还是从额外的奖金收入来看，都能赚到巨额的金钱。在经济谱系的另一端，英国也有越来越多的人从事低收入的、长时间的服务行业相关的工作。① 因此，与其他就业结构更为平衡的国家不同，英国的经济结构中存在着强烈的偏差，即英国有更大的收入不平等倾向。

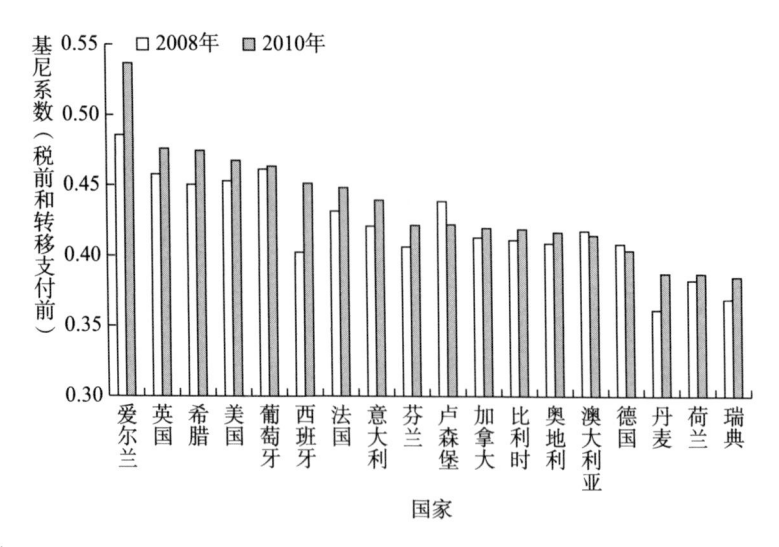

图 2.1　2008 年、2010 年欧盟 15 国与主要英语国家的收入不平等情况

资料来源："社会保障和福利 - 社会保障 - 收入分配和贫困"调查，该数据来自世界经济合作与发展组织（OECD）的统计网站，2015 年 5 月 22 日访问。

---

① 更多概述参见 Peter Nolan, "Shaping the Future: The Political Economy of Work and Employment", *Industrial Relations Journal*, 35（5）, 2004, 378–87 和 "The Changing World of Work", *Journal of Health Services Research and Policy*, 9（suppl. 1）, 2004, 3–9.

第 2 章 积累经济资本

如此明显的收入差距是否与精英体制有关？在这一体制下，只有那些技能娴熟、精力充沛，且能够承担最严苛工作职责的人才能得到奖励。如果是这样，我们可能会看到这些差异——尽管它们很强烈——反映出在高度竞争的条件下，对技能型的且敬业的劳动力的需求。或许，按照我们在第 1 章中讨论的 NS-SEC 的逻辑，专业人员和管理人员从事的高技能工作要求更高的报酬。[1] 表 2.1 考察了 2011 年 NS-SEC 中不同阶级（我们已在第 1 章中定义）的收入不平等程度。

表 2.1 表明这些阶级之间的收入水平存在一些差异。因此，收入最高的职业阶级，即那些处于"更高的管理和专业"水平的人，其收入是收入较低的"常规职业"阶级的 3 倍。这听起来可能有很大的不同，但当人们意识到，收入最高的 10% 人群的收入是收入最低的 10% 人群的近 17 倍（在最新的劳动力调查数据中，这两者平均为 67566 英镑与 4018 英镑），并且收入最高的 1% 人群几乎是收入最低的 1% 人群的 124 倍，这实际上并不太引人注目。我们还看到高级管理和专业人员阶级与其他阶级之间存在巨大的差异。这个阶级比收入第二高的阶级——低级管理和专业人员阶级——多挣了约 1.5 万英镑。但是，低级管理和专业人员与收入最低的群体（从事半常规工作

---

[1] 想了解更多，请参见 Mark Williams, "Occupations and British Wage Inequality, 1970s–2000s", *European Sociological Review*, 29（4），2013，841–57.

的工人）之间的差别很小。因此，正在发生的情况似乎是，顶层阶级与其他阶级都不一样。①

表 2.1 职业阶级的年收入差异（2011 年 1~4 月）

职业	平均年收入（英镑）
高级管理和专业人员	45362
低级管理和专业人员	29419
中间职业	18178
小雇主（有自己的账户）	——
低级监管和技术人员	20874
常规工作	14944
半常规工作	13389
从未工作、失业、未分类职业	9857

资料来源：劳动力调查，2014。

表 2.2 显示了每个职业阶级收入中最高的 20%、最低的 20% 和中间的 20% 的收入者的比例。它表明，实际上收入和职业阶级之间并不完全匹配，即使是收入最低的"半常规职业"，也有 3% 的成员跻身于收入最高的 20% 人群，同时也有 3% 的高级管理和专业人员阶级属于收入最低的 20% 人群。我们现在面对的是一个充满可能性和倾向性的世界——收入绝不仅仅是

---

① 这些发现也与马克·威廉姆斯（Mark Williams）的研究结果相一致，研究表明，尽管收入水平的大部分变化可以反映在 NS-SEC 的阶级分类上，但第一类（专业人士和管理人员）与其他类之间的差距解释了大部分的方差。

你职业本身的直接产物。

表 2.2 职业阶级的收入水平

单位：%

	收入 在最低的 20%	收入 在中间的 20%	收入 在最高的 20%
高级管理和专业人员	3	10	59
低级管理和专业人员	8	19	33
中间职业	18	28	8
低级监管和技术人员	10	25	15
半常规工作	36	19	3

资料来源：劳动力调查，2014。

收入水平与职业阶级的关系在收入分配的顶端更加不完善，在这里，GBCS 的数据（该数据从关于所有家庭劳动者扣除了税收和其他费用的收入问题的回答中收集）可以特别全面地区分特定职业的收入。[①] 表 2.3 的数据显示，首席执行官的收入几乎是科学家的两倍。一般来说，即使在高收入的"高级专业和管理人员"类别（NS-SEC 的类别 1）中，我们也可以区分出一组收入特别高的职业。首席执行官、医生、律师和金融

---

① 然而，有一点需要注意，即 GBCS 只包含家庭收入的信息，因此表 2.3 中的数字将受到家庭中是否有两名或两名以上收入者的影响。Sam Friedman, David Laurison and Andrew Miles in "Breaking the 'Class' Ceiling? Social Mobility into Elite Occupations", *Sociological Review*, 63（2）, 2015, 259–89（比较了 GBCS 的调查结果和劳动力调查的个人收入，表明在两种来源中都可以发现类似的模式）。

中介人员的平均税后收入（包括所有家庭成员的收入总和）超过 7 万英镑，而科学家、公共部门的专业人员、记者、IT 专业人员和工程师的收入则低于 6 万英镑。我们还发现，年龄差异似乎并不能很好地解释收入差异：律师相对年轻，但他们属于收入最高的职业群体，而教师往往年龄较大，但收入相对较低。简而言之，如果我们要了解谁的收入最高，尤其是在收入最高的人群中，我们不能简单地依靠职业阶级来衡量。某些"高端"职业在经济回报方面，似乎明显脱离了其他可能拥有同等技能、专业知识和权威的职业。

表 2.3 按职业类别与年龄划分的平均收入

职业组别	平均年龄	以英镑计的平均工资（这些精英职业中的所有群体）
科学家	36.1 岁	47928
工程师	37.2 岁	51237
IT 专业人员	38.3 岁	55296
医生	36.9 岁	78221
其他医疗专家	38.0 岁	58924
高校教师	45.2 岁	62640
教育专业人员	44.5 岁	57901
律师、出庭律师、法官	34.3 岁	79436
公共部门专业人员（卫生部门以外）	39.9 岁	53163
会计	36.4 岁	59118
首席执行官、董事、总裁	44.9 岁	93881

续表

职业组别	平均年龄	以英镑计的平均工资（这些精英职业中的所有群体）
其他高级商务人员	38.6岁	63233
金融中介人员	38.2岁	74130
记者	35.8岁	50168
NS-SEC第1类中的其他职业	39.6岁	54738

在后面的章节中我们将进一步探讨这些差异，以研究哪些因素可能影响一个人达到最高收入水平，但现在我们仍要考虑与更广泛的财富分配相关的经济资本的其他方面。

引入财富

我们已经展示收入本身是如何变得高度分化的，但经济资本的不平等远不止于此。经济资本也会受到我们可用的其他资产的影响，比如储蓄、养老金权利和与房产价值挂钩的潜在金融资源。这些总和在以前的阶级分析中很少被认真考虑，但它们是非常重要的。例如，皮凯蒂已经表明，与房产相关的资本现在是整个国家资本的一个主要构成部分，在2010年占英国资本的一半以上。①还必须指出的是，大量的财富并不一定与高收入有关。②

西尔明斯卡（Eva Sierminska）等利用一些往年数据得出，2000年英国家庭的平均净资产（累计资产）为173641英镑。③这是一笔相当大的数目，相当于家庭平均年收入的5倍。在相当多的情况下，如今的资产净值要高得多。最近的计算表明，多达200万名英国人是"百万富翁"，也就是说，他们拥有这一等值金额的净资产（当所有债务贴现后）。鉴于此，我们可以更好地理解为什么我们的受访者高度了解他们的经济状况的这些方面。英国的资产净值略低于意大利，也远低于美国和卢森堡（特别是卢森堡），但高于德国和瑞典（特别是瑞典）。在反思这些财富总量的意义时，我们需要在绝对财富（社会资本总存量）和相对财富之间指出一个非常重要的区别，也就是这个财富总量是如何在构成社会的各个家庭之间进行分配的。就前者而言，近几十年来发生了一场引人注目的革命。英国的个人财富（储蓄、住房和财产）从1980年的2万亿英镑增加到2005年的6

---

① 参见 Thomas Piketty, *Capital in the Twenty-first Century* (Cambridge, MA: 2014), p. 116, Figure 3.1.

② 参见 Janet C. Gornick and Markus Jäntti (editors), *Income Inequality: Economic Disparities and the Middle Class in Affluent Countries* (Redwood City, CA: 2013), pp. 312–33.

③ Eva Sierminska, Timothy M. Smeeding and Serge Allegrezza, "The Distribution of Assets and Debt", in Gornick and Jäntti (editors), *Income Inequality: Economic Disparities and the Middle Class*, pp. 285–311, at p. 294. 请注意，这些数字不包括债务。

第 2 章　积累经济资本

万多亿英镑（以包括通货膨胀在内的不变价格进行计算）。① 财富与 GDP 的比值在这一时期翻了一番，从不足 300% 增长到超过 500%。② 因此，过去 30 年来财富的集体积累是巨大的，这证明了英国社会经济资本绝对规模的巨大扩张。

为什么这很重要？这实际上意味着，在任何一年，当前集体收入都在逐渐被过去积累的财富资产所掩盖。当然，当人们反思自己的经济状况时，他们当前的收入固然重要，但这可能只是更广泛意义上的经济状况的一部分，而经济状况也是建立在他们过去积累的财富基础上的。我们不应被马克·扎克伯格（Mark Zuckerberg）（"脸书"创始人）等非同寻常的企业家戏剧性的白手起家故事所欺骗，以为在几年内就能积累 10 亿美元的财富。正如布迪厄和皮凯蒂所提醒的那样，积累是一个长期的过程。③

这种绝对的财富增长是分裂性的。这意味着，与 30 年前相比，那些一开始没有财富的人，现在要爬上更高的山峰才能达到财富持有者的顶端，甚至只能到达中间位置。因此，这种财富的全面和绝对增长对社会不平等产生了连锁影响。考虑到

---

① J. Hills, F. Bastagli, F. Cowell, H. Glennerster, E. Karagiannaki and A. McKnight, *Wealth in the UK*（Oxford: 2013）, p. 20, Figure 2.3. 所报价格为 2005 年可销售财富价格。
② Hills et al., *Wealth in the UK*, p. 21, Figure 2.4.
③ 参见 Mike Savage, "Piketty's Challenge for Sociology", *British Journal of Sociology*, 65（4）, 2014, 591–606.

财富的分配也变得越来越不平等，这一点尤其突出。按 2005 年的不变价格计算，最富有的 1% 人群的平均市场财富从 1976 年的 70 万英镑增至 2005 年的 223 万英镑，增长了两倍多。相比之下，处于社会底层的 50% 人群的平均财富在同一时期仅从 5000 英镑增至 1.3 万英镑。[1] 这两个数字之间的绝对差距从 69.5 万英镑上升到 221.7 万英镑。如果一个人要从底层爬到顶层，他需要积累的资金是过去的 3 倍。如今的"财富山"要高得多了。

将财富纳入我们的分析主要有三层含义。首先，它让我们意识到，收入并不是经济资本对人们尤其是社会上层人士产生影响的唯一方式，甚至不是最主要的方式。在本章前面部分讨论我们的受访者时，我们就已发现了这一点，现在我们知道原因了。其次，有无经济资本的人之间的绝对差距越来越大。成功的白手起家的人需要获得比以往更多的资源才能爬到山顶。第三，考虑到这种趋势，如果一个人想要到达顶峰，长期积累就更为重要。如果他们想要到达顶峰，来自父母的帮助以及个人早期的努力会变得相对重要（这个问题我们将在第 6 章深入探讨）。如果是这样，我们就需要从整合原有优势的角度来理解经济资本。这方面最明显的例子就是资源从老年人向年轻人

---

[1] Hills et al., *Wealth in the UK*, p. 21, Figure 2.4.

第 2 章 积累经济资本

转移。

父母的支持，尤其是富裕家庭父母的支持，对年轻人来说意义重大。29%的父母会向他们的非同住子女提供经济资助，对于年龄在 45 岁至 54 岁的父母（正处于子女可能会离家的年龄段），这一比例会升至 45%。[①] 现在大多数人都继承了大量的财产，如果认为遗产只属于非常富有的人，那就大错特错了。尽管如此，财富拥有者中排名前 20% 的人都更有可能继承属于他们的财富，而且他们获得的财富往往更多（平均为 5.9 万英镑，而排名后 20% 的人为 2.7 万英镑）。[②] 通过这种机制，富裕家庭的财富积累往往更为集中。约翰·希尔斯和他的同事得出这样的结论，"来自富裕家庭背景的孩子有长期的优势"。[③]

在确立了财富在一般意义上的重要性之后，我们需要对财富的另一个最重要的构成部分——住房——再多说几句。以英国为例，它已从 20 世纪 20 年代相当于国民平均收入的水平，升至如今的 3 倍左右。2000 年，英国住房资产占总净资产的 76%，高于其他可比国家（在美国，这一比例为 54%）。住房财富对经济资本到底有什么影响？

[①] Hills et al., *Wealth in the UK*, p. 113, Figure 5.9. 这种财政支持通常用于教育。
[②] Hills et al., *Wealth in the UK*, p. 108, Figure 5.6. 数据是 2005 年的价格，以及那些户主年龄在 25 岁以上的家庭在 1995 年的价格。
[③] Hills et al., *Wealth in the UK*, p. 145.

房产市场

现在，自有住房与经济资本的积累有着密切关联。这会产生三个主要影响：(1) 它在租户和业主之间形成了一个强大的分类鸿沟；(2) 它强调了拥有经济资本的年龄的重要性；(3) 它倾向于根据当地住房市场的活跃程度在空间上区分财富和经济资本。将这些观点联系起来看，那些租户被剥夺了资本积累的主要来源，鉴于这些人往往是年轻人，而且这一过程在英格兰东南部活跃的住房市场上尤为激烈，现在住房动态从根本上与产生不平等的过程有关。

在英国，住房财富的故事是众所周知的。在整个20世纪，有一个长期的趋势，那就是越来越多的人拥有自己的房子。[1] 玛格丽特·撒切尔（Margaret Thatcher）无疑推动了英国成为一个国民拥有自有住房的国家。另外，在英国大部分地区，人们对社会福利住房的污名越来越严重。[2] 撒切尔夫人最受欢迎的政策之一是向租户出售廉租房。这是一项对有购房意愿的居民进行奖励而提出的议程，许多有购房意愿的廉租房租户能够买到自己的房子，在许多情况下，这为他们提供了廉价的资产，

---

[1] Peter Saunders, *A Nation of Homeowners* (London: 1990).
[2] Owen Jones, *Chavs: The Demonization of the Working Class* (London: 2011); Danny Dorling, *All That Is Solid: The Great Housing Disaster* (London: 2014), pp. 288–9.

尤其是那些住在伦敦市中心和内城的租户，那里的房价在最近一段时间大幅上涨。① 有房者和无房者之间存在着明显的差距。此外，因为中央政府不允许地方政府使用该计划筹集的资金新建住房，所以新建廉租房的速度肯定不能取代现有的廉租房。这项政策的长期影响是巨大的。再加上房价的螺旋式上涨，住房拥有率100年来首次下降，从2001年的69%下降到2011年的64%。②

住房作为一种财富来源的重要性在于，它在租房者和拥有房产者之间产生了一种强有力的、面向经济分配的底层的分类鸿沟。这一点很重要，因为它表明在拥有非常少的经济资本的底层阶级，可以发现一种强有力的分化。出于上述部分原因，我们可能倾向于把关键的经济划分放在底层，而不是放在体力和非体力劳动者之间，就像典型的中产阶级与工人阶级之间的划分那样，是放在处于底层的一小群"不稳定无产者"中间。经济资本的缺乏以及对租房的频繁依赖是他们缺乏安全感和处于劣势的一个明显特征，这阻碍了他们登上住房阶梯的任何现实前景的实现。

当然，这种分化也与年龄有关。越来越明显的是，由

---

① Tim Butler and Paul Watt, *Understanding Social Inequality* (London: 2007), pp. 82–91; S. Sassen, *The Global City: New York, London, Tokyo* (Redwood City, C.A.: 1991), p. 267.
② UK population census, 2011.

于大多数年轻人买不起房,年龄所造成的差距正在扩大。2014年7月,无家可归者慈善机构"英国社会救助服务组织"(Shelter)的一份报告指出,近200万年龄在20岁到34岁的年轻人仍然和父母住在一起,他们被称为"折翼族"(clipped-wing generation)。① 这些长期政策的另一个后果则超出了私人住房部门。自20世纪80年代以来,社会福利住房支出的紧缩,加大了政府向更多人提供负担得起的社会福利住房的压力。2010~2015年联合政府对这个问题的回应之一是引入所谓的"卧室税",作为对居住在被认为有多余空间的廉租房中的租户的惩罚。② 该政策的目的是鼓励这些租户腾出这些住房,搬到较小的房子中去,但其中只有4.5%的人在头六个月内按规定行事,而在受新规定影响的人中,有59%的人拖欠了房租。③

住房财富与地理位置密切相关,而最值得注意的是,它将伦敦大都会与英国的其他地区区分开来。④ 这是因为住房价值不仅仅取决于个人房产的面积和状况,它还反映出周边

---

① "Almost Two Million Young Working Adults Still Living with Mum and Dad", press release, Shelter, 2014, 参见 http://england.shelter.org.uk/news/july_2014/almost_two_million_young_working_adults_still_living_with_mum_and_dad (Accessed 22 May 2015)。

② Dorling, *All That Is Solid*, pp. 147–54.

③ 参见 http://www.localgovernmentexecutive.co.uk/news/59-bedroom-tax-tenants-arrears-offifficial-review-finds。

④ Dorling, *All That Is Solid*, pp. 175–6.

社区的市场吸引力。即使不同地区实际在售的房屋之间的物理差异很小,更受欢迎地区的房产价格也将高于不太吸引人的地区。因此,房产和地理位置以及特定居住地点的吸引力有着千丝万缕的联系。家不仅仅是一个可以让你安心的地方,对有优势的人来说,它还可以是一个战略性的投资选择。[1]

近年来,地方规划政策已做出调整,以应对人们对城镇中富人和穷人之间的社会分化日益加剧的担忧,要求开发商在其私人住房计划中纳入一定比例的"经济适用房"。但一个令人费解的例子是,为了确保将富人和穷人区分开来,一些开发商在此类计划中使用了某些手段。例如 2014 年 7 月有报道称,一些设有独立大厅和入口的公寓楼正在修建,以提供给那些能够支付市场价的人而非社会租户。[2] 在一个贫富两极分化的城市,这样的举措是未来趋势的一种不祥预兆。

表 2.4 和表 2.5 的数据来源于英国政府土地登记局,数据显示了最顶层和最底层的 20 个自治市镇的房产价值。表 2.4 表明,所有最高的房价要么在伦敦,要么在离伦敦很近的地方。在这方面最突出的是伦敦市中心的肯辛顿 – 切尔西区,以及威

---

[1] 关于这一点,可参见 Mike Savage, "The Politics of Elective Belonging", *Housing, Theory and Society*, 27(2), 2010, 115–61。
[2] Hilary Osborne, "Poor Doors: The Segregation of London's Inner-city Flat Dwellers", *Guardian*, 25 July 2014. 参见 http://www.theguardian.com/society/2014/jul/25/poor-doors-segregation-london-flats。

斯敏斯特市，那里天文数字般的房价反映了它们作为"全球精英"居住地的地位。① 这里的平均房价是 150 万英镑，几乎是最便宜地区房价的 20 倍。我们还可以看到，排名在"顶端"的房价是如何成为异常值的，即成指数增长地高于其他区。肯辛顿－切尔西区的房价几乎是排名第三的卡姆登的 2 倍，是排在第十一位的奇尔特恩的 3 倍。

表 2.4　最昂贵的 20 个自治市镇房价排名

	排名	房产价值（英镑）
肯辛顿－切尔西区	1	1581747
威斯敏斯特市	2	1387151
卡姆登	3	808061
伦敦城	4	754138
哈默史密斯－富勒姆区	5	753911
埃尔姆布里奇	6	647992
泰晤士河畔里士满	7	646016
伊斯灵顿	8	580041
旺兹沃思	9	568319
南白金汉郡	10	532208

---

① Roger Burrows, "Life in the Alpha Territory: Investigating London's 'Super-Rich' Neighbourhoods", LSE Blogs – British Politics and Policy, 2013. 参见 http://blogs.lse.ac.uk/politicsandpolicy/life-in-the-alpha-territory-londons-super-rich-neighbourhoods/。Also Roger Burrows, "The New Gilded Ghettoes: The Geodemographics of the Super-Rich", *Discover Society*,（3）, December 2013. 参见 http://www.discoversociety.org/2013/12/03/the-new-gilded-ghettos-the-geodemographics-of-the-super-rich/。

续表

	排名	房产价值（英镑）
奇尔特恩	11	501446
默顿	12	471566
萨瑟克	13	455625
巴尼特	14	451287
哈林盖	15	451050
温莎－梅登黑德	16	444132
泰晤士河畔金斯顿	17	443518
伊令	18	437209
韦弗利	19	435451
哈克尼	20	428970

资料来源：英格兰和威尔士，英国政府土地注册处，表581：按地区划分的平均房价（2013年第二季度）；苏格兰，苏格兰注册处，按季度统计（2013年第二季度）；北爱尔兰，北爱尔兰邻里信息服务处（NINIS），2013年国内房地产平均资本价值（行政地理）。

表2.5表明低价值房产分散在更远的地方，聚集在南威尔士和英格兰北部。这些地方包括南威尔士的塔尔博特港，这里曾是矿业和钢铁行业的重镇，这些行业或多或少已经崩溃，近几十年来一直面临着重大重组。在英国北部的布莱克普尔，来自南亚国家的穆斯林人口占26%，是伦敦以外穆斯林人口比例最高的地区，这里曾经是英国棉花纺织业的中心，如今也早已

不复存在。诺斯利（默西赛德郡）的平均房价不到肯辛顿－切尔西区的10%。这些是根本性的差异，表明了地理位置与经济资本积累之间的相互作用。

表2.5 最便宜的20个自治市镇房价排名

	排名	房产价值（英镑）
诺斯利	367	114814
林肯郡东北部	368	114685
东艾尔郡	369	114202
北拉纳克郡	370	112269
巴罗因弗内斯	371	111190
朗达卡农塔夫	372	110835
米德尔斯堡	373	110764
北艾尔郡	374	110569
西丹巴顿郡	375	110219
博尔索弗	376	106657
彭德尔	377	105705
尼思和塔尔博特港	378	105132
布莱克本	379	103444
梅瑟蒂德菲尔	380	103066
赫尔河畔金斯顿（城）	381	102995
特伦特河畔斯托克	382	99281
欣德本	383	99099

续表

	排名	房产价值（英镑）
埃利安锡尔/西部岛屿	384	98446
伯恩利	385	83982
布列纳格温	386	83437

资料来源：英格兰和威尔士，英国政府土地注册处，表581：按地区划分的平均房价（2013年第二季度）；苏格兰，苏格兰注册处，按季度统计（2013年第二季度）；北爱尔兰，北爱尔兰邻里信息服务处（NINIS），2013年国内房地产平均资本价值（行政地理）；北爱尔兰的数据显示年度估值而非季度估值；北爱尔兰数据（包括5个郡和贝尔法斯特都市区）被汇总到了GBCS调查的地理区域中。

最后，年龄本身与一个人的经济资本有关。图2.2描绘了按年龄划分的经济资本的分布情况，并展示了生命历程中一幅"不断积累"的画面。图2.2清楚地表明了经济资本的所有不同组成部分是如何具有相似的年龄分布的。收入、储蓄和来自房产的财富在25岁左右是最少的，在中年后期是最多的。那些二十出头的年轻人，即使他们家境殷实，可能也享受不到多少经济资本，而一大群比他们年长三十岁的人可能会认为自己总体上更有优势。资本的获得从根本上讲与一个人的年龄相关。

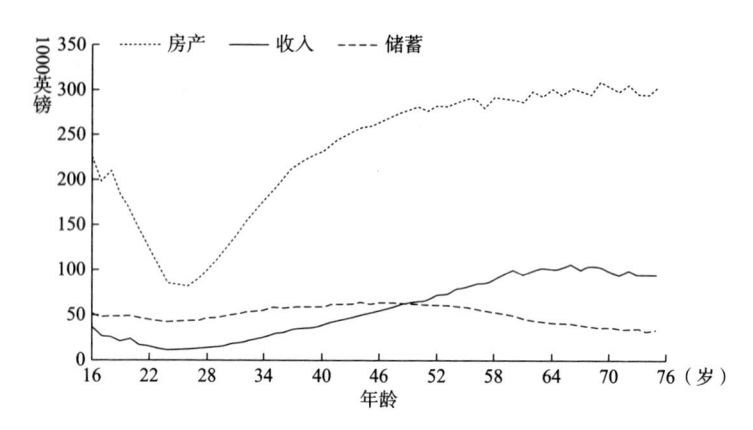

图 2.2　按年龄划分的经济资本的分布

资料来源：GBCS 数据。

因此，经济资本具有多样性，具有很强的空间、年龄和代际差异。就主要的住房资产而言，地域差异很大。父母的储蓄，加上退休人员在退休时能够变现的住房资产，对其子女和孙辈上大学、购买他们的首套房子、开启他们自己的事业以及最终的财产继承，都是至关重要的。正如希尔斯的报告所指出的，"经济上的优势和劣势会在整个生命周期中不断加强，而且往往会影响下一代"。[①] 因为拥有经济资本需要时间的积累，即使是在继承发生的时候，它也不可避免地与衰老过程联系在一起。年龄增长和积累是相辅相成的。

[①] John Hills, *An Anatomy of Economic Equality in the UK: Report of the National Equality Panel* (London: 2010), p. 386.

第 2 章　积累经济资本

再论经济资本的含义

我们现在可以回到先前关于人们是如何看待经济不平等的思考中。从关于财富与收入的相对重要性的讨论中我们可以看出，人们对经济不平等的看法可能并不涉及与其他职业或就业形式中的人进行比较，而是与处于不同地理位置或年龄群体的人进行比较。通过这种方式，经济资本的作用可以被自然化，因此货币差异与一系列的个人、社会和空间因素有关，这些因素可能使它们在许多人的心目中显得"自然"。[①] 特别是，积累大量经济资本所需要的时间，尤其是绝对时间，解释了为什么人们会把自己的处境放在他们的生命历程中，而不是与非常富有或非常贫穷的人形成直接的"关系"对比。因此，人们把他们的经济财富与自己的具体生活联系在一起，而不是把它看作全球社会力量的产物。

这样的生活经历可能有几种形式，在一定程度上，它们可以反映地理位置。Roger 是英格兰东北部的一位讲师，20 世纪80 年代末他和家人从伦敦南部搬了出来。即使在那时，他卖掉以前的房产所得的资本与他在北方所能买到的房产之间的差距还是相当大的。25 年后，他仍然在思考这个问题：

---

① 在布迪厄看来，社会差异被认定为是"自然"的过程，是模糊社会不平等意义的一种基本方式。

我显然是一个新来者……当时我们的房子卖得比较贵，但买得比较便宜，所以我们能在这儿买一套房子……所以你可能会认为人们会对我们在这里的事实感到不满，我们来得晚，我们也没有做过任何能够配得上这些表面的财富和奢侈的事。

Stuart 也有这种不和谐的感觉，他是一名退休护士，后来在英格兰南部海岸一个时尚的大城镇里担任当地毒品和酒精成瘾互助小组的经理。他个人没有继承任何财产（尽管他的妻子得到了她已故母亲的公寓），但他有可观的养老金和他妻子的薪水。1992 年，他以 10.9 万英镑买下了自己的房子，最近，他家附近一套类似的房子以 85 万英镑的价格售出。Stuart 被这种情况弄糊涂了，他把这叫作"疯狂的"、"荒谬的"和"发疯的"。他和他的朋友们谈论了这件事（他们的房子价值超过 50 万英镑），告诉他们处于这种境地有多奇怪，他认为这是运气的问题。然而，这确实意味着 Stuart 能够将他积累的财富转移给他成年的儿子，他认为这一点越来越有必要：

我们有安全感，因为我们拥有的这处房产价值巨大，金额高得离谱，但我们的孩子将来要去哪里居住呢？我的意思是，我们看看 Frank……我们也许不得不考虑支持他，我知道所有男孩子大体上会和他们的父母一起住到36岁，所以有些人显然从来没有离开过家，这是一个有趣的问题……但同时，你知道，它让我们感到非常安全，也让我们为孩子们感到安全，我想孩子们很感激我们背后有这样的安全感。

因此，在我们的受访者看来，房产是经济资本的一个非常重要的组成部分，尤其是作为一种可以传递给下一代的积累财富的形式。

以类似的方式，我们可以看到拥有高储蓄的人是如何从他们管理选择的能力的角度来解释他们的生活的。Craig是一家夜总会的保安，他意识到不要过度透支自己的财务，尤其是在经济衰退时期。他不用信用卡，总是用现金支付。和他来自加勒比海的移民父母一样，对他来说，重要的是他有能力偿还房屋抵押贷款，并积攒一些储蓄。他热衷于教育他的孩子们理财有方的重要性，所以他们留出了一些钱以备经济困难时期使用。无独有偶，Monica是一位退休教师，她谈到了她和她的丈夫如何为他们的退休生活制订计划，以确保他们有钱并有选择的余地。她解释说："是的，我认为我们总是想在55岁左右退休，我们为此存钱，显然也缴纳了养老金……我想我们在工作的时候是过得相当节俭的，我们确实尽可能地存了很多钱。我的意思是，在我丈夫的父母去世后，我们确实继承了一些钱，所以这多少有点帮助，实际上是相当大的帮助。"人们的关注点从能够支付一两个月的抵押贷款的还款，到计划一个漫长而舒适的退休生活。个人不同的经济资本水平导致了非常不同的限制或机会。

一个恰当的例子是士绅化对当地房地产市场以及文化和社会的城市构成的影响。Imogen 是一个自雇的放荡不羁的再生治疗师，她住在伦敦市中心的一个贵族区。她从来都不富裕，并将自己的成长过程描述为一场"斗争"，但为了以 5.5 万英镑的（首付）价格购买一套公寓，她申请了全额抵押贷款。她现在认为，花 42 万英镑就能把房子弄到手是值得的。尽管 Imogen 的收入非常微薄（前一年她的生意有 2.1 万英镑的营业额），但她手中与房产相关的经济资本已相当可观。这种士绅化趋势的一个结果是，在 Imogen 的社区买房的人不得不花费更多的钱才能买到这样的房子。Imogen 会觉得自己与她新搬来的邻居们格格不入，因为他们"非常有钱"。

人们对阶级的主观认识也受到其对于文化资本、社会资本和经济资本的认知的影响。人们不一定非要有钱才能成为"上层阶级"，相反，有钱也并不一定能"给"你上层阶级的身份，或让你变得比别人更优秀。我们在第 11 章研究阶级认同时，将更深入地探讨这些观点，即"每个人都和其他人一样好"。有时人们会用"旧钱"和"新钱"这样的词来谈论拥有不同数量的经济资本、文化资本和社会资本的人们之间的差异：

> 你知道，当人们拥有了像皇室成员、富人和老人所拥有的钱，我称之为"旧钱"，那么当人们拥有新钱时，我称之为"普通的"富人［笑声］……足球运动员之类的，还有流行歌星等，你知道……他们可能来自工人阶级，但他们很有钱。

存在新贵阶级吗？

积累财富意味着什么？我们是否正在看到一个新的财富精英阶级的形成？那些拥有大量经济资本的人有多大程度的相似性？凯塔琳娜·赫克特的作品在这里为我们提供了一些有力的启示。① 她使用 GBCS 数据来研究那些收入、储蓄和财富都极多的人，结果表明，正如我们预期的那样，他们之间存在很大程度的重叠。在家庭收入超过 20 万英镑的人中，有 75% 的人的房产价值为 50 万英镑或者更高。这些高收入者中有 60% 的

---

① Katharina Hecht, forthcoming PhD thesis, "A Sociological Analysis of Economic Inequality at the Top End of the Income Distribution", London School of Economics, 参见 http://www.discoversociety.org/2014/12/01/whysociologists-should-research-the-increase-in-top-income-and-wealth-inequality/。

人的储蓄超过了20万英镑。这似乎是一个非常有力的迹象，表明这些不同的维度在顶端有很大程度的重叠。

然而，从社会的角度来看，赫克特指出那些拥有最多经济资本的人并不总是与众不同：他们获得学位证书（无论是本科生还是研究生）的可能性只是略高一些。然而，与总体样本相比，那些家庭年收入超过10万英镑的人更有可能来自传统的专业人员（有2倍的可能性）和高级管理人员（有3倍的可能性）背景。这些数据似乎表明，那些拥有最多经济资本的人确实拥有最优越的背景。这是我们在第6章要仔细探讨的一个问题。

赫克特还指出，非常富有的人往往对自己是上层阶级还是中上层阶级有着异常清晰的认识。在收入超过20万英镑的受访者中，认为自己属于上层阶级的仍然只有8.4%，但这一比例是整个GBCS受访者对应比例的14倍。有超过一半的人认为自己是中上层阶级，是总体样本对应比例的4倍。与GBCS中的其他受访者相比，他们也稍微更有可能觉得自己属于某个阶级。尽管我们已看到，大多数人都不愿将自己置于经济层级的顶层或底层，但这似乎并不太适用于那些处于最顶层的人。那些处于最富裕位置的人的确认为自己是中上层阶级，甚至是上层阶级。同样地，收入最高的人群（年收入超过20万英镑）认识贵族的可能性明显更高（38%），相比之下，收入在15万~19.9万英镑的人群中，认识贵族的比例为27%，而在

GBCS数据的总体样本中,认识贵族的比例不到10%。相比之下,他们不太可能认识邮递员。他们去看歌剧的可能性是总体样本的3倍,去健身房和剧院的可能性也明显更大。

那些经济资本水平最高的人不但处境优越,而且似乎也具有独特的社会和文化特征。优越的处境还与他们拥有更多的专属网络、有可能将自己视为中上层或上层阶级以及更有可能来自得天独厚的阶级背景有关。

因此,经济资本的积累对今天的阶级有着深远的影响。这并不意味着经济不平等会直接转化为社会阶级认同或对立。我们需要从社会学的角度来理解这些趋势,这是一种更微妙、在某些方面也更令人不安的说法。在本章的结论中,有四点值得大家注意。

第一,经济资本的绝对增长与社会中层更复杂、更精细的经济地位层级密切相关,这种层级制度掩盖了中产阶级和工人阶级之间的各种界线,而这正是我们传统上可能期望看到的。过去30年来经济资本的绝对增长,不但意味着那些处于中间位置的人尤其是与处于顶层的人相去甚远,在较小的程度上,他们也与底层的人差距较大,而且意味着在经济层级的任何部分都存在着相当大的差异。这种观点部分重复了马克斯·韦伯(Max Weber)和皮埃尔·布迪厄关于经济差异的"等级"特性的旧观点,但其中也有一些重要的转折。尽管处于社会中间位置的群体的经济资本可能是模糊不清的，但在两个极端，即当代社会的顶层群体以及底层群体之间却被组织得更为清晰。在后一种情况下，租户往往没有储蓄，收入也很低，很可能会形成一个经济资本清晰的群体。在最顶端，尽管非常富裕的人与最富裕的 1% 的人之间存在着巨大差距，但 GBCS 数据显示，不同形式的经济资本（收入、储蓄和房产价值）在顶层群体之间存在着很大程度的重叠，这可能会在一定程度上增强该群体的凝聚力，也会使他们的态度和身份变得与众不同。因此，我们可以看到社会顶层的凝聚力和底层的凝聚力在不断增强，但在社会中层（占人口的大多数）内部，情况要复杂得多。

第二，经济资本不是沿着单一的职业轴而组织的。例如，收入与职业的联系并不像我们想象的那么紧密，因此不能根据一个人的就业状况简单地判断其财富的多少。我们已看到地理位置、家庭和家庭状况，特别是年龄，是如何与各种经济资本存量的积累联系在一起的。

第三，我们只能把继皮凯蒂和布迪厄之后的经济资本理解为长期积累形式的结晶。尽管存在着银行家和积极又充满活力的实业家的故事——他们凭借全球贸易和商业收购迅速致富，我们也不应忽视这样一个事实：经济资本积累的主要受益者是更长期的历史进程的产物。在历史社会的各个优势维度上，富人与历史上产生共鸣的力量联系得更为紧密：这些力量既来自

第2章 积累经济资本

社会（认识贵族）和文化（参加旧式活动，如看歌剧），也来自高级管理背景。在这里我们看到的是，当今以经济资本形式存在的财富，如何才能最好地被视为长期投资的产物。

第四，当人们与其他人相比时，经济资本相对比例（财富与收入的相对比例）的不断增长很可能会降低他们对自己所处地位的普遍认识。在挣得的收入是经济资本的主要来源的情况下，人们很可能会把自己和从事其他职业的人进行比较，比较自己所从事的职业与其他职业间的好与坏。在这个世界，阶级对立与就业关系直接相关。然而，当另一种收入或财富占总财富的比重更大时，这种关系意识就会改变其形式，即当人们将自己与居住在不同地区（房价不同）和不同世代的人进行比较时，往往就会呈现出空间和年龄所具有的特定维度。

第3章
高雅和新兴文化资本

大多数人都很清楚，经济资本是人们赖以生存的资源，它从根本上影响着人们的生活。而从表面上看，文化品位和兴趣似乎来自我们个人的热情，它们显然并不是一种可以积累和交换的资产。然而，对于布迪厄和我们来说，这里的关键问题是，人们是否认为自己的品位和兴趣是合法的——被社会认可的，并且被视为是值得尊敬和有价值的。虽然文化活动的种类可能是多样的，从园艺到参观大英博物馆，看《老大哥》（*Big Brother*）或玩电脑游戏，但并非所有的文化活动都是同等价值的。有些形式具有一种声望，这种声望是由有影响力的人与机构培育和加强的。而且，如果这些形式是合法的，它们便可以产生资源和优势。

传统上，三种因素巩固了一个被广泛认同的观念，即"高雅"文化的形式比大众文化的形式更有价值。首先，所谓的

"高雅"文化已被国家大力推广。例如,艺术委员会的绝大多数预算都用于资助诸如戏剧、舞蹈和视觉艺术等"高雅"艺术形式,只有标题隐晦的"组合艺术"代表了一种大众文化的资助形式。这与商业利益可以维持大众文化(例如,以流行音乐的形式)的观点是相一致的,因此"高雅"文化超越了肮脏的商业考虑。其次,"高雅"文化的价值也在教育体系中得以延续,在该体系中,如英国文学、音乐和艺术史等艺术和人文学科传统上推崇经典的"高雅"艺术形式。举例来说,玩电子游戏"侠盗猎车手"(Grand Theft Auto)是不可能纳入考试的。最后,"高雅"艺术也从文化评论家和其他时尚引领者的影响中获得了合法性,他们的工作是对文化的质量做出非常公开的判断,他们在很大程度上(尽管并不总是)倾向于将先锋派艺术置于大众文化之上。这些观察的背后是这样一种观念,即某些文化品位和活动是资本的一种形式。

什么是文化资本?

文化资本的概念建立在这样一个事实之上:我们的文化偏好不但是我们个人偏好的标志,而且是高度社会化的。当我们着装时,我们想给别人留下深刻的印象。我们对某些音乐的酷爱与对不喜欢的音乐的贬低是息息相关的。这总是使我们不喜欢那些我们认为热爱我们所不喜欢的音乐的人。正如德国著名社会学家乔治·齐美尔（Georg Simmel）一百多年前所指出的那样，我们的生活方式具有深刻的社会性，它是我们想成为什么样的人的标志，同时也表明了我们不想成为什么样的人。我们在社交圈里转来转去，这些社交圈将我们与一些人区隔开来，又使我们与另一些人联结在一起。①

法国社会学家皮埃尔·布迪厄将这一基本观点阐述为他所谓的"文化资本"力量的一个重要声明。②他声称，某些类型的文化具有产生社会优势的前景，因此是"资本"的形式。但这是怎么发生的呢？布迪厄认为，对神圣的音乐形式（如古典音乐）或视觉艺术的欣赏，取决于对它们的抽象品质的重视——不是寻求眼前一时的放纵或愉悦，而是能够"远距离地"欣赏它们，更理智地说，是以一种允许它们在不同环境中应用的方式。因此，在大英博物馆漫步时，这里没有游戏机或噱头，而只有被视为拥有普遍地位的"伟大的"艺术和考古展品。通过学习以这种抽象的方式欣赏文化，我们可以积累一些其他的

---

① 齐美尔对这一方法的精辟阐述出自他的通俗易懂的《时尚》（Fashion）一文，该论文已在 *American Journal of Sociology*, 62（6）, 1957, 541-58 重印。
② 这里的关键作品是 *Distinction*（London: 1984）。然而，这是一个很难一次就消化完的文本，一个更容易理解的解释可在 David Swartz 的作品 *Culture and Power*（Chicago: 1997）中找到。

优势。它使人们能够接触到布迪厄所说的"合法文化",这种文化是受人尊敬和受社会认可的,在诸如博物馆、美术馆等公共场所和教育体系中被奉为神圣。正如我们已看到的,这与权力意识和权威意识密切相关。因此,那些沉浸在这种文化中的人更容易理解他们的学校课程,并接受抽象技能的培训,这可能有助于他们获得更好的资格,也可以为其寻求更成功的职业生涯提供平台。举例来说,这或许可以解释为什么近年来收入增长最快的是那些具有"分析能力"的人。①

布迪厄认为,在 20 世纪 60 年代的法国,文化资本包括对所谓"高雅"文化的鉴赏:喜欢参观美术馆、博物馆和豪华古宅,鉴赏高雅的文学、古典音乐、视觉艺术等。而且,重要的是,对布迪厄来说,这一系列鉴赏涉及对世俗世界的反对。布迪厄在其极其重要的著作《区隔》(*Distinction*)中研究了 20 世纪 60 年代法国人的品位,发现"知识分子"和大众阶级之间存在着很大的文化差异。工人阶级回避公开的"艺术"活动,比如去博物馆或阅读古典文学,更喜欢"实在的"娱乐和消遣。然而,受过良好教育的人正是被这些标志着他们地位和文化实力的文化场所吸引。

布迪厄认为文化资本不仅仅是你拥有多少钱的反映。他指

---

① 参见 Yujia Liu and David B. Grusky, "The Payoff to Skill in the Third Industrial Revolution", *American Journal of Sociology*, 118(5), 2013, 1330-74。

出，在中上层阶级中，拥有或多或少文化资本的人之间存在着重要差异。因此，他将"实业家"和"知识分子"进行了对比，前者可能通过奢华的假期或豪华汽车来大肆炫耀自己拥有的财富，后者则希望通过有品位的古董收藏来展示自己眼光敏锐的文雅气质。[1]这一论点对于布迪厄提出文化资本具有不同于经济资本的意义的主张是极其重要的。

我们的受访者清楚地表达了这种文化资本的力量，尽管方式很复杂。直截了当地说，我们采访的那些有着高雅文化品位的人也有着更多的文化自信，或者说是社会学家西莫斯·可汗（Shamus R.Khan）所说的"从容"。[2]他们流露出的自豪感和自信让我们震惊。对喜爱的艺术、建筑、音乐等作品的提及比比皆是，常常被不假思索地抛进与涉及的问题毫不相关的谈话中。因此，例如Paul的通勤路线经过了一个"深受［约翰］贝杰曼（[John] Betjeman）钦佩"的教堂，而Anthony将对微生物学的专业兴趣与萨尔瓦多·达利（Salvador Dali）的绘画风格联系起来。这些话并不是刻意的自我优越感的表现，而是表明了这些享有特权的人能够从容地在日常的交谈中运用文化参照点。

---

[1] 这表明布迪厄的思想为寻求"细分"生活方式的市场研究人员提供了思路，以便让企业能更有效地定位其产品。
[2] Shamus Rahman Khan, *Privilege: The Making of an Adolescent Elite at St. Paul's School*(Princeton, NJ: 2010)。

这种惊人的信念还体现在受访者将其文化兴趣与公共领域联系起来的方式上。例如，Charlotte 是一位退休的数学教师，她解释说她的兴趣之一是食物，特别是制作果酱。制作果酱并不稀奇，但最惊人的是 Charlotte 培养这种爱好的方式。多年前，她决定开始在手工艺品展销会上销售果酱，而不仅仅是为自己的家人制作果酱。这个决定的基础是她对自己品位的坚定信念。"我从中得到很多乐趣，但我想我也是孤军奋战，向世界展示真正的食物应该是什么味道（感受）的呢？"在解释如何将自己的爱好扩展到出版有关果酱制作的书籍之前，她告诉我们："有一天，我的一个女儿站着看着我的摊位，她说，'妈妈，你不能死，不能把这些［知识］都带走'。是的，所以我现在已经写了两本［关于果酱］的书。"

在我们与退休小学校长 Fraser 的讨论中，这种与众不同的自信也是显而易见的。Fraser 是一个狂热的文化爱好者，对歌剧和古典音乐有着浓厚的兴趣。但特别重要的是，Fraser 在职业生涯中试图传播他的文化兴趣。在我们的采访中，他多次描述了他是如何有意把自己的品位"强加"给学生，试图"拓宽他们的视野"。然而，尽管我们使用了"强加"这个词，Fraser 对他这种文化推动的做法却毫无歉意。在这里，他描述了他在孩子们列队参加晨会时演奏古典音乐的日常活动情形：

我从来没有为此感到内疚。最好的例子是当我是一名班主任的时候,我们有一个新生,他的父母从［英格兰北部］的一家酒吧搬来,在那里他一直欺负别的孩子。他是个矮胖的小伙子,Michael——大家都记得他的名字。所以我和他单独谈了几句:"Michael,你不能这样做,在这所学校我们不会这样做。"当时我正在上一堂关于美的课,我有索菲亚·罗兰(Sophia Loren)以及各种各样的照片,我说:"我现在给大家放一点我觉得很美妙的音乐。"放的是托特里埃(Tortelier)用大提琴演奏的《天鹅》。Michael坐在那里哭。我问:"怎么了?""我从没听过这么优美的音乐。"他说。我从未忘记这件事。虽然我又一次把我的品位强加给了孩子们,但这就是我能产生的影响。

这里引人注目的是 Fraser 对其高雅文化品位的内在和救赎特质的非凡信念。他对高雅文化的品位不仅意味着一系列个人爱好,而且也是社会关注的一部分,旨在更广泛地传播良好的品位。换言之,文化成为一种更广泛的社会货币,人们在其中区分拥有文化的人和没有文化的人,以及谁可以用它做更多的事情,就像金钱一样……

然而,尽管文化品位自身装载了很多意义符号(signifiers),

第3章 高雅和新兴文化资本

但我们今天也需要谨慎，不要过于依赖布迪厄的概念。①这有四个原因。首先，布迪厄对"精英"文化的批评正中要害，以至于引起从事艺术工作的人担忧他们作为文化决策者的角色。文化机构自身也更加意识到自己的精英主义和优越感，并采取措施来应对这些问题。博物馆和美术馆里现在到处都是互动设备，以推广更容易接触的游客参与形式，并鼓励孩子们享受参观博物馆的乐趣，即使他们并不习惯于这样。主要的国家博物馆是免费进入的。他们投入更多努力来展示更广泛且多样的文化作品，而不仅仅是那些"历代的伟人"。例如，现在有足球、性和摇滚乐博物馆。国家信托（The National Trust）不仅负责照管贵族豪宅，还负责展示格拉斯哥的公寓、约翰·列侬（John Lennon）和保罗·麦卡特尼（Paul McCartney）的家庭住宅以及老旧的工厂。

其次，我们现在生活在一个更加强烈的"文化"世界里。当布迪厄在为《区隔》开展调查时，只有一半的法国家庭有电视机，当然他们也没有电脑、智能手机或 iPad。正如我们看到经济资本的绝对增长一样，艺术、文学、音乐、电影和电视的绝对数量和可获得性也急剧上升。或许，过去 40 年来，媒体设备的普及，让所有的文化形式都变得触手可及？与过去只有去

---

① 这里的讨论必须简短。读者若想更全面地讨论这一问题，应该看看 Tony Bennett, Mike Savage, Elizabeth Silva, Alan Warde, Modesto Gayo-Cal 和 David Wright, *Culture, Class, Distinction*（Abingdon: 2009），以及 Dave O'Brien, *Cultural Policy: Management, Value and Modernity in the Creative Industries*（London: 2014）。

剧院才能听到歌剧的时代相比,我们是否还生活在这样一个文化差异明显的时代?当人们即便付不起去考文特花园(Covent Garden)的费用也可以在声田(Spotify)上免费下载歌剧音乐的时候,喜欢歌剧仍然是精英所特有的吗?

再次,我们也看到了一系列看似不"高雅"的文化活动的兴起。一个很好的例子是单口喜剧,它通过爱丁堡电影节或黄金时段的电视节目,从一种边缘化的、在很大程度上被贬损的品位转变为一种主流的娱乐方式。① 难道根本不存在像布迪厄所说的那种文化资本的主流时尚偶像吗?大卫·贝克汉姆(David Beckham)呢?这位来自埃塞克斯郡上流社会的小伙子,在过去20年里定义了男性化风格的新标准,但几乎没有建立在高雅文化资本的基础上。

最后,近几十年来,全球化和移民潮极大地改变了文化鉴赏,削弱了过去作为国家卓越标志的传统古典文化形式的吸引力和意义。从皇家歌剧院到国家剧院,我们已不再受到具体国家标志的束缚,这些标志界定了合法品位的界线。在某种程度上,对黑人文化产生兴趣已变得"酷"起来。② 如果有的话,

---

① 参见 Sam Friedman, *Comedy and Distinction: The Cultural Currency of a "Good" Sense of Humour* (London: 2014)。
② 参见 Les Back, *New Ethnicities and Urban Culture: Racisms and Multiculture in Young Lives* (London: 1996),以及 Mike Savage, David Wright and Modesto Gayo-Cal, "Cosmopolitan Nationalism and the Cultural Reach of the White British", *Nations and Nationalism*, 16 (4), 2010, 598–615。

世界音乐、爵士乐、邦拉舞曲和雷鬼音乐到底处于当今等级制度的什么位置？现在只对莎士比亚、奥斯汀和布里顿感兴趣不是很过时吗？

我们的研究也借鉴了近年来关于文化资本的其他许多研究，这使我们能够对当今英国的文化资本进行最全面的描述。

首要的文化鸿沟：参与度

GBCS认为文化资本在今天仍然可以被发现，但它已改变了形式，这一观点与许多近期的其他研究一致①。通过报告"文化'资本'映射"工作的结果，我们可以很容易地揭示这些模式。②这一分析需要大量不同的文化活动和品位，并考虑其中哪些很少同时进行。这是因为，如果某些活动比如去歌剧院，

---

① 值得注意的是，Bennett et al., *Culture, Class, Distinction*，在其他许多国家也有类似的发现。参见 Annick Prieur and Mike Savage, "Updating Cultural Capital Theory: A Discussion Based on Studies in Denmark and in Britain", *Poetics*, 39 (6), 2011, 以及 Philippe Coulangeon and Julien Duval (editors), *The Routledge Companion to Bourdieu's Distinction* (London: 2015)。

② 严格地说，我们使用的是多元对应分析，这是布迪厄在 *Distinction* 中使用的一种工具。我们在这里使用的是具有全国代表性的捷孚凯（GfK）市场调查数据集。可以在 Mike Savage 等的 "A New Model of Social Class?" 找到简要的分析，以及在 Mike Savage, Brigitte Le Roux, Johannes Hjellbrekke 和 Daniel Laurison 的 "Espace culturel britannique et classes sociales" 中找到一个综合的论述，载于 Frédéric Lebaron and Brigitte Le Roux (editors), *La méthodologie de Pierre Bourdieu en action: espace culturel, espace social, et analyse des données* (Paris: 2015)。

是很少与其他一些特定的活动一同进行的，再比如玩飞镖，它们可能会显示出明显的文化对立，而这些对立可能标志着这些活动是按照阶层组织起来的。

表 3.1 揭示了哪些文化习俗最直接地相互对立。这些文化习俗并不是简单的配对，而更多是两种对立的"家庭"取向。也就是说，第一行中的项目是"负载最重"的文化活动，是最不可能与另外一列中的活动结合进行的。在解释表 3.1 之前，请读者思考一下任意一列是否比另一列更受社会尊重。文化映射的原则应该意味着，您对活动的选择很可能会落在这两列中的某一列，而不是同时选择两列的项目。

表 3.1 英国的首要文化对立 ①

文化取向：A 家庭	文化取向：B 家庭
喜欢炸鱼薯条	去剧院
很少在外面吃饭	去看歌剧、芭蕾舞表演和古典音乐会
不去餐厅吃饭	去博物馆和美术馆
不喜欢流行音乐	去健身房
不喜欢印度菜	去看摇滚演出
不和朋友出去	做运动
不喜欢爵士乐	去艺术俱乐部
不喜欢世界音乐	喜欢法国和意大利餐厅

① 第一列的十个活动/品位的方差贡献率最大，且第一行的活动的方差贡献率也是最大的。

续表

文化取向：A 家庭	文化取向：B 家庭
不去散步	观看体育赛事
不喜欢雷鬼音乐	喜欢世界音乐

资料来源：基于 GfK（具有全国代表性的）数据的多项对比分析。

也许这两列之间最显著的区别是，右边这一列的文化取向包括积极融入文化机构、餐厅、音乐和体育场馆的公共世界，而左边的这一列则显示出对这些公共活动的厌恶。在这种划分下，那些发现自己属于右边一列的人活跃于音乐、艺术、戏剧等领域，并且积极参与这些领域的活动；而那些发现自己属于左边一列的人则对音乐和去外面吃饭感到厌恶。我们的建议是，大多数读者会认为右边的取向比左边的更为社会所认可——更为合理，这表明微妙的社会压力假设在起作用。

事实上，表 3.1 中的调查结果与其他研究中的调查结果相似，表明那些得到社会认可和支持的公开参与布迪厄所谓"合法"文化的人与那些不参与的人之间存在着巨大的文化差异。[1] 但我们也必须认识到这种差异并没有区分"高雅的"和"大众化的"活动。事实上，在右边一列，我们可以看到一些高雅的活动（去博物馆和美术馆），中间穿插着更大众化和商业化的活

---

[1] 值得注意的是，Bennett et al., *Culture, Class, Distinction*。

动,比如去健身房和摇滚音乐会,喜欢世界音乐。

那么,表3.1中的这些差异是一种文化资本的表征吗?事实上,根据收入和受教育程度,文化资本存在着非常明显的差距。那些收入最高、受过良好教育的人往往具有右列所列的文化品位,而那些学历水平和收入水平低得多的人往往有着左列的偏好。这是一个明显的迹象,表明文化差异确实反映了根本的社会分化。比如,你喜不喜欢去大英博物馆,这不仅仅是一件私事,它还表明你在合法的和社会认可的文化中有多大的立足点。

右列中的大多数活动都需要大量的资金,无论是看芭蕾舞还是摇滚演出都是如此。左列的所有活动只需要很少的钱或根本不需要钱。与那些没有这些资源的人相比,那些拥有更多财富和受过良好教育的人更广泛地参与各种休闲活动。我们如何将这些模式理解为文化资本的一种形式?我们并不是在暗示那些不太富裕、学历不高的人没有文化兴趣,或者只是整天被动地坐在家里。相反,他们的文化参与可能更非正式,更以邻里关系和亲属关系为基础,因此不太可能以特定的休闲活动为基础,例如去博物馆。[①] 然而,对于那些受过高等教育和生活较好的人而言,参加这样的正式活动可以使其产生积极参与的感觉,增强其文化自信和魄力。这将带我

---

① 该论点在 Bennett 等的 *Culture, Class, Distinction* 第4章中做了详尽阐述。

们回到 Charlotte 和 Fraser 的世界，我们在本章开始时认识了他们：自信的、有把握的参与公共文化生活，参加同样可见和受人尊敬的活动。相比之下，那些拥有左边一列生活方式的人，主要是私下进行的，或者是与亲朋好友在一起的时候进行的，很少公开。因此，在没有人一定要有意为之的情况下，表 3.1 所示的文化差异可能会传达出相当不同的合法性，并为一个人提供不同的机会。

现在，将 Fraser 和 Charlotte 的文化自信与 Imogen 的文化自信进行对比。Imogen 是伦敦南部的一位自由职业再生专家。不像 Fraser 和 Charlotte，Imogen 没有上过大学。她出身于工人阶级，年收入不到 2 万英镑。她并没有对自己的文化兴趣做过很多随意的评论，事实上她似乎相当不活跃。她很少去美术馆和博物馆，不喜欢运动，不去酒吧，不出去吃饭，也不听古典音乐和歌剧。然而，事实上，Imogen 并没有脱离文化。远不止如此。部分原因是，Imogen 更为非正式和"另类"的文化兴趣不属于我们在调查中询问的范畴。她练习瑜伽，对萨尔萨舞和探戈舞感兴趣，并详细谈论了她对色彩咨询的兴趣，认为这是"常规"时尚的替代品。尽管 Imogen 非常热衷于自己的文化兴趣，但她显然缺乏 Fraser 和 Charlotte 所表现出的那种自信。事实上，当我们第一次在访谈中介绍"文化品位"这个话题时，Imogen 的本能反应是贬低自己。"好吧，这是我的一个局限，可能是我的弱点，我不是见多识广的人，有时我认为我受此影响。"

在 Imogen 和 Fraser、Charlotte 这两类人之间，关键的问题在于他们对自己参与的文化活动拥有不同程度的合法性信念。这是在反思人们的自信时提出的，正如我们的受访者所说的"好品位"。那些学历较低、薪水较少的人，即使有着浓厚的文化兴趣，也明显对什么是好品位持不确定的态度。古董商 Pauline 就是一个很好的例子。Pauline 的房子是名副其实的文化宝库。她房子前面的花园里有一个红色的电话亭，后面的花园里有一个吉卜赛人的大篷车，房子里堆满了瓷器半身像、古董广告和其他古董。她甚至有一辆从泰国运过来的嘟嘟车（tuk-tuk taxi），这辆车现在停在她的起居室里，和其他不寻常的东西争夺空间。然而，尽管她的工作生活被文化艺术品所包围，Pauline 还是拒绝接受她有好品位的看法。像许多出身低微的人一样，她把自己的品位看作个人的事情，几乎是随意的，而的确不像 Fraser 那样，把它强加给别人。事实上，她似乎敏锐地意识到自己的品位可能被视为"多愁善感"、"过分"或缺乏极简主义的精致。"这是你爱或恨的东西。我的意思是，如果你喜欢我喜欢的东西，你会很享受；但如果你喜欢一切都是极简主义的，你会发现看着这些东西很可怕。"

Pauline 不确定的态度与那些处于更优越的社会地位的人形成了鲜明的对比。这些受访者确信自己"品位不错"。正如游说者 George 告诉我们的:"我认为,说品位有不同的'类型'可能有点假,因为我认为对好品位而言,存在某种客观的层次。"(和许多人一样)为了进一步强调这种"客观的"好品位是什么样的,他确定了洞察力的概念,即对你的消费做出正确的选择。George 接着说:"我想说,这当然需要一定程度的理解,一个判断是基于一些证据的,而不只是说'是的,那很好',而不加考虑。"

因此,这种文化鸿沟的意义与合法性、自信心以及从容有关。相当多的人——那些选择表 3.1 左边活动的人——没有参与更广泛的社会中具有突出性和合法性的活动,也不太可能被纳入更广泛的"志趣相投"者的网络中,并获得公众的赞许和认可。相比之下,我们可以看到,参与表 3.1 右列活动的人所积累的文化资本,不仅来自参与和消费特定的文化形式,而且来自产生这种参与的信心。正如我们的访谈所表明的那样,对正式的、合法的、通常由国家赞助的文化的熟悉度似乎培养了一种明显的确定感,即"有权"谈论文化价值,规定什么是好的、什么是不好的品位,然后在公共场合传达这种信念。

110/ **次要的文化鸿沟：高雅与"新兴"文化资本**

然而，我们的文化映射不仅仅只有这个对比。我们也可以发现其他次要的但仍然强大的对立。表 3.2 显示的第二组对立，比表 3.1 所示的程度更深。这里的列表很吸引人，还请读者思考一下表格一列中的活动是否比另一列更受社会认可。

如表 3.2 所示，在右列，我们看到人们喜欢去豪华古宅、博物馆和美术馆，剧院，喜欢芭蕾、歌剧和古典音乐，不喜欢说唱音乐、雷鬼、流行音乐和摇滚乐。这些确实符合"高雅"的品位，我们也可以看到，这也伴随着对当代音乐各方面的厌恶。这和布迪厄在《区隔》中所说的是一样的，尽管他的研究已有 30 年的历史了。

相比之下，在左边一列，我们可以看到一系列的活动体现出对高雅活动（如听古典音乐和爵士乐）的漠不关心，以及对快餐、素食主义、说唱、西班牙假日和运动的热爱。

112/ 我们预计与表 3.1 所示的文化差异相比，读者会在他们认为哪一列更合理的问题上有更多的分歧。年长的读者可能觉得右边一列显然更有声望，但年轻的读者可能不太确定。事实上，我们进一步的分析表明，这些差异确实反映了明显的年龄分化，年轻人倾向于具有左列（C 家庭）中的品位，而老年人倾向于具有右列（D 家庭）中的品位。这一年龄差距比布迪厄所意识到的更为深刻和重要，且似乎深深地铭刻在当代英国文化中。

表 3.2　英国的次要文化对立

文化取向：C 家庭	文化取向：D 家庭
喜欢快餐	去看歌剧、芭蕾舞表演和古典音乐会
喜欢说唱音乐	不喜欢流行音乐
对古典音乐漠不关心	参观豪华古宅
对重金属音乐漠不关心	去剧院
不去散步	喜欢古典音乐
喜欢素食餐厅	去博物馆和美术馆
对爵士乐漠不关心	不喜欢雷鬼音乐
做运动	不喜欢说唱音乐
在西班牙度假	不去快餐店
观看运动赛事	不喜欢摇滚乐

资料来源：基于 GBCS 的具有全国代表性的数据的多项对比分析（由市场调研公司 GfK 实施）。

这表明，文化差异具有非常直接的代际和阶级维度。布迪厄所讨论的这种高雅活动现在主要与英国老年人有关这一发现得到了大量证据的证实，这些证据表明人们对古典音乐的热情是如何逐渐变成一种越来越基于年龄的现象。现在英国广播公司第三广播电台（BBC Radio 3）听众的平均年龄是 62 岁。在观看古典音乐会和芭蕾舞的观众中，你会遇到以老年人为主的观众。然而，嘻哈音乐的听众则是非常不同的。

我们的观点是，这些对立不是中性的"生活方式的选择"，而是在它们彼此区别的方式上具有阶层差异。我们特别感兴趣的是受过良好教育的人中年龄分化的力量。年轻的中产阶级一代非常热衷于当代音乐、电脑游戏、社交媒体和体育运动，但在"高雅"文化的世界里却不那么活跃。他们的爱好在别处。与比他们年长的人在其年轻时相比，这似乎是一个惊人的转变。这就导致我们认为文化资本有两种模式，一种我们称之为"高雅"的，另一种则是"新兴"的，前者更为成熟。它在教育体系中，凭借美术馆和博物馆等在历史上被认可和制度化，但它也是一种老化的文化资本模式。我们正在见证一种与年轻人相关的"时髦的"（或潮人）文化资本的兴起。它也有自己的基础设施——社交媒体、酒吧、俱乐部和体育场所，也可能被视为新的职业场所和生活方式的制度化，强调灵活应变的能力。这是一种"新兴"的文化资本，未来几年它可能会变得更强大。

年龄在文化资本中的重要性与经济资本形成鲜明的对比。我们在第2章中看到，有一种系统性的趋势，即经济资本更多地集中在老年人手中。年轻人很少有机会积累大量的收入和储蓄，也很少有机会在住房中积累资产。然而，在文化资本方面，年轻人与他们的长辈相比，并没有明显的劣势：上过大学、受过高等教育的年轻人比例更高，而且正如我们所看到的，他们

第3章 高雅和新兴文化资本

还广泛参与新兴文化资本，并高度投入其中。然而，我们看到的是文化资本形式之间的代际冲突。

事实上，我们的访谈揭示了英国文化资本的变化。在老一辈的特权阶级中，布迪厄所讨论的高雅文化与低俗文化之间的传统差异仍然具有重要的意义。例如，60岁的科学家Nigel描述了他家里没有电视机的事实。他告诉我们，这是一个非常有意识的决定，是因为"没有任何东西在上面！"这种对大众媒体的全面拒绝也得到了其他人的回应，比如Fiona和Alison，她们对小报、脸书以及电子音乐或说唱音乐都有类似的厌恶。然而，即便是在年龄较大的受访者中，这样清晰的界线也较为少见。大多数人热衷于展示他们品位的折中性质，从而宣称自己是文化平等主义者。

近年来，一些社会学家特别是在美国工作的社会学家发现，那些社会地位高的人越来越享受高雅和大众文化。他们随后宣布"文化杂食者"崛起，并辩称这证实了传统文化等级制度终结的开始。他们认为，我们现在正进入一个时代，其特点是文化宽容度的提高，新流行的"酷"是对自我优越感的明确拒绝和对多样性的宣扬。①

---

① 我们没有篇幅去总结关于"文化杂食者"争论的大量文献，但感兴趣的读者可以看看 Laurie Hanquinet 和 Mike Savage（编辑）在 *Routledge International Handbook of the Sociology of Art and Culture*（London: 2015）中的一些成果，这场争论在书中得到了充分的展开。

这与我们所认为的情况相去甚远。对我们访谈过的人来说，折中主义的风气并不一定意味着文化的开放。当然，我们对富人和受过良好教育的人在广泛的文化活动中谈论他们的兴趣时所表现出的轻松态度感到震惊。但与此同时，人们对这一参与有着独特的理解，特别是在有关大众文化方面。这些阶层的品位往往非常复杂和挑剔。就连我们在本章开始时认识的Fraser，也表示了对流行音乐和一些好莱坞电影的偏爱，因为他的兴趣范围很广。然而，Fraser敏锐地指出，这些作品只为某些"默默无闻"的艺术家保留，并对喜欢它们的原因进行了细致的解释，从而显示出与他更高雅的兴趣相符。当大众文化可以被证明是合理的时候，它是可以被接受的。尽管Fraser对菲利普·格拉斯（Phillip Glass）和肖斯塔科维奇（Shostakovich）等古典作曲家的偏爱被轻描淡写地提及（也没有进一步的解释），但对于戴安娜·罗斯（Diana Ross）或《角斗士》（*Gladiator*）的审美能力却需要立即得到验证。流行文化消费也不总是简单的享受。Elizabeth阅读《每日邮报》（*Daily Mail*）并不是因为她喜欢它，而是为了"了解英国大多数人在读什么"。同样，Georgia描述了一种"对流行音乐的怪异迷恋"，这种迷恋更多的是讽刺和玩笑，而不是真诚。

因此，新兴文化资本本质上并不是喜欢大众文化，而是在菜单上的选择，并通过展示对特定流行艺术家的精心选择来表现自己的操纵技巧，以及挑选和结合"最优秀的"大众文化的能力。此外，这种对流行的洞察力不仅仅体现了你喜欢什么，而是体现了你为什么喜欢它。例如，IT 顾问 Benedict 起初似乎是一个典型的文化杂食者。他对传统的高雅艺术，特别是视觉艺术和文学有着浓厚的兴趣，但在讨论他对流行音乐的品位时，他却格外活跃。在这里，他的口味是非常挑剔的。他强烈反对排行榜中"过度制作"、"公式化"和"商业化"的流行音乐，反而详细解释了他对"独立音乐"、"后朋克音乐"和"电子音乐"的兴趣。他对拥有"流行情感"毫不自责，但同时显然是在寻找某种类型的流行音乐，其中有一种"独创性和熟悉性的结合"，或者既"传统"又"有点混乱"。他解释说，这种复杂的审美搭配的"完美例子"是美国合成流行乐队"未来岛屿"（Future Islands）：

> 这是相当传统的，但歌手有一个非常不寻常的声乐风格，他真的很奇怪。当我第一次听到他唱歌的时候，我真的很讨厌他，我想，"这太荒谬了，他听起来像是一个低吟的法国学者"。他有两个声区，假声和相当低沉的声区，但同时又有充沛的普通的流行情感。

特别是在年轻一代中，为了拥有更好的生活和得到良好教育，没有任何艺术形式和文化活动是不受限制的。他们有可能喜欢任何事物，尽管在支持它的过程中，有必要通过识别起作用的不同品位记录来解释为什么它是令人愉快的。①

这种开放性也具有自相矛盾的、令人筋疲力尽的选择性。必须权衡每一种文化选择，并应用一套美学原则，以评估其质量和价值。因此，相较于脸书，说客 George 更看重推特，因为它促成了一场更有意义的学术对话，而通讯主管 Georgia 则认为底特律式的浩室音乐（house music）比鼓与贝斯节奏乐"优越得多"。这里的重点不在于这些人所珍视或喜爱的大众文化究竟有哪些相似之处，而在于它的表达方式。没有什么能逃脱严格审查。正如 Benedict 所解释的，"这几乎关于在任何情况下做出的选择。我们不喜欢快餐，但我们会选择汉堡王而不是麦当劳——即使在低端，我们仍然有选择权，你明白吗？"

这种新兴文化资本的表现，Henry 是最好的例子。他是一名 19 岁的法律系学生，在我们研究的所有人中他是背景最优越的。在整个采访过程中，Henry 自豪地讲述了他的文化兴趣范围，从在柴郡农村打猎到在爱丁堡观看单口喜剧。Henry 试图把他那些杂食性的凭证带回家，有一次他拿出他的 iPod（音乐播放器）给我们看他"最近播放的［音乐］"。"所以我们这里什么都有了。"他骄傲地说。"从菲尔·科林斯（Phil Collins）到

---

① 当然，在这里我们可以看到为什么 GBCS 本身会吸引这样的人——也会让这样的人感到震惊。我们自己的研究被这种"新兴文化资本"的动力所束缚。

普契尼（Puccini）、深紫乐队（Purple）、Jay-Z——凝聚力根本不存在，这就像一个广阔的教堂。"Henry 因此毫不费力地从精英文化走向大众文化，拒绝建立围墙，热切地追求各种品位。不过，对于这个播放列表他有一个清楚的认识。有些音乐品位被形容为"讽刺"，有些是"晦涩"，有些只是"无可救药的罂粟"。也许更重要的是，Henry 是如何运用这种自知的品位，它如何影响他的日常生活。特别是，Henry 如何将音乐与他的社会网络联系起来。这令我们震惊。每天晚上，在他住宅的门厅里，主要的话题是文化。他解释说："所以，要一直在讨论中增加素材，不管是什么。"

新兴文化资本的力量就在这里。可以说，这种力量可以通过消费"正确的"合法的流行文化来表达，但同样可能是以正确的方式消费"错误的"（粗俗的）流行文化。你只需要想想当代"潮人"的形象，比如说，他们的品位是"讽刺的"和"庸俗的"文化消费的真实组合，就可以了解这一新兴资本在实践中成功执行的情况。[1] 无论如何，这里最核心的是一种特殊的审美风格，一种对大众文化的某种超然、认知的取向，它既体现了兼收并蓄的知识，也体现了一种特权的理解。

---

[1] Bjørn Schiermer, "Late-modern Hipsters: New Tendencies in Popular Culture", *Acta Sociologica*, 57（2），2014, 167–81.

看待问题的方式

文化资本并不仅仅是指不同类型的人在文化活动上的差异。市场研究人员在介绍消费品时，通常会指出这些产品对不同的"细分"市场具有吸引力。我们还需要看到如何以不同的方式评价这些活动的价值，其中一些活动被视为更合法，而另一些活动则被诋毁。在这一点上，我们可以观察到一个明显的区别，一些活动被视为需要洞察力，而另一些则被视为直接和感性。

洞察力包括跨越不同类型和活动的能力，一个有洞察力的人能够迅速做出判断，并能够证明这些判断是正确的。这些技能越来越多地被灌输到教育中，并在快速发展的专业和企业工作环境中受到重视。但这些技能并不是中性的——它们作为一种文化资本的形式在运作，因为它们还诋毁了其他类型的取向。在访谈时，我们发现还有一种内在的怀疑，即更直接、更感性的反应。并不是这些受访者没有报告这些经历，而是他们被陷害为"罪恶快感"，这是规则的例外，正如 Paul 所指出的，"你筋疲力尽了，你的精力被消散"。这些对罪恶快感的忏悔揭示了这一点。这里最重要的思想是，一个人必须"努力"欣赏文化，通过这种审美行为，有可能达到更高的鉴赏水平。正如 Elizabeth 总结的："我不只是想消费，

第 3 章 高雅和新兴文化资本

我想得到提升。"

这种看待问题的方式很重要,因为它可以含蓄或明确地针对那些不太富裕和没有受过正规教育的人。对这些受访者来说,文化享受并不需要劳动或超然,也不需要表现出判断力。相反,文化是完全且毫无歉意地沉浸在其中的,例如,作为一种逃避现实主义,它允许你"超时"。例如,Imogen 解释说,她与舞蹈、音乐和时尚的互动从根本上讲是关于"庆祝"的,以快乐为主要目标。同样,Jane 对肥皂剧的酷爱也与她在情感上与角色相"联系"的能力直接相关。"嗯,这是生活,不是吗?这就是生活。"她在解释她和《加冕街》(*Coronation Street*)中一个角色的关系之前告诉我们,这个角色和她一样,最近被诊断患有老年痴呆症。

这种观察方式也适用于那些报告消费高雅文化的工薪阶层受访者,但可能不是以"有眼光"的方式。例如,Tina 是一名工厂工人和成年人护工,她特别喜欢芭蕾舞、戏剧和古典音乐。然而,这种鉴赏方式仍然很有说服力。Tina 的有趣之处在于,她对高雅文化的欣赏与那些有着更高特权背景的人仍有很大不同。Tina 并没有多谈她从芭蕾舞或戏剧中"得到"了什么,而是简单地描述了她对文化知识的永不知足的、对自学成才的渴望。因此,她更感兴趣的是获得新的经验,而不是培养对兴趣的审美能力。

Tina 的例子表明，尽管高雅文化并不局限于受过良好教育的人群，但在享受高雅文化的方式上的细微差别可能形成不同类别的自我优越感。在某些情况下，实际上有一种对高雅学术美学的明显排斥，这是公认的社会分化。Alan 是一名化工销售员，出身工人阶级，在一所新大学获得了传播学学位。不过，有趣的是，Alan 对自己的学位很矛盾。不仅他的学位"没有真正帮助到"他的职业生涯，而且他还拒绝了学院试图鼓励使用的更抽象的文化评估方法：

> 我不认为它凌驾于我之上；"我不喜欢那样"之类的东西。只是我不太感兴趣。在高雅的电影方面，我在大学里学了很多，所以我看过《战舰波将金号》(*Battleship Potemkin*) 之类的电影。而且，你知道，其中一些还可以，但我想在我的课程结束时，我已习惯了分析它们，而不是观看它们，以至于在那之后，我有点……我只是想要一些能够娱乐我的东西，一些可以分散我注意力的东西。

因此，自我优越感与文化资本本身一起被重新划分了。过去只限于受过教育的中产阶级的文化形式实际上已渗透到更广泛的人群中，现在正在重新划分界线，如何享受具体的文化活动才是重要的。现在，对于受过良好教育的人来说，避免公然展现自我优越感是一种荣誉，而且差别更为微小，然而这一点更为有力。

文化优越感

处于较高阶级地位的人通常会远离任何对自我优越感的怀疑。有一个明确的意识，谈论品位可能无意中隐含着自我优越感或判断力，因此大多数人会用诸如"我说这些话并不是以一种优越的方式……"或"我知道这可能听起来有些优越，但是……"之类的免责声明来限定他们的偏好。这种自我意识到的对优越感的排斥也常常与前文所述的文化折中主义的主张同时发生。"我永远不会谴责别人的品位。"Fraser 对我们说，"如果这是他们的品位，那就是他们的品位，我总是说，推己及人。"

然而，尽管存在这种明显的自由放任态度，人们经常在优越感问题上自相矛盾。Fraser 就是一个很好的例子。他刚刚才告诉我们他"永远不会谴责"其他人的品位，就继续展开攻击，首先是宾果（游戏）爱好者（"这不是一种智力上的消遣——除非你是一个贪婪的人，想要赢"），其次是那些不喜欢歌剧的人（"我为他们感到抱歉，如果你欣赏不了像歌剧这样的美，你在生活中就会错过许多")。

这种强烈的矛盾出人意料地普遍存在。就好像人们觉得只要他们的判断是对一种生活方式的表达,而不是直接对属于某个"类型"的人的表达,这就使它更容易被社会接受。这种审美判断往往针对特定的艺术形式、流派或艺术家,它们被视为天生有缺陷。真人秀节目和电视选秀节目经常被提及,一些流行艺术家和文化活动如宾果游戏也经常被提及。从美学上讲,这种大众文化被视为"平庸"、"平凡"、"无新意"或缺乏"实质"。正如 Elizabeth 对鸡仔文学(chick lit)的总结——"它只是缺乏一个存在的理由!"另一个常见的划定界线的领域是时尚,而时尚往往是讨论"品位不好"的焦点。在这里,"品牌"的问题是关键。对于受过良好教育的人来说,大牌服装是"不时髦的"和"华而不实的"。正如通信主管 Georgia 所说:

> 我在埃塞克斯郡有朋友,他们很喜欢商标,对他们来说这就是地位。现在我也喜欢商标,但我想让人们知道,因为他们认识设计师,而不是因为有一个醒目的大徽标。我不喜欢显眼的事物。如果你明白了,就不必大喊大叫了。

第3章 高雅和新兴文化资本

这种对"徽标"和"品牌化"厌恶的背后是对被视为大规模生产的文化的更广泛的厌恶，这种文化是"最小公分母"，它的创造潜力受到自由市场同质化效应的污染。然而，这些判断令人吃惊的是，尽管人们的出发点是文化物品，但他们经常会无意中转向特定类型的人。例如，Fiona 觉得真人秀或流行音乐的观众或听众缺乏对他们的品位做出自主决定的能力，因此他们在某种程度上被拉拢或欺骗而去消费：

> 我要说的是，有些人寻找创意，倾向于挑选一些东西，然后按照他们自己的方式把它们组合起来，而另一方面，有些（原话如此）人购买批量生产的东西，因为他们认为这就是他们被告知要做的事，而实际上却没有思考。

文化优越感往往超越审美判断而延伸到做人的领域。更富有、受教育程度更高的受访者通常认为，文化品位是病态身份的有力指标，表达了明显的蔑视甚至厌恶感。因此，品位是判断他人"价值"的重要方式。这样的判断总是在访谈结束时出现，那时人们感到更加轻松，开始放松警惕。在无数的例子中，我们集中挑选了两个例子。

Paul 在当地的步行俱乐部与"平庸之辈们"讨论了他的挫败感： /124

有一点——蔑视是一个语气太强烈的词。从不费心去看事物中最好的东西的人,因为这就是问题所在,如果人们只是简单地走出去,只听正在发生的事情。但那真的有点一本正经了,不是吗?但你不能完全消除这些性格特征,对吗?这就是我们喜欢的人,也就是那些欣赏美好事物的人。一切都是选择,不是吗?……如果收入不是无限的,对大多数人来说也不是。

Benedict 是一名 IT 顾问,他详细地讲述了很多自己不喜欢的东西,比如像"X-因素"(X-Factor)这样的电视节目、肥皂剧、名人,甚至是美黑。当被问及是什么让这些事物结合在一起的,Benedict 思考了一会儿,并确定了"糟糕的选择"的概念:

Benedict:有句话说,你永远不应该以貌取人。实际上,我认为你应该以貌取人。与肤色不同,人们并不是偶然决定自己的外在形象。其他的一切完全都是他们自己选择的,所以我总会全面地评判别人。

提问者:你认为你在用什么来评判他们?

Benedict:我想这是一种懒惰的常规做法。是的,我认为这是懒惰的常规做法。换句话说,他们只是……这不仅仅是受影响。他们所做的是由他们自身以外的事情决定的，比如来自市场、媒体的外部压力，我想在某种程度上是货币文化的压力。所以我们在这里描述的所有事情，都是那些真正服从常规做法的人。所以，判断是基于人们的欠考虑而产生的。

因此，追求复杂、多元和灵活的品位等，作为人们区分与那些品位单一或简单的人的一种手段，是普遍存在的。这是一种新的阶级优越感，是普遍的，即使不是公开的。

因此，文化活动不仅仅是个人的热爱，而且会带来社交包袱。一些人被文化消费模式所激励，这种模式使他们与他人接触，并赋予他们权利。这些人往往也意识到自己所参与的活动的"合法性"，认为这些活动适合"强加"给他人。相比之下，其他人可能在文化上很活跃，但也可能感到无能为力和不自信。

我们在本章的论述很简单。"旧式"文化资本，我们称之为"高雅"文化资本，在很大程度上仍与我们同在，但越来越局限于年龄较大的群体。但我们也发现了一种"新兴"文化资本。在这里，快速移动、时髦、时尚才是最重要的。这是一个由媒体报道推动的紧张世界，兴趣、热爱和兴奋感在这个世界里倍增，并以极大的强度相互反弹。正如我们在第 1 章所解释的，正是这种环境解释了英国广播公司的 GBCS 本身的吸引力，极高的公众参与度证明了关于阶级的话题在今天的英国仍然具有持续的吸引力。

因此，相对于经济资本而言，文化资本的积累过程是不同的。年轻人的经济资本往往比父母少得多，与其延续这种严重的代沟，年轻人选择拥有自己独特的文化资本，以和长辈的文化资本相竞争。这可能象征着一种文化上的自信和魄力。事实上，这种新兴的文化资本体现了一种新的复杂性。它并不是以人们喜欢的实际活动为标志，而是以他们享受活动和谈论活动的方式为标志。在这方面，它批判了可能被认为潜藏在"高雅"文化中的优越感，同时，它也嵌入了微妙的层级形式。对此，我们将在本书后面的章节进一步讨论。

第 4 章
社会资本：网络与个人关系纽带

社会网络在我们生活中的重要性无须多言。很多人都在使用社交媒体，这些社交媒体使我们可以联系在电话那头的人。我们在工作中，在邻里交往中，以及在追求我们的休闲爱好过程中，都是与人们见面交往的，而且我们中的许多人都有广泛的家庭关系。从表面上看，这些网络可以让我们接触到各种各样的人，并且有很多人为自己能接触到各行各业的人而感到自豪。尽管社会资本具有这种明显的平等化潜力，但它也具有排他性，即它使那些处于最有利地位的人受益更多。

我们的很多受访者非常熟悉社会关系中的这种矛盾。其中一人解释说，作为他安保工作的一部分，他接触了各种各样的人，包括百万富翁。他说："我有一些朋友，他们有自己的业务，做律师之类的。"但是，他接着说，他"从来没有很多白领朋友"，他最喜欢交往的人是：

> 体力劳动者。因为我自己也是一个体力劳动者,你知道,努力工作,做我们必须做的事,但总的来说,我们会时不时地聚会,你知道吗?我们玩得很开心……随着岁月的流逝……你和体力劳动者会相处得很好。

在社交阶梯的另一端,退休的校长 Fraser 渴望让调查者知道他最亲密的朋友之一"来自您所谓的真正的工人阶级背景",并且在他参加(英国)普通中等教育高级水平课程考试(A-levels)之前迫不得已离开了学校。"因为他的父亲说:'你必须找到一份工作。'"但是他也非常想清楚地表明,这个朋友不是带有成见的工人阶级。他说:"这么说吧,进行任何种类的调查,都可以称他为工人阶级,但他会是你见过的最聪明的工人阶级。"他接着描述了他的朋友与政治家、商界领袖的亲密交谈,甚至被选为与女王共进午餐的行业代表。

这类报道就是我们在第3章中谈到的新的自我优越感的例证。并不是说你只和特定的人交往——这可能会让你觉得自己是有局限的、冷漠的,或者粗俗的。但这也并不意味着人们会像他们想的那样真正的民主。事实上,人们也意识到,他们之间的联系并不是社会随机的,因为了解某些类型的人是有战略价值的。这就产生了一种"了解"和"反射"意识,这与我们在第3章中揭示的"新兴"文化资本是一致的。

第4章 社会资本：网络与个人关系纽带

美国政治学家罗伯特·帕特南（Robert Putnam）在《独自打保龄》（*Bowling Alone*）一书中解释了社会资本这一概念最广为人知的应用。帕特南有一种善意的观点，即当人们集体参与，当他们加入俱乐部并拥有广泛的社会网络时，社会结构作为一个整体就会变得更加强大。[1] 他的观点为许多国家通过"鼓励公民参与"来建立社会资本的政策努力提供了支持，而且有相当多的证据表明，这些政策确实促进了公民更好的健康和福祉。[2] 英国首相戴维·卡梅伦（David Cameron）倡导的"大社会"，或者我们需要支持的"可持续社区"，就是利用了这些主题。

然而，布迪厄的社会资本概念与帕特南的观点是不同的。他并不认为社会网络对整个社会都有好处，而是将其视为一种手段，允许特权阶层和权贵利用他们之间的关系互相帮助，保护他们的利益，从而将那些缺乏这种社会资本的人拒之门外。当然，这个想法我们也很熟悉。我们很清楚，有钱人和有权势的人是"如何照顾自己人的"。例如，我们的一位受访者告诉我们，她的儿子是家里第一个上大学的。他学的是法律专业，毕业后就开始寻找法律类的工作。他的女朋友也是学法律的，拿

---

[1] Robert Putnam, *Bowling Alone* (New York: 2000).
[2] David Halpern, *Social Capital* (Cambridge: 2004); Richard G. Wilkinson, *Unhealthy Societies: The Afflictions of Inequality* (London: 1996).

过一等成绩，并在整个学年排名第二。这位母亲认为，由于儿子在大学期间一直干着两份工作，潜在的雇主会认为他是个好员工。但毕业后，他俩都找不到任何一个法律类的工作。他们说，他们班上有一个人为了成为律师而继续深造，但这位母亲告诉我们，她的儿子说，"你得到一份法律工作的唯一途径是你的父母或家人是律师，他们才会雇用你……否则，你就没有机会"。母亲对此感到非常不高兴，这是可以理解的，她认为儿子的大学教育几乎完全浪费了。

不过，我们不应该对这种"拉关系"的做法过于执着。在一项最著名的社会学研究中，马克·格兰诺维特（Mark Granovetter）强调了"弱关系的力量"。[1] 尽管我们可能认为最重要的影响我们生活的是那些与我们最亲近的人，即我们的家人和亲密朋友，但格兰诺维特认为，事实上，是那些我们曾经认识的人更有可能给我们带来好处。这是因为，他们越远离我们的日常活动，就越有可能获得对我们有帮助的信息，否则我们就不会知道这些信息。

这个基本的想法现在已在许多环境中被研究了，并被证明是非常可靠的。美国社会学家罗兰·伯特（Roland Burt）指出，在商界，那些拥有最多社会资本的人是那些有社会关系的

---

[1] Mark Granovetter, "The Strength of Weak Ties", *American Journal of Sociology*, 78 (6), 1973. 这是有史以来被引用最多的社会学文章之一。

第4章 社会资本：网络与个人关系纽带

人，这些社会关系联结了他所说的"结构洞"，即组织或部门中原本互不相识的人。在另一种背景下，斯蒂芬·鲍尔（Stephen Ball）引起了父母们在考虑把孩子送到哪所学校时对弱关系的关注。[1] 通常情况下，最重要的往往是那些不为人知，但社会阅历丰富的父母。与此类似，大多数家长都意识到了"校门"网络的力量（当家长在等孩子放学时交换重要信息）。邦尼·埃里克森（Bonnie Erikson）曾经讨论过，最成功的管理者通常能够以一种轻松的姿态谈论体育或电视节目，这让他们无论地位如何，都能与同事交流，也能与组织内的任何人交流。[2]

"弱关系"的力量可能与一个强大的"建制派"（establishment）有关。[3] 这里的论点并不是说上层阶级的人与其他所有上层阶级的人都很亲密（尽管他们可能非常了解其中的一些人）。更确切地说，他们是由一系列广泛的弱关系联系在一起的。他们可能会模糊地想起和他们一起在寄宿学校或牛津的人，或者他们在伦敦西区俱乐部遇到的人，这样的联系可以被动员起来，在他们需要的时候提供信息或帮助。事实上，人们可能会认为过

---

[1] Ronald Burt, "The Network Structure of Social Capital", in B. Staw and R. Sutton (editors), *Research in Organizational Behaviour*, vol. 22 (Greenwich, CT: 2000), pp. 345–423; S. Ball, *Class Strategies and the Education Market: The Middle Classes and Social Advantage* (London: 2003).

[2] Bonnie Erikson, "Culture, Class and Connections", *American Journal of Sociology*, 102 (1), 1996, 217–51.

[3] 参见最新的 Owen Jones, *The Establishment, and How They Get Away with It* (London: 2014).

去几个世纪的整个贵族阶级都是一种弱关系的联系，因为每个人都认识很多有头衔的人，哪怕只是名声。

在社交媒体时代，弱关系网络现在在整个社会结构中更为普遍。许多年轻的专业人士把"网络社交"作为他们工作的一部分，在网络社交中，他们与不同阶级的人建立的联系正是他们工作中的关键资源。如果这是真的，那么也许社会资本在整个社会范围内会变得更加分散和民主化。也许现在各行各业的人都认识其他类型的人。

GBCS 是第一个深入分析这一问题的调查，它使用了最前沿的林南职位生成法（Lin Position Generator）来评估人们社会网络的范围和广度，该方法已被广泛使用（这是以社会学家林南的名字命名的，他在 20 世纪 80 年代提出了这项技术）。[①] 这只是一组简单的问题，询问受访者是否在社交方面认识一系列职业上的人。通过询问受访者是否认识不同社会地位的人，我们可以评估他们在整个社会结构中的联系程度。这组问题可以用来问一个人是否认识不同种族的人，或者不同地理位置的人。而我们正以林南提出的方法来研究受访者是否认识某个人（在我们的案例中，来自 37 个不同职业之一）。

---

① Nan Lin, Yang-chih Fu and Ray-May Hsung, "The Position Generator: Measurement Techniques for Investigations of Social Capital", in Nan Lin, Karen Cook and Ronald S. Burt（editors）, *Social Capital: Theory and Research*（New York: 2001）, pp. 57–81.

第4章 社会资本：网络与个人关系纽带

GBCS 中的职业地位是经过精心挑选的，以作为身份非常不同的职业的例证，从贵族到家庭清洁工都有。这个想法是想看看我们能否区分通过不同职业能认识很多人和只能认识很少人的职业，以表明前者有广泛的社会关系。除此之外，这个想法还想看看人们是更有可能认识来自高地位职业还是低地位职业的人。因此，这是用一种非常复杂的方式来揭示当今英国的社会资本结构，它让我们看到我们的社会网络是如何与社会阶级相联系的。①

谁认识什么人？

表 4.1 显示了具有全国代表性的样本和 GBCS 网络调查在确定的职业类型方面的结果。我们发现，与具有全国代表性的 GfK 调查相比，GBCS 的受访者（被问及的问题完全相同）更有可能认识更专业、管理岗位和薪酬更高的人，且认识工人阶级的人的可能性要小得多。这与我们在上面讨论过的 GBCS 受访者与英国人口的总体差异是相符的。表 4.1 还包含了来自劳

---

① 当然，在分析调查结果时需要谨慎。一些社会关系可能是从事特定职业的家庭成员。还有一种情况是，人们可能会声称自己认识从事相对公开职业的人，比如护士、律师或教师，因为他们有更多的机会与这些人接触。

动力调查（Labour Force Survey）对此类工作在整个英国的普遍程度的信息，因此我们可以看到受访者会不成比例地、或多或少地从他们所处的群体中报告"认识的人"。

表 4.1　受访者认识选定职业人员的比例

单位：%

	GfK 调查中受访者认识从事这些职业的人的占比	GBCS 中受访者认识从事这些职业的人的占比	LFS 中受访者认识从事这些职业的人的占比	代表性程度
老师	63.4	84.2	3.8	16.9
销售/店员	62.9	51.4	3.7	17.2
学生	62.8	68.5	5.9	10.6
电工	59.5	39.4	1.0	62.6
护士	58.3	64.4	2.0	29.9
清洁工	56.0	28.7	1.9	29.8
公交车/卡车司机	50.8	24.4	2.1	24.8
工厂工人	50.8	23.7	1.6	31.7
秘书	49.7	43.9	1.6	31.7
接待员	49.7	34.3	0.8	60.6
会计	48.9	67.6	0.8	61.1
办公室经理	48.2	55.7	0.7	73.0
从不工作的	47.5	31.0	N/A	N/A
园丁	44.2	29.9	0.6	76.2
土木/机械工程师	41.6	52.9	1.5	28.7

续表

	GfK 调查中受访者认识从事这些职业的人的占比	GBCS 中受访者认识从事这些职业的人的占比	LFS 中受访者认识从事这些职业的人的占比	代表性程度
武装人员	40.7	43.2	0.28	146.9
律师	39.9	56.7	0.4	99.8
医师	38.6	59.9	0.8	46.5
邮递员	38.1	19.8	0.6	61.5
书记员	36.2	49.0	1.4	25.5
艺术家/音乐家/表演家	35.6	58.7	0.5	78.6
大学/学院讲师	35.0	57.1	0.9	39.3
公关	34.7	21.3	0.1	247.9
餐饮助理	31.6	19.1	1.4	22.3
呼叫中心人员	31.2	28.3	0.4	84.3
机器操作工	31.1	12.1	0.5	66.7
餐厅经理	28.9	23.0	0.4	74.1
农场工人	28.6	23.6	0.2	136.2
科学家/研究者	27.8	61.4	0.6	45.3
保安	27.3	14.5	0.6	44.0
软件设计师	26.8	49.1	0.8	34.8
财务经理	26.4	41.1	1.2	21.5
旅行代理人	25.0	15.5	0.1	178.6
首席执行官	23.3	35.6	0.2	111.0

续表

	GfK 调查中受访者认识从事这些职业的人的占比	GBCS 中受访者认识从事这些职业的人的占比	LFS 中受访者认识从事这些职业的人的占比	代表性程度
银行经理	22.5	20.0	0.3	72.6
火车司机	12.5	7.0	0.1	156.3
贵族	7.9	11.3	N/A	N/A

资料来源：GBCS 数据（2011 年 1 月至 2013 年 7 月），以及 2014 年劳动力调查（LFS）所代表的总劳动人口的百分比。

表 4.1 表明，如果一个人从事的是面向公众的工作，那么他在社会上更有可能被人所熟知。与此类工作者在劳动力中所占的比例相比，这类工作者为人所知的很多。当人们从事特定的职业时，这种效应就更加显著了。近 2/3 的人认识老师、护士、电工或店员，这些人是人们在日常生活中所经常遇到的。相比之下，认识火车司机就不常见了。这在很大程度上是因为火车司机在劳动力中所占的比例远不及护士（见表 4.1 第 3 列中的职位），我们可以将其理解（一旦我们考虑到这一点）为火车司机似乎被认定为相对频繁的社会接触者（见表 4.1 最后一列）。很少有人真正认识贵族或首席执行官。处于最为特权职业的人确实不太可能被更广泛地了解，尽管也有一些例外。我们还应该注意到，既然我们的问题是问你是否"认识"一个不同职业的人，那么这意味着什么（友谊或只是"点头之交"）可能

就有点模棱两可了。

表 4.1 没有提到社会资本的分布情况，也没有提到社会资本与利益的关系。我们能看到的是，人们最有可能说他们认识老师、店员和学生；最不为人所知的是这些职位：银行经理、火车司机和贵族。通过比较受访者中认识从事这些职业的人的比例和全国范围内从事这些职业的受访者的比例，我们可以看到一些显著的差异。另外，那些从事教育（教师和学生）、保健和护理（护士、医生和清洁工）的样本代表性不足。职位生成法不记录受访者认识每个职位或群体的人数，只记录他们是否认识该职位的人。比如，受访者认识 8 名财务经理，但不认识贵族、首席执行官、科学家、讲师、软件设计师、银行经理或律师，那么只会被记录为知道其中一个职位，即使他在一个类别中认识 8 个人。

社会关系的结构

从社会学的角度来看，重要的不是你认识多少不同职业的人，而是你和认识的那些人的交往模式。所以，如果你认识一个贵族，你就更有可能认识一个首席执行官吗？如果你认识一个火车司机，那么这会让你不太可能认识一个财务经理吗？对这种模式的考察相当于我们在第 3 章中提及的文化资本映射。如果在社会资本方面没有社会差异,那么我们就会认为在认识不同职业的人方面有一个随机的分布。然而,如果老师更有可能认识护士,医生更有可能认识律师,那么这就表明我们在工作中看到了某种社会资本的分化。

表 4.2 表明从事一种职业的人更有可能和从事另一种职业的人经常联系。据此,我们提出了职业的"家族"或"集群"的概念。[①] 这些因素是相互对立的,这表明那些自称认识贵族的人(在表 4.2 的顶部)最不可能认识机器操作工(在表 4.2 的底部)。中间列出的职业在这方面的差别最小。认识护士并不是一件很有辨别力的事:你可能会认识在这个名单上排名较高或较低的某个职业的人。我们增加了一栏,根据剑桥分数(Cambridge Score,CAMSIS)来比较职业,这与我们的发现有很大的关联。[②] 我们还列出了我们在第 1 章讨论过的英国国家统计局社会经济分类(NS-SEC)中这些职业的排名,因此我们可以看到在这里发现的差异与该体系的职业等级有多相似。

---

① 为此,我们使用了多重对应分析。
② CAMSIS 有时被称为剑桥分数,是由剑桥大学的研究人员开发的,根据这些职业成员选择什么样的人作为亲密朋友或婚姻伴侣来评估英国每一种职业的状况。其逻辑与我们的调查相似,我们希望在他们的排名和我们的排名中看到类似的模式。

表 4.2 显示了一个轻微的趋势，在 NS-SEC 中排名较高的专业和管理组（1 和 2）位于顶部，而那些半常规和常规的体力劳动者组（6、7 和 8）位于底部。但是，按照职业社会阶级的划分，剑桥分数排名和 NS-SEC 之间并没有完全的相关性。文书人员在 NS-SEC 体系中属于第三类，但在我们的分析列表中排名第九，并且此排名高于 NS-SEC 体系中第一类和第二类中的很多职位。另外，旅行代理商被归为 NS-SEC 中的第二类，但在我们的分析中，其排名低于 NS-SEC 较低类别中的许多职业，因为我们对这些职位的排名是基于某一职业内的同一个人在每个职位上认识某个人的可能性得出的。

表 4.2　根据相互接触的机会对从事某些职业的人进行划分

	排名：我们的分析	地位排名：剑桥分数	职业排名：NS-SEC
贵族	1	N/A	N/A
科学家/研究者	2	6	1.2
财务经理	3	8	1.1
首席执行官	4	5	1.1
大学/学院讲师	5	1	1.2
软件设计师	6	13	1.2
银行经理	7	9	2
律师	8	4	1.2
文书人员（地方或国家政府）	9	16	3

续表

	排名： 我们的分析	地位排名： 剑桥分数	职业排名：NS-SEC
医生	10	2	1.2
艺术家/音乐家/表演家	11	15	2
会计	12	11	1.2
老师	13	3	2
秘书	14	14	3
土木/机械工程师	15	7	1.2
办公室主任	16	10	2
护士	17	18	2
学生	18	N/A	N/A
餐厅经理	19	23	4
呼叫中心人员	20	22	3
电工	21	24	5
旅行代理商	22	19	2
武装人员	23	12	3 或 1.1[1]
前台	24	17	6
火车司机	25	34	5
销售/店员	26	20	6
园丁	27	26	4
邮递员	28	25	3 或 6[2]
公关	29	21	4

第 4 章 社会资本：网络与个人关系纽带

续表

	排名：我们的分析	地位排名：剑桥分数	职业排名：NS-SEC
农场工人	30	30	6
清洁工	31	33	7
从不工作的人	32	N/A	N/A
公交/卡车司机	33	29	7
餐饮助理	34	27	6
工厂工人	35	31	7
保安	36	32	6
机器操作工	37	28	6

注：1. 依据排名，2. 依据角色。

然而，表 4.2 确实揭示了阶级分化的力量。如果从上往下看表 4.2，我们的视线范围从地位更高、权力更大、通常需要更高学历、赢得更多尊重或收入更高的职位到收入少得多的职位，那么，表 4.2 看起来就像一张清晰的社会阶级地图。我们的社会网络因阶级而异。如果你认识一些专业人士和从事管理工作的人，比如科学家或财务经理，那么你很可能认识从事这类工作的人，而很少认识工人阶级。反过来也成立，如果你认识一个机器操作员，那么你可能也认识一个工厂工人和一个保安，但你不太可能认识一个贵族。

· 135 ·

社会关系与不平等

表 4.2 所显示的差异与人们生活的其他方面有很大的关系。正是这一点使这些差异成为资本的一种形式。我们可以把这 37 个职业分成 5 个更精细的组别,这样就可以更容易地看到它们之间的模式。表 4.3 显示,实际上大多数人在每个组别中至少认识一个人。例如,在具有全国代表性的样本中,73% 的人至少认识一名来自最具优势的精英群体的人,而在所有其他群体中,这一比例升至 90% 左右。表 4.3 表明,在我们的样本中,大多数人都认识一些从事高级职业的人,以及一些从事低级职业的人。尽管存在选择社会网络的趋势,但这不应削弱一个事实,即如今大多数人都有广泛的联系。这与 50 年前的情况大不相同,当时的阶级及文化相互之间更加封闭,而如今工作中并不存在阶级隔离。所以很有可能,我们认识的人中既有从事常规工作的,也有从事高级工作的。

第4章 社会资本：网络与个人关系纽带

表 4.3 不同职业群体之间联系的频率

单位：个，%

职业分组	群体内职位总数	GfK 样本中一个人知道的平均职位数	在 GfK 调查中他们至少认识这些群体中的一个人的比例	GBCS 样本中一个人知道的平均职位数	在 GBCS 中至少认识这些群体中的一个人的比例
精英群体 贵族、科学家/研究者、财务经理、首席执行官、大学/学院讲师、软件设计师、银行经理、律师	8	2.1	73	3.3	92
专业群体 文书人员、医生、艺术家/音乐家/表演家、会计、老师、秘书、土木/机械工程师	7	3.1	89	4.2	98
中间群体 办公室主任、护士、学生、餐厅经理、呼叫中心人员、电工、旅行代理商、武装人员	8	3.5	93	3.4	96

/144

· 137 ·

续表

职业分组	群体内职位总数	GfK 样本中一个人知道的平均职位数	在 GfK 调查中他们至少认识这些群体中的一个人的比例	GBCS 样本中一个人知道的平均职位数	在 GBCS 中至少认识这些群体中的一个人的比例
技能型群体 前台、火车司机、销售/店员、园丁、邮递员、公关、农场工人	7	2.7	88	1.9	77
常规职业群体 清洁工、从不工作的人、公交/卡车司机、餐饮助理、工厂工人、保安、机器操作工	7	3.0	88	1.5	64

注：GfK 样本是由捷孚凯市场调查公司采集的具有全国代表性的样本。

第4章 社会资本：网络与个人关系纽带

但它的意义不止于此。在各种微妙的方式中，我们的社会网络是差异化的，并且传递着不同种类的优势。图4.1显示了一个人的家庭收入与他们认识的每个群体中的人数之间的关系（基于具有全国代表性的GfK数据）。从左边开始，它显示收入最低的1/5人群在八个精英职位（贵族、首席执行官等）中平均只认识一个人。而收入最高的1/5的人平均认识八个职位中的人有三个（或更多）。在专业群体的职位上，收入分配的顶端和底端之间的差距几乎一样大。

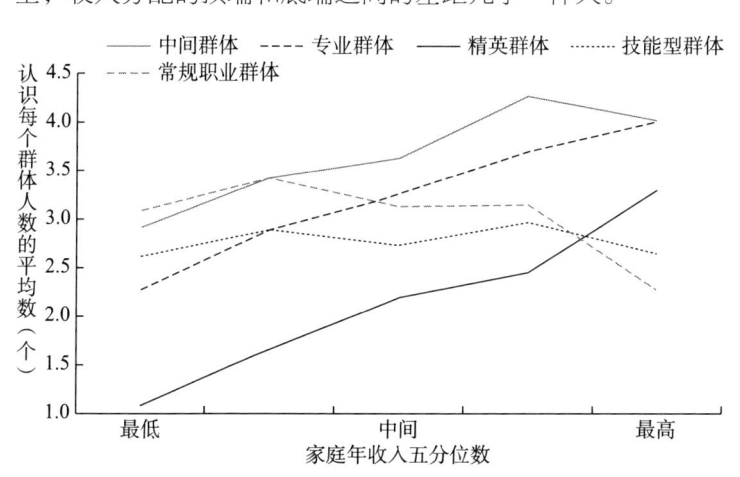

图4.1　家庭年收入和你所认识的每个群体的人数

注："五分位数"即将人口分为五个同等大小的群体，因此这里的最高五分之一由收入最高的20%的家庭组成，依此类推。

因此，富人更有可能认识身居高位的几个人。这几个人可能会被称为"社会资本的桥梁"，可以帮助他们建立更广泛的联系。这几个人与其他精英人士存在的弱关系，可能会让他们更有可能分享有用的信息，或小道消息等。

相比之下，技能型群体在社会上一点也不与众不同。所有收入阶层的人报告说，他们在这一群体的七个职位中，平均认识的人不到三个，他们在这一群体中至少认识一人的比例很高，表明他们认识的人的范围很多。这是因为这一类中的许多工作都是面向公众的（很多人都认识这一群体中的某个人），而且这一类工作还包括其他职业（比如火车司机），在这些职业中，工人不在公众视线中（很少有人认识这类职业的人）。然而，常规职业群体更为孤立。与收入较低的人相比，收入水平最高的人不太可能认识这一群体的人。

如图4.1所示，我们可以看到最"倾斜"的线是精英群体的，表明五类职业中社会分化程度最高的、最具社会排他性的是精英职业。因此，不同收入层级的人之间的联系明显不同。与不那么富裕的人相比，富裕的人所认识的从事工人阶级工作的人更少。与富裕的邻居相比，穷人认识的高职位人士要少得多。这一点很重要，因为地位高的人很可能有有用的人脉，他们的建议将是社会排他性的——即使他们个人认为他们会和所有人交谈，而且不带偏见。事实证明，与其他人相比，那些非常富有（家庭年收入超过20万英镑）的人有着更独特的社会关系。他们更可能认识大多数精英职业的人。他们是唯一认识精

第 4 章　社会资本：网络与个人关系纽带

英职业成员比专业职业成员多的群体。我们在这里看到的证据表明，非常富有的人不仅在经济上与众不同，而且似乎有着特定类型的社会关系。①

研究收入与社会网络之间关系的最后一种方法是仅单独研究其中一些职业。图 4.2 显示了 GBCS 的每个收入类别中，认识我们选择的六种职业中每个职业的人所占的比例。例如，很少有人说认识贵族，只有大约 10% 的年收入在 5 万英镑或以下的人（英国的大多数人）认识贵族，而且收入低于这个水平的几乎没有差别。在年收入超过 5 万英镑的人群中，认识贵族的比例开始上升，因此，在年收入为 10 万英镑左右的人群中，自称认识贵族的人数约为前者的 2 倍（20%）。但在这一点之后，曲线就开始急剧上升，近 40% 的最高收入的人说他们认识一个贵族。认识首席执行官的比例在整个收入范围内也在稳步上升，收入最低者约为 20%，收入最高者则为 80% 以上："高收入人群认识首席执行官的比例是 GBCS 中低收入受访者的 4 倍。"

相反，在整个收入范围内说自己认识销售人员/店员或工厂工人的人所占的比例在下降：最富有的人不太可能认识工厂工人（或餐饮助理、呼叫中心人员或上面没有提到的其他职

---

① 关于这个分析的细节，参见 Daniel Laurison, "The Right to Speak: Differences in Political Engagement among the British Elite", *Sociological Review*, 63（2），2015, 349–72。

位），而最穷的人也不太可能认识贵族，尽管英国的低收入工人远远多于贵族。

我们在这里看到的是一种"离群效应"。社会结构的关键差异不在于中间群体——中产阶级和工人阶级之间，而在于两个极端。富人似乎与地位低于他们的人非常不同，因为他们更有可能认识贵族和首席执行官，甚至比知名的专业人士还多。在底层，"离群效应"也很明显，只是没有那么明显。在底层，最贫穷的人群更有可能认识店员。

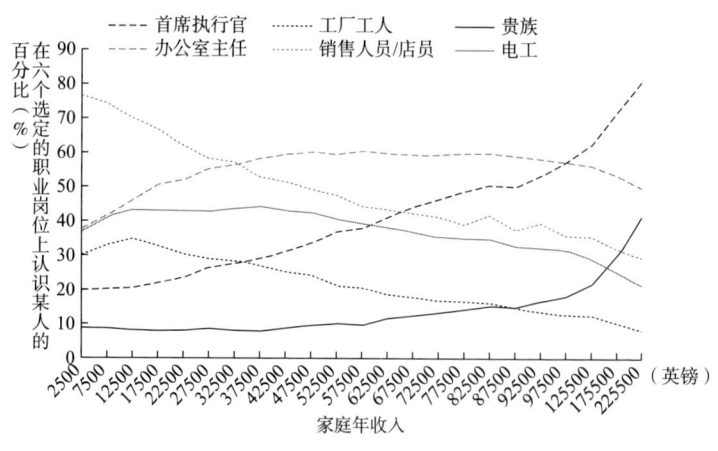

图4.2 家庭年收入和社会网络

这些发现表明，非常富有的人在社会关系方面与众不同。他们不仅仅是一个经济上具有优势的群体（尽管如此，就他们交往的人而言，他们还是融入了更广泛的人群），而且他们更有可能从自己的精英圈子里结识熟人。

第4章　社会资本：网络与个人关系纽带

到目前为止，我们只研究了收入。然而，图4.3清楚地表明，你的受教育程度越高，你就越有可能认识来自精英群体和专业群体的人，而且这些"曲线"都非常陡峭。研究生平均认识3个以上精英职业的人，而没有学历的人只认识1个。对于其他的职业群体来说，这条曲线没那么陡峭。这表明，大学毕业生、通过普通中等教育高级水平课程考试的学生以及持有职业资格证书的学生，他们所认识的从事中级、技能型或常规工作的人数并没有太大的差异。但最大的例外是那些没有学历的人，他们认识的来自这些群体的人要少得多。他们明显更加孤立。

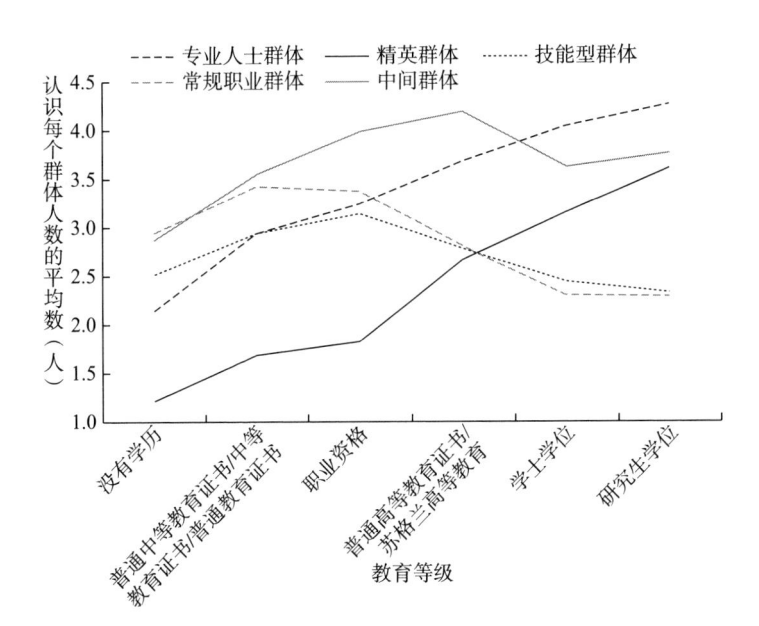

图4.3　受教育程度和你所认识的每个群体的人数

我们的社会网络是模式化的，但不是封闭的。我们很多人都认识来自不同社会阶层的人。然而，在最顶层和最底层，我们可以发现截然不同的个人信息，在这些信息中，富裕程度更高和受教育程度更高的人更容易认识从事精英职业的人，而那些处于最低收入阶层、没有任何资格证书的人认识的任何其他社会群体的人都更少。

为什么社会资本很重要？

在结束这一章的时候我们要告诉大家，认识更多的精英和专业人士并不简单是一个无用的事实。社会网络也与不同的家庭背景有关，且随着时间的推移，社会网络会不断扩张。[①] 图 4.4 显示了家庭背景对社会关系的影响。图 4.4 将人们的家庭背景分为三大类：父母是专业人士或管理人员，他们被归为来自最优越的背景；父母是办事员、技术工或中间阶级工人，他们被归为中产阶级；父母是常规或半常规工人，他们可能被视为较低级阶级。

图 4.4 显示，父母的主要收入排在最高等级收入群体中

---

① Nan Lin, "Social Networks and Status Attainment", *Annual Review of Sociology*, 25, 1999, 467–87; Ted Mouw, "Social Capital and Finding a Job: Do Contacts Matter?", *American Sociological Review*, 68(6), 2003, 868–98.

的孩子认识的精英阶级中的人是那些父母从事常规工作（工人阶级类别）的孩子的两倍。父母是专业人士或管理人员的孩子，在第一组中至少认识 3 个从事不同职业的人（在可能的 8 个职业中），而父母为工人阶级的孩子平均认识 1.5 个从事不同职业的人。图 4.4 还表明，那些具有专业和管理背景的人也更有可能认识从事专业和中间群体职业的人，他们的社交网络并不局限于那些高层人士。事实上，只有那些从事常规工作的人报告说接触的人比在其他家庭背景长大的人要少。因此，那些出生在专业和管理人士家庭的人，总体上拥有更大的社会接触量，而那些从事最排外工作的人则更多。

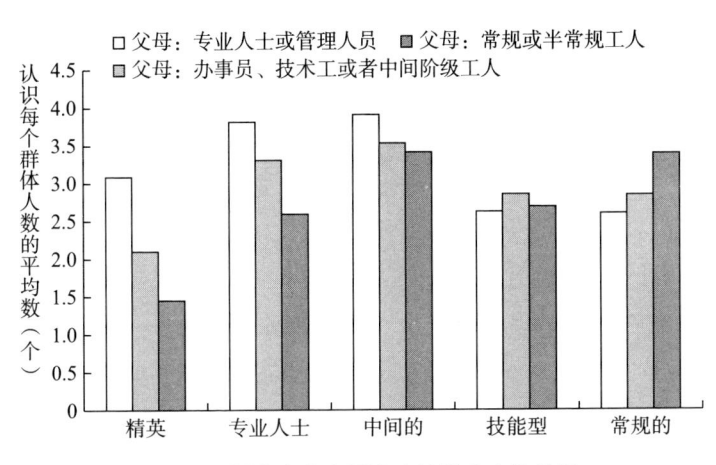

图 4.4 因家庭出身而产生的社会交往差异

相比之下，那些出生在常规或半常规工人家庭的人自己也报告了一系列地位较低的职业，只有在与处于社会底层的人接触时，他们的得分才会超过那些来自其他家庭背景的人。因此，一个在较富裕的家庭中长大的人，可能拥有更广泛的精英社会网络。当然，来自专业人士或管理人员家庭的人可能不会因为家庭而结识更多的贵族或首席执行官，但也许他们的家庭背景可以帮助他们上大学、找工作和进行休闲活动，而且在这些活动中，他们更有可能遇到某些首席执行官或贵族。

图 4.5 有助于解答这个问题［要阅读图表，先找出你自己的家庭背景和目前的家庭收入，在每个轴上画出你的手指，手指的交点将显示出你认识图表中所列类别中的人的可能性（以百分比表示）］。总的来说，这个数字显示，无论你自己的家庭收入如何，如果你来自一个较富裕的家庭，你比那些父母收入中等或最低的人更可能认识更多的首席执行官和贵族。而且，在每一个收入水平上，工人阶级家庭的人比中产阶级和中上阶层家庭的人认识更多的工厂工人。这些差别在最高收入者中是极为明显的。如果你本身的家庭年收入在 20 万英镑或以上，并且你来自高级管理阶层或专业人士的家庭，那么你认识首席执行官的概率为 80%，认识工厂工人的概率仅为 8%，比例为 10：1。然而，如果你们同样富裕，但来自工人阶级的家庭，那么这一比例将降至 4：1 以下（你认识首席执行官的概率为 75%，但认识工厂工人的概率仅为 21%）。

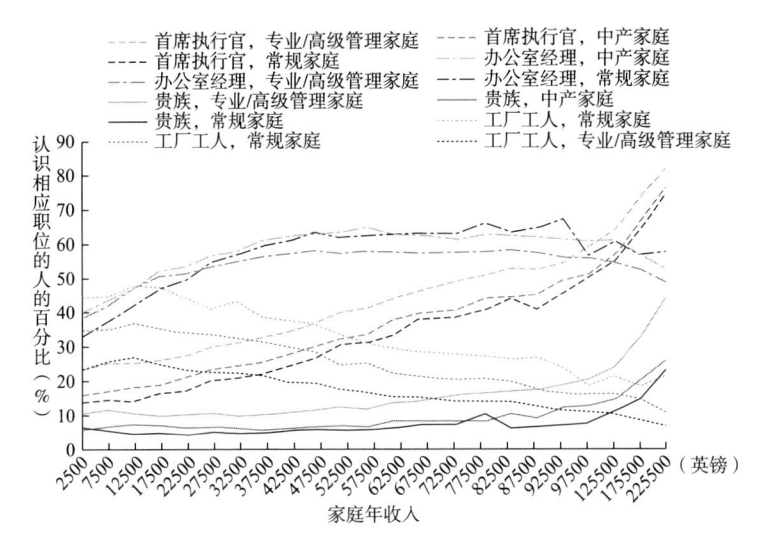

第4章 社会资本：网络与个人关系纽带

图4.5　因家庭出身和收入而产生的社会交往差异　/156~157

我们的最后一个主题：年龄，这是一个重要的主题。我们已看到经济资本是如何向老年人倾斜的，同时文化资本被区分为面向老年人的（更具社会合法性的）高雅形式和年轻专业人士更有可能拥有的新兴文化资本。社会资本受年龄的影响较小（见图4.6），除了年龄较大的群体（70岁及以上），他们交往的人数要少得多（可能因为70岁及以上的人主要和退休人员结交）。话虽如此，但随着年龄的增长，GBCS受访者有一种趋势，即认识更多精英和专业领域的人，大概是因为他们自己更有可能属于这一群体，从而与像他们那样的人结交。同样地，对于那些年龄较大的群体，他们与中间阶层

/155

的接触也少了,大概是因为中间阶层的工作往往被年轻人占据。在技能型和常规工作群体中相互接触的人年龄差异较小。因此,社会资本相对而言具有年龄不变性,与其他两种资本形式形成了鲜明对比。

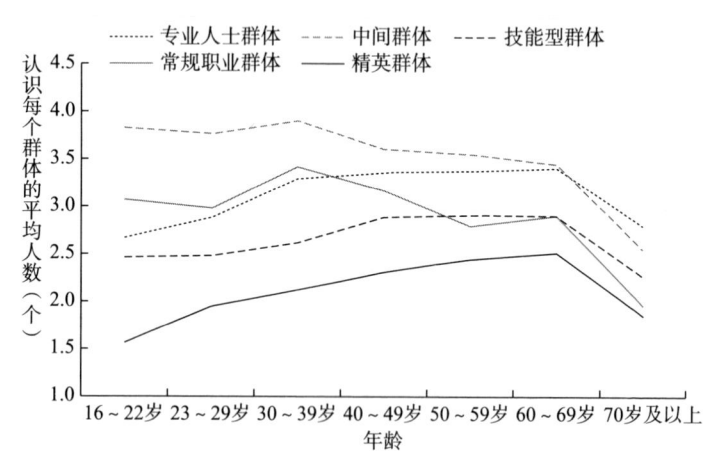

图 4.6　不同年龄组社会交往的人数差异

21 世纪初的英国,和其他国家一样,人们的社会网络与社会阶级紧密相连。但这并不是一种简单的联系,即我们只认识与我们相似的人。布迪厄的"误识"概念和我们在第 1 章介绍的礼物交换有助于我们理解这一点。就像我们把礼物看作一种免费赠予以示敬意的东西一样,我们倾向于看重朋友自身的品质,而不是因为他们的"慷慨解囊"。如果我们只是把朋友看作获得自身利益的手段,我们就不会再把他们看作真正的朋友。

第4章 社会资本：网络与个人关系纽带

布迪厄的观点是，正是由于这个原因，这种关系仍然可能以不被有关方面直接承认的方式获得好处。此外，这种相互作用可能会产生一些不明显的系统不平等。例如，与单身汉相比，已婚男性通常更快乐，享受更多的幸福。然而，对于女性来说，情况就比较矛盾了，如果她们没有结婚或者和男性生活在一起，她们的生活质量似乎更高。

正是出于这种考虑，人们的社会联系以不同的方式分化，从而使社会联系成为强大的资源。你的社会背景决定了你与谁交往，而你与谁交往反过来又形成了你保持或改善社会地位的机会。社会资本也很重要，不仅关乎你自己的生活质量，还影响到你对自己阶级地位的看法，以及你所感受到的政治权力。例如，那些说自己认识贵族的人比其他人更有可能相信他们能影响英国的决策，并与国会议员或英国政府官员取得联系。[1] 与精英和专业人士有更多联系的人比其他人更容易被认定为处于中上阶层。当然，人们自我认知和行为的这些特点反过来也会影响或塑造社会世界中的各种事物：如果人们感到（并且的确是）与穷人和工人阶级在社会上疏远，他们就不太可能支持能够缓解不平等或促进社会资本流动的政策。而那些感觉自己对政治没有影响力的人——尤其是低收

---

[1] 参见 Laurison, "The Right to Speak: Differences in Political Engagement"。

入人群，或与精英和专业人士没有接触的人——也不太可能为了自己的利益而试图影响政治变革。社会资本不是获得工作、阶级认同或政治参与的唯一重要因素，但它是这些因素中的一个关键组成部分。

让我们重申三个基本结论。第一，社会网络并非排他性的。大多数人认识的人都有着完全不同的生活方式。对于受访者来说，很少有人不知道自己认识的人的职业，尽管与他们自己的职业大不相同。这一点很重要，因为它证明了社会网络真正的开放性，并解释了为什么人们不认为我们生活在一个封闭的阶级社会。因为实际上，我们的确没有。

第二，我们可以看到一个明显的趋势，那些认识专业人员和管理人员的人倾向于认识其他类型的专业人员和管理人员，那些认识从事体力工作和常规工作的人也认识其他从事这类工作的人。这表明，中产阶级和工人阶级的社交模式存在着巨大差异，这种差异一直持续到今天。

第三，就我们最重要的目的而言，我们也可以看到，位于社会阶层两端的人是完全不同的。一方面，那些非常富有的人——收入分配最上层的人——有着非常独特的社会关系，这使他们比其他任何群体都更可能认识其他条件优越的人。这是社会结构顶端具有一定程度的封闭性和排他性的证据，表明各种形式的经济资本与社会网络以及社会资本紧密相连，从而

第4章 社会资本：网络与个人关系纽带

产生社会阶层的最高层次与其他阶层相分离。另一方面，那些没有学历的人不太可能认识从事其他职业群体的人。因此，我们的社会网络与更广泛的阶级分化模式紧密相连。 /161

第 5 章
阶级新面貌：经济资本、文化资本与社会资本的交互作用

我们已经看到，经济资本、文化资本和社会资本是如何与不平等联系在一起的，这些不平等与积累的过程有关。但我们的探讨不能就停在此处。我们生活在一个复杂的世界里，存在许多不同种类的不平等是合理的，我们需要把这些线索连在一起。我们需要了解这些资本之间的交互作用，以便确定某种形式的优势和劣势是如何在它们之间建立起来的。正是这种交互作用产生了各种累积的优势和劣势，这些优势和劣势也可能在更广泛的社会阶级中发生融合。

在这三种资本之间建立联系是很复杂的，因为这三种资本是按照不同的原则组织起来的。近年来，经济资本大量积累，其积累方式最有利于上层阶级。但我们很难看到文化资本和社会资本以这种方式积累。可能由于技术的不断创新，人们比过去有更多的文化兴趣和社会交往，但这两种资本（通过

第5章 阶级新面貌：经济资本、文化资本与社会资本的交互作用

在线活动）的任何增加都有可能影响关系的质量。我们对推特（Twitter）的关注者或从声田（Spotify）上下载的音乐的了解，与我们每天与之相处的朋友或通过参加音乐会特别努力去欣赏的音乐的了解是否一样多？经济资本是无情的，因为1000英镑能买到几乎相同数量的东西，而不管你花的是1000英镑还是10万英镑。但这在文化资本和社会资本方面是不可能的：你第十个喜欢的休闲爱好很少能像追求第一个那样强烈。

因此，经济资本受大量绝对积累的影响，而影响文化资本和社会资本的主要力量是相对的，也就是说，具有不同文化兴趣和社会关系的人是可以区分的。但这些相对差异也是分等级的。拥有某种新文化兴趣的人——用我们的话来说，是高雅和新兴文化资本——对那些没有的人是怀有敌意和优越感的。同样，这些类型的文化资本也与其他类型优势交叉。我们处在一个良性和恶性循环的世界里，尽管区分是良性循环还是恶性循环取决于你的阶级立场，这就是建构阶级的基础。

在思考这些类型的资本如何交互时，我们可以提出两种可能的情境。一方面，也许这三种资本彼此是完全独立的。例如，一个人可能很富有，拥有大量的经济资本，但没有太多的社会交往，即仅有有限的社会资本。隐居的百万富翁霍华德·休斯（Howard Hughes）就是这样一个例子。如果是这种情况，而我们又不能找到任何明显的优势互补的方式，那么肯定会使定义

阶级变得更加困难。另一方面，我们可以想象，这三种不同类型的资本大体上是一致的：那些富有的人也可能拥有大量的文化资本和广泛的社会网络。如果是这样的话，那么我们就能识别出将这三种资本联系在一起的相互加强的过程，并且将人们划分成不同的社会阶级。

布迪厄本人倾向于后一种观点，即这些资本之间有一种"同源性"（homology），也就是说，它们有重合的倾向，但他也认为这种契合并不完美。例如，他认为"知识分子"是那些拥有广泛文化资本，但经济资本相对较少的人（想想在阁楼里工作的可怜的艺术家），还有那些富裕但不一定很有"文化"的"实业家"（想想一个没有上过大学的向上流动的高管）。而这些微妙的区别往往是我们在反思身边的人时所意识到的。想想"白手起家的商人"，他们在不一定认识"正确的"人或在未拥有大量文化资本的情况下发财。再想想那些不一定受过高等教育的富有的足球运动员，那些似乎有着广泛文化兴趣但没有稳定工作的人。正是这些资本之间缺乏契合，才引起了我们的兴趣。

事实上，我们已从前三章中得到了一些线索，即各种资本并不是相互独立的。我们已经表明，人们的社会网络与他们的收入有关，文化资本与他们的职业有关等。但在这一章，我们想更系统地考察我们可以在它们之间确定什么样的交互作用，以便我们能够定义21世纪不同的社会阶级。

第5章 阶级新面貌：经济资本、文化资本与社会资本的交互作用

一种新的社会阶级模型

我们在2013年对GBCS数据的第一次分析被媒体和学术界广泛报道，因为它提出了一种超越我们所熟悉的上层阶级、中产阶级、工人阶级差异的新的阶级思考方式。我们将不会重复这项分析的细节，任何感兴趣的人都可以免费获得详细内容，但是该阶级模式的核心要素是重要的，并且具有更广泛的影响。[1]

---

[1] 有关我们分析的技术细节，参见 Savage, Fiona Devine, Niall Cunningham, Mark Taylor, Yoojun Li, Johannes Hjellbrekke, Brigitte Le Roux, Andrew Miles and Sam Friedman, "A New Model of Social Class? Findings from the BBC's Great British Class Survey Experiment", *Sociology*, 47（2）, 2013 和 Mike Savage, Fiona Devine, Niall Cunningham, Sam Friedman, Daniel Laurison, Andrew Miles, Helene Snee and Mark Taylor, "On Social Class, Anno 2014", *Sociology*（forthcoming）. 我们在这里并没有详细讨论关于我们的数据和所使用的分析方法的大量争论，尽管 Colin Mills 在 "The Great British Class Fiasco: A Comment on Savage et al.", *Sociology*, 48（3）, 2014, 437-44 中的评论很重要，但Mills在很大程度上重申了我们所察觉到的问题。正如我们所明确指出的，"七阶级"模型依赖于构建它的测量方法和数据集本身的质量，而不应该被认为是仅仅根据我们对GfK调查和对GBCS数据的分析而"证实"的。Mills 非常正确地指出，一个更大的具有全国代表性的数据集，采用与市场研究公司GfK不同的代表性抽样方法，可能已经确定了一些不同的潜在阶级。然而，这一反对意见并不影响我们在这里提出的实质性观点，因为稍有不同的分类就可能会导致对社会结构中间阶层的重新划分，我们认为，这种分类相对来说比上层和底层的分类模糊得多。事实上，法国著名数学家布里吉特·勒鲁（Brigitte Le Roux）教授对GBCS做了进一步研究，他使用一种不同的技术——多重对应分析，以及一些不同的社会资本和文化资本衡量标准，研究也表明，最具特色的集群仍然处于顶端，而在社会结构的中层则存在更多的模糊性。具体参见 Mike Savage, Brigitte Le Roux, Johannes Hjellbrekke and Daniel Laurison, "Espace culturel britannique et classes sociales", in Frédérie Lebaron and Brigitte Le Roux（editors）, *La méthodologie de Pierre Bourdieu en action: espace culturel, espace social, et analyse des données*（paris. 2015）.

我们使用了一种被叫作潜类别分析的方法，对这三种资本的测量指标进行分组，以显示它们是如何聚合在一起的，从而揭示出不同的社会阶级。因此，我们使用了关于人们家庭收入、家庭储蓄和房产价值的数据，他们的高雅文化资本和新兴文化资本的得分，以及他们所拥有的社会关系的数量和状况的信息。表 5.1 显示了这七个阶级中每一个阶级所拥有的资本量，并列出了我们对每个阶级的命名（我们在下面将更详细地解释）。

表 5.1 显示了这七个阶级并没有形成一个整齐的层次结构。从分类本身来看，似乎无法直接判断新富裕工人在社会结构中的地位应该高于或低于技术中产阶级。话虽如此，我们试着按照他们的经济资本来对他们排列，正如我们所看到的，这是三种资本中分布最不均匀的一种。老牌中产阶级是仅次于精英阶级的第二富裕阶级，收入高于技术中产阶级，而技术中产阶级的收入也高于新富裕工人。在这些情况下，我们看到传统工人阶级和新兴服务业工人的经济资本较低（尽管他们的收入和房价之间的差额有所不同），而不稳定无产者显然处于底层。

表 5.1 不同阶级及其收入

单位：英镑

	精英阶级	老牌中产阶级	技术中产阶级	新富裕工人	传统工人阶级	新兴服务业工人	不稳定无产者
家庭收入	89000	47000	37000	29000	13000	21000	8000

第5章 阶级新面貌：经济资本、文化资本与社会资本的交互作用

续表

	精英阶级	老牌中产阶级	技术中产阶级	新富裕工人	传统工人阶级	新兴服务业工人	不稳定无产者
家庭储蓄	142000	26000	66000	5000	10000	1000	1000
房产价值	325000	176000	163000	129000	127000	18000	27000
社会接触得分[1]	50.1	45.3	53.5	37.8	41.5	38.3	29.9
社会接触数量[2]	16.2	17.0	3.6	16.9	9.8	14.8	6.7
高雅文化资本[3]	16.9	13.7	9.2	6.9	10.8	9.6	6.0
新兴文化资本[4]	14.4	16.5	11.4	14.8	6.5	17.5	8.4

资料来源：GBCS 数据。

注：1. 社会接触得分是受访者所知的所有这些职业的剑桥分数的中值（即较高值＝较高的社会接触状态）。

2. 社会接触数量从 34（当受访者认识所列的所有职业的人时）到 0。

3. 高雅文化资本＝高雅文化形式的参与频率（听古典音乐或爵士乐、经常去豪华住宅、博物馆／美术馆、剧院和法国餐厅）。

4. 新兴文化资本＝新兴文化形式的参与频率（玩视频游戏、在社交网站上互动、使用互联网、做运动、看比赛、与朋友共度时光、去健身房、去流行音乐会以及展示对说唱和摇滚乐的偏好）。

在这一分析中，最明显不同的两个阶级是精英阶级和不稳定无产者，在我们对三种资本的大多数测量中，这两个阶级得分分别最高和最低。精英阶级的收入是其他阶级的两倍或以上；他们的房产价值和家庭储蓄目前也是最高的。他们还拥有数量最多的高雅文化资本，包括一些文化活动形式，例如参观博物馆、画廊和古典音乐会。此外，他们也有广泛的社会网络，通常是与其他地位较高的人交往。因此，在社会结构顶部，我们

似乎确实看到布迪厄提出的"同源性"原则在起作用。

我们的精英阶级也有点不同于许多评论者所认定的"1%"的超级富豪,因为它覆盖了相当大的人口比例,在我们的样本中约为6%。毫无疑问,正如多林、皮凯蒂和其他人所表明的那样,超级富豪在经济上正在与其他人群拉开距离,[①]但我们也不应忽视一个更大的群体,他们也比其他人有着巨大的优势。鉴于他们的重要性,我们在后面的章节会更详细地讨论精英阶级,但在这里我们只简单地注意到,这个阶级和其他阶级之间的差异是最显著的。

另一个例外是在最底层的人,我们将其定义为"不稳定无产者",它由大约15%的人口组成。我们借用了学者盖伊·斯坦丁(Guy Standing)的这个术语,他为提升当代社会底层的不稳定无产者的利益做了大量的工作。正如我们将在第10章更详细地解释的那样,我们慎重地使用这个词,而不是使用更为传统的"下层阶级"的标签,这个标签几十年来一直被用来污名化穷人和被剥夺权利的人。到目前为止,这个阶级的家庭收入最低,几乎没有储蓄,而且很可能会租房。他们的社会关系也最少,很少有同伴从事高地位的职业,其文化资本比其他任何阶级都要有限。正如我们将在第10章强

[①] Danny Dorling, *Inequality and the 1%* (London: 2014); Thomas Piketty, *Capital in the Twenty-first Century* (Cambridge, MA: 2014).

第5章 阶级新面貌：经济资本、文化资本与社会资本的交互作用

调的那样，我们应该非常清楚地表明，我们并不认为这是这个群体在某种程度上道德堕落的证据。尽管他们的社会网络范围可能比其他阶级更为有限，但他们仍然可能拥有广泛的社会网络和文化参与形式。

然而，处于中间的五个阶级是一个复杂得多的组合，并没有形成一个整齐的模式。我们可以找到两个阶级的经济资本比社会资本和文化资本多。这些人是新富裕工人，他们相当富裕，但没有广泛的文化参与。技术中产阶级也相对富裕，但社会网络却惊人地有限。而在模型的底端，我们也发现了新兴服务业工人群体，他们拥有广泛的文化资本和可观的社会网络，但没有那么多的经济资本。因此，约40%的人没有这三种资本的一致性或同源性，而是有所不同，拥有一种或两种以上的资本。从这个角度来看，我们看到了为什么阶级边界可能很难以任何一种完全清晰的方式描绘出来。

此外，我们还有另外两个阶级，他们拥有更多内部一致的经济资本、社会资本和文化资本，但远远低于精英阶级（对老牌中产阶级而言）和高于不稳定无产者（对传统工人阶级而言）。这些模式显示出一种分化，使我们很难区分一个清晰、紧密结合的专业和管理服务阶级，或一个包含各种日常工作人员的工人阶级。因此，总体结果是，社会结构的中间存在相当大的模糊性，很难界定出一致的中产阶级或工人阶级群体。简

言之，我们所区分的阶级等级可划分出三个主要的群体：占比较小的精英群体，比其他人富裕得多；在三种资本中得分都比其他人更低的底层"不稳定无产者"；中间的五个阶级，他们拥有更多的混合资本，但不能被放在一个简单的等级结构中。

表 5.2 汇总了用这种方法产生的七个阶级，显示了我们给各阶级的命名、每一个阶级的人口比例、对应的 GBCS 样本比例（这是不同的，因为 GBCS 样本不代表整体人口），以及对每一个阶级所拥有的不同资本量的解释。

表 5.2 GBCS 新社会阶级汇总

单位：%，岁

阶级名称	人口占比	GBCS 样本占比	平均年龄	少数族裔样本占比
精英阶级	6	22	57	4
老牌中产阶级	25	43	46	13
技术中产阶级	6	10	52	9
新富裕工人	15	6	44	11
传统工人阶级	14	2	66	9
新兴服务业工人	19	17	32	21
不稳定无产者	15	<1	50	13

这种阶级模型的一个显著特点是它看起来"一目了然"。报道出来后，许多记者告诉我们，结果对他们来说"很有意义"。人们发现重新解释这些阶级是有可能的，这有助于他们理

第 5 章　阶级新面貌：经济资本、文化资本与社会资本的交互作用

解今天的英国社会。

在我们的阶级结构图中，顶部和底部有着非常明显的区别，与我们所知道的其他显著的划分结果一致，同时也显示了阶级不是一个独立的不平等轴，而是与其他不平等轴相交的轴。表 5.2 显示了年龄和种族方面的情况。[1] 少数族裔在精英中的代表性相对不足，但在精英之下的老牌中产阶级中代表性很强。我们还看到，少数族裔在"新兴服务业工人"中的代表性很强，这是一个受过良好教育的年轻人群体，他们尚未获得大量的经济资本。因此，这里似乎有一些明显的迹象表明，种族与这些新的阶级类别是如何联系在一起的，因为少数族裔拥有相当数量的文化资本，但无法像英国白人那样将其转化为经济资本。这种将少数族裔复杂地划分为不同的新阶级的模型进一步表明，在老牌中产阶级/传统工人阶级的划分中，种族群体不能被明确地定位。[2]

---

[1] 同样的普遍观点也适用于性别，但由于我们询问了家庭收入，在使用 GfK 调查样本时，性别差异并没有得到很好的定义（因为一些收入不高的女性可能与收入高的男性生活在一起，反之亦然）。
[2] 我们重复之前关于使用 GBCS 和 GfK 调查详细分析种族问题的评论。然而，在这一点上，有相当多的支持性证据，参见 S. Longhi, C. Nicoletti and L. Platt, "Explained and Unexplained Wage Gaps Across the Main Ethno-religious Groups in Great Britain", *Oxford Economic Papers*, 65（2）, 2013, 471–93。

不同阶级的人的平均年龄差异很大，显示出年龄分化与社会阶级之间的联系是非常紧密的。我们可以看到，尽管有相当多的文化资本和社会资本，但没有太多经济资本的新兴服务业工人（平均年龄为 32 岁）往往比其他阶级的工人年轻得多。这一迹象是否也表明了年轻人即使是高水平的人才，也被排斥在富裕的职业之外？我们还看到，精英阶级的平均年龄非常大——57 岁。在这里，我们可以看到优势是如何积累的。但并非所有的老年人都处于这种幸运的地位，因为传统工人阶级的平均年龄往往更大。因此，这七个阶级并不仅仅是简单的年龄不同的群体，而是与年龄密切相关。

在许多国家，人们普遍认识到代际存在着根本性的隔阂，在法国尤其如此，路易·乔维尔（Louis Chauvel）强调年轻一代与他们的父母相比所面临的困难。[①] 许多拉丁美洲社会也注意到"新社会阶级"的重要性，即从新经济自由主义中受益的富裕年轻人的新阶级。然而，在英国，社会学家通常把年龄从阶级中抽象出来，把年龄看作独立的问题。尽管事实上，阶级主题——从雅皮士（yuppie）到丁克（dinky），从潮人（hipster）到"傻帽"（chow）——往往是以某些年龄段为前提

[①] Louis Chauvel, "The Long-term Destabilization of Youth, Scarring Effects, and the Future of the Welfare Regime in Post-*Trente Glorieuses* France", *French Politics, Culture and Society*, 28（3）, 2010, 74-96.

第 5 章 阶级新面貌：经济资本、文化资本与社会资本的交互作用

的。例如，"傻帽"通常被认为是年轻人。显而易见，少数族裔之间存在着巨大的年龄差距，与英国白人相比，年轻一代在经济上的劣势要比他们的父母少。[①] 在我们的许多想法中，这种不幸的阶级与年龄分离的结果是，代际差距反而被纳入对"社会流动性下降"的焦虑之中，这种焦虑试图将年龄问题界定为阶级之间的流动性问题之一。事实上，正如我们将在第 6 章进一步讨论的那样，社会流动性正在下降的证据充其量是好坏参半的，但尽管如此，它还是引起了公众的兴趣，这表明社会流动性可以作为一种替代性手段，用以激发人们对年轻一代前景的忧虑。

因此，年龄与阶级的关系比以前认识到的要紧密得多。这并不奇怪，因为不同种类的资本随着时间的推移而积累，因此那些处于生命周期中特定阶段的人可能更容易从中受益。与年龄有关的阶级差异确实很明显。正如我们在第 2 章所看到的，经济资本可以多年积累，因此，精英阶级往往比其他任何阶级都要老，这并不奇怪。同样，那些二十多岁的人，他们往往收入较少，储蓄较少，较少有与住房有关的资本，不太可能成为老牌中产阶级或技术中产阶级。

新兴文化资本可以在生命的早期获得，特别是产生于对当

[①] 参见 Longhi et al., "Explained and Unexplained Wage Gaps"。

代文化生活的兴趣,并与大学的经历相联系,因此相当多的年轻人拥有比经济资本多得多的文化资本,尤其是那些属于我们阶级分类中的"新兴服务业工人"的人。此外,与经济资本不同的是,个人拥有的文化资本是有限的,因为一天中只有那么多时间让人从事文化活动,如只有那么多时间浏览网站。该观点认为,经济资本相对于文化资本的平衡倾向于老年人而不是年轻人。这就是为什么新兴的服务业工人会成为这样一个有趣的群体,即以他们的年轻而著称。

这一认识所指向的是对年龄和阶级之间的交叉点的基本认识。这表明,与以往对中产阶级和工人阶级之间界线的关注相比,现在一个非常不同的问题正在影响我们对英国社会的讨论及相关的假设,即这些身份是在几代人之间传递的。

稍加思考就能明白其中的利害关系。受过良好教育的年轻群体正在积极倡导新兴的文化形式,这些文化形式比"高雅"的文化形式更不沉迷于历史经典。① 布迪厄的文化资本模型是建立在"经典"的基础之上的,即随着时间的推移而遗留下来的合法的文化作品,被视为定义了文化的卓越性,如莎士比亚(Shakespeare)、莫扎特(Mozart)、大英博物馆

---

① 这里的论点是一个缩略版本,在 Tony Bennett, Mike Savage, Elizabeth Silva, Alan Warde, Modesto Goyo-Cal and David Wright, *Culture, Class, Distinction*(Abingdon: 2009)中有更详细的阐述。

第5章 阶级新面貌：经济资本、文化资本与社会资本的交互作用

（British Museum）等。然而，许多评论家认为，历史力量的平衡现在已被打破。最明显的是，那些宣称我们生活在"后现代"的人争辩说，文化形式现在被暗含在讽刺和"知道"的引用中，而这些引用并没有回到"伟大的传统"。尽管我们不需要完全赞同这些主张，但我们同意，这确实意味着一个强有力的转变。所谓的"经典"，即被社会认可与合法化的"伟大的"艺术和文化作品，已不再是优秀文化、确定的道德或传统的组成部分。"先锋派"在与更古老、更成熟的文化形式的竞争中处于领先地位，但现在被没有历史参照点的主题化和时尚化潮流所取代，新的和当代的潮流自动被视为优秀的标志。

这正是我们区分高雅文化资本和新兴文化资本所涉及的紧张关系。它还强调了旧形式的自我优越感和新形式的自我优越感之间的区别，我们认为这是当今阶级结构得以重塑的核心。

事实上，这就引出了我们的第三点，关于专业知识如何直接参与组织我们的七阶级模型。换言之，技能、意识和知识与阶级密切相关。所以我们应该怎样？我们已强调分类政治的复杂性以及直接识别和命名"阶级"的困难。正如我们在第1章所讨论的，阶级的概念使我们烦恼，但同时又令人着迷。

有趣的是，我们的模型区分中间阶级的方式，部分是根据它们与专业知识以及知识本身的关系。因此，技术中产阶级不

同于老牌中产阶级，在文化上与老牌中产阶级脱节，不参与人们通常认为的中产阶级生活方式。相反，这是一个社会范围有限、文化兴趣有限、倾向于从事技术类职业、具有显著科学兴趣的群体。

近年来，技术中产阶级引起了历史学家越来越多的兴趣，我们可以将他们视为一个越来越重要的群体，这一群体拥有与老牌中产阶级不同的专业知识。围绕着一系列技术干预，从新武器到研究方法，当然还有信息技术，这是一群以科学为导向的人，他们在英国社会越来越重要。这是一个拥有更多技术专长的群体，而不是那些更年长、更有知识且注重人文、艺术和"文化"的阶级。从20世纪50年代起，我们可以越来越多地将战后英国这一阶级的印记追溯到包括社会科学在内的技术和科学专业模式的兴起。[1]

同样，我们也可以看到，新兴服务业工人的定义是拥有异常高的新兴文化资本，这是一种对知识和文化的反讽、反身和自我意识的取向，它将他们从具有更传统和规范取向的老牌中产阶级中区分出来。正如我们已讨论过的，这是一个较年轻的群体，这个群体通常受过高等教育，但不太沉迷于

---

[1] 关于这一论点的更全面的阐述，请参见 Mike Savage, *Identities and Social Change since 1940: The politics of method*（Oxford: 2010）以及 Annick Prieur and Mike Savage, "Emerging Forms of Cultural Capital", *European Societies*, 15（2）, 2013, 246–67.

第 5 章 阶级新面貌：经济资本、文化资本与社会资本的交互作用

传统的经典，对生活方式有着微妙的不同取向。这些人崇尚当代文化形式，喜欢社交媒体，积极参加健身和运动。他们比年长的同龄人更倾向于"屏幕文化"。这种专长也带来了其自身独特的优越感，这与今天的阶级重塑有关，我们将在第 11 章继续讨论。

通过考察经济资本、社会资本和文化资本的交互作用，我们可以把阶级理解为不同资本的结晶。在这一节的最后，我们的论点相对简单。中产阶级和工人阶级之间的分界线在今天已没有什么价值。尽管我们仍然可以在阶级结构的中心地带划分界线，以便我们能够区分更多的"中产阶级"和"工人阶级"群体，但这似乎并不是我们应该关注的界线。特别是在阶级结构的中间部分，年龄和专业知识是主要的分化和竞争模式，这导致了相当大的复杂性和多样性。

然而，在社会阶级的顶部和底部，我们可以看到更多不同的阶级，它们彼此对立。这两个极端都存在着良性和恶性循环。我们认为，这说明了为什么我们会把注意力放在这些极端的阶级分化的力量上。精英阶级和不稳定无产者可以从更加分散的中间群体中分化出来。特别是，我们现在生活在一个更加两极分化的世界，在这个世界上，财富精英越来越与众不同。从分析的角度来看，这一论点聚焦于不同类型的资本如何相互交融，以及在当今高度市场化的资本主义的环境中，这些积累模式是

如何与强大的权力交织在一起的。简言之，这是 21 世纪社会阶级的新面貌。在证明了这一观点之后，我们本书的其余部分展示这一印记在社会生活、社会流动、教育和空间地理等关键领域的体现。

第三部分
社会流动、教育与地理空间

第 6 章

登山：社会流动的探险

1958年，富于感召力的社会企业家迈克尔·杨（Michael Young）（他成立了消费者协会，是开放大学的幕后推动者，也是社会科学研究理事会的第一任主席）写了一本有预见性的书——《精英体制的兴起》(The Rise of the Meritocracy)。[①] 随着文法学校（grammar-school）的孩子们获得大学教育，然后进入专业和管理岗位，这种向上流动的趋势促使他思考这一转变的长期影响。从表面上看，这无疑是一种进步。因为这些精英职位不再只留给那些在私立大学、牛津大学和剑桥大学或其他受人尊崇的大学里接受过良好教育的上层社会精英子弟。杨对这种情况进行了反思："有才能的人得到了与其能力相符的机

---

① Michael Young, *The Rise of the Meritocracy 1870–2033: An Essay on Education and Equality*（London: 1958）.

会，因此，下层社会就留给了那些能力较低的人。"[1]

但事实上，杨的预测并不乐观。他认为，精英体制的兴起实际上会产生一个新的由高智商的人组成的高级社会团体，考试制度把他们与那些缺乏高智商的"次等"人群无情地分开。他预测，阶级不平等的加剧与这些精英的崛起有关，那些缺乏必要的高智商的人将被限制于从事卑微和没有回报的工作。杨的讽刺是针对文法学校的制度，该制度利用 11+ 考试（11-plus examination）选出 10%~15% 的 11 岁优秀小学毕业生，这部分学生将接受优质的学历教育，剩下的学生则被降级到二流教育，在工厂或办公室生活。因此，他是强烈地主张建立综合学校的学者之一。

尽管杨所提倡的综合学校教育运动在很大程度上取得了胜利，但从长远来看，它就是正确的吗？杨讽刺地说："文明不依赖于死气沉沉的大众……而是取决于有创造力的少数群体……不安分的精英。"这句话实际上已成为世界上许多国家的政策口号。[2] 也许这些精英管理的过程实际上与各种资本和阶级的显著不平等有关，我们已在这本书中解释了。在本章，我们用"爬山"这一比喻来解释这个论点。与许多国家一样，我们在英国看到的是一个越来越令人眩晕的社会面貌，总经济资本大大

---

[1] Young, *The Rise of Meritocracy*, pp. 11–12.
[2] Young, *The Rise of Meritocracy*, p. 12.

增加,"岩石"和"泥土"也更多,最高的"山峰"比30年前更高。因此,那些最健康、最有才华、最有决心和最努力的人最适合攀登这些"山峰"。杨还指出,基于教育考试的技能,这种激烈的"争顶"过程产生了一种机械而狭隘的关于"优点"可能意味着什么的观点。在这个过程中,登山者可能拥有的其他技能和能力——例如对野生动物的生态意识、对环境的感知、对其他登山者的同情心——都因此变得多余而被剥离。然而,在登顶的竞争中,那些从最高级别的大本营出发而加入精英路线登上顶峰的人,登顶的前景就要好得多。而且,我们还可以补充一点,如果他们能够调动和结合一切可能的优势——他们的经济、社会和文化资本——使他们在艰难的冒险中拥有最有效的工具,那么他们的机会就更多了。

我们不应过分夸大这个比喻,但其含义是显而易见的。尽管如此,一个更具竞争性、更残酷、更为精英化的制度,仍然会在生活机会上产生高度不平等,而这与非常不平等的前景相伴而生。

当代英国的社会流动

基于精英制度的有害影响的反乌托邦论点,杨可能不会感到惊讶的是教育扩张和改革似乎与政界和媒体中出现的显著共识并存,即英国的社会流动性正在急剧下降。① 这一观点首次在新工党时代提出,并在 2010 年当选的联合政府的大力支持下得到了加强。2011 年,政府发布了一项跨部门战略,其核心口号是"提高社会流动是政府社会政策的主要目标",这一问题由此突显。副首相尼克·克莱格(Nick Clegg)发表了一系列充满激情的演讲,谴责英国阶级制度带来的长期桎梏。他在 2012 年关于社会流动的一次重要会议上说:"我们必须创造一个更具活力的社会,在这个社会,重要的是你将会成为什么样的人,而不是你出生时是什么样的人。"

实际上,我们在思考社会流动性正在下降时需要谨慎,因为这在很大程度上取决于如何衡量它。主导的社会学方法是从 1968~1971 年进行的纳菲尔德流动研究(Nuffield mobility study)中衍生出来的。在这项令人印象深刻的研究中,约翰·戈德索普和他的同事们重点研究了第 1 章中定义的七个职业阶级之间的流动性,尤其是工人阶级、中间阶级和服务阶级之间的流动性。戈德索普的核心论点是,自 20 世纪中期起,社会向上流动的现象显著增加,这主要是由于专业职业和管理职业的兴起,这些职业将下层阶级的孩子吸纳为上层阶级。然而,

---

① Robert Erikson and John Goldthorpe, "Has Social Mobility in Britain Decreased? Reconciling Divergent Findings on Income and Class Mobility", *British Journal of Sociology*, 61(2), 2010, 211–30.

在比较中产阶级和工人阶级孩子的前景时，变化则不大。与工人阶级背景的孩子相比，来自中产阶级的孩子的相对优势相当稳定。他认为，这种情况一直持续到今天，最近男性（而非女性）向上流动的趋势仅有轻微的下降。[1]

戈德索普的发现就其自身而言是有力且令人信服的，但依赖于他所采用的阶级模型，因为这定义了衡量流动性的参数。我们已在第2章提出，这些职业阶级在社会层级的更高层次上可能没有足够大的区别。[2] 他们可以区分丘陵和平原，但不能区分出山脉的最高山峰。事实上，如果我们衡量不同群体之间的流动性，而不是戈德索普所使用的"大阶级"概念，就可以得出其他结论。例如，经济学家衡量不同收入群体之间的流动性，这种方法更符合我们对经济资本的描述。以乔·布兰登（Jo Blanden）和斯蒂芬·马钦（Stephen Machin）为首的伦敦经济学院经济绩效中心的经济学家们的观点尤其具有影响力。[3] 通过对比英国人与其父母的收入，首先是1958年出生的人的收入，其次是1970年出生的人的收入，可以发现这两代人之间收

---

[1] 详见最近 Erzsébet Bukodi, John Goldthorpe, Lorraine Waller and Jouni Kuha, "The Mobility Problem in Britain: New Findings from the Analysis of Birth Cohort Data", *British Journal of Sociology*, 66（1）, 2015, 93–117。

[2] 另见 Mike Savage, "Introduction to elites: From the 'problematic of the proletariats' to a class analysis of 'wealth elites'", *The Sociological Review* 63.2（2015）: 223–39。

[3] Jo Blanden, Alissa Goodman, Paul Gregg and Stephen Machin, "Changes in Intergenerational Mobility in Britain", in M.Corak（editor）, *Generational Income Mobility in North America and Europe*（Cambridge: 2004）, pp. 122–46.

入流动性明显下降,且在统计上显著。这些经济学家进一步认为,这种下降可能与来自富裕家庭的孩子从高等教育的扩张和毕业生就业带来的高收入中获得了不成比例的好处有关。

在过去的十年里,这项研究引起了经济学家和社会学家的争论,这些争论产生了一个不幸的影响,即把通过职业指标测量流动性与通过收入指标衡量流动性对立起来了,似乎这两个指标必须是互不相容的。鉴于我们有兴趣使用经济资本而非职业阶级的概念,所以我们被经济学家的方法所吸引,我们认为这种方法提供的流动性指标要比"大型"职业阶级更为细化和精确。① 当我们观察谁能登上山顶时尤其如此。处于社会结构顶端的占比较少的精英阶级是否不受外界人士的渗透,新人能否爬上最高的"山坡"?

为了解决这个问题,多元的 GBCS 为探讨不同类型的资本和社会流动性之间的关系提供了相当多的证据,我们将在这里加以说明。② 它可以提供一个更多维的视角来观察当代的流

---

① 这并不是要否认 Blanden 等的措施有许多缺点(该工作的作者承认)。两代人中间隔 12 年的年轻一代的社会流动性似乎比年长一代更低,但这并不意味着跨代的社会流动性会普遍下降;更重要的是,关于家庭收入的问题并没有直接可比性。参见 Erikson and Goldthorpe, "Has Social Mobility in Britain Decreased?"。
② 本章分析了 Sam Friedman, Daniel Laurison and Andrew Miles, "Breaking the 'Class' Ceiling? Social Mobility into Elite Occupations", *Sociological Review*, 63(2), 2015, 259–89,其中讨论了使用 GBCS 数据检验社会流动性的所有技术挑战,感兴趣的读者可以参考。考虑到样本偏差和受访者自我选择的问题,我们需要仔细解释 GBCS 的第五个发现,而且 GBCS 数据还有一个额外的缺点,即我们在新的 GBCS 阶级模型中没有对一个人的出身进行测量。

第 6 章 登山：社会流动的探险

动率，从而了解"阶级形成"的过程；它超越了纯粹的经济或职业层面，而是考虑社会资本和文化资本在阶级流动与分化中所扮演的额外角色（如第 5 章所概述的）。

表 6.1 展示了我们在第 5 章中定义的 GBCS 的七个阶级类别的流动率，家庭出身使用的是个人 14 岁时父母主要收入来源的职业所定义的阶级出身。这些数字来自具有全国代表性的 GfK 数据集，但括号内是来自 GBCS 数据集的相应数字。在提供广泛性解释的同时，我们侧重于发现具有全国代表性的模式。表 6.1 列出了受访者可能来自的四个社会群体，即具有最高地位（高级管理人员或传统专业人员）职业背景的人；社会地位不那么显赫的群体（中层管理人员或现代专业人员），属于短期向上流动的群体；中间阶层或有技术职业背景的人，属于中等向上流动的群体；最后是低地位职业背景（体力劳动者或从未工作过的人），属于长期向上流动的群体。回到我们的登山比喻，我们可能会认为第一组是在高高的山口有一个大本营，第二组是在山谷两侧有一个大本营，第三组是在谷底稍高的地方有一个基地，最后一组必须从谷底开始。

表 6.1 GBCS "七个阶级" 与其家庭出身[1]

单位：%，人

GBCS 阶级	阶级 1: 高级管理人员或传统专业人员占比	阶级 2: 中级管理人员或现代专业人员占比	阶级 3-5: 中产阶级或技术工人占比	阶级 6-7: 体力劳动者或从未工作过的人占比	受访者总数（括号中的来自GBCS）
精英阶级	51（55）	11（26）	28（13）	11（7）	61（35,288）
老牌中产阶级	39（35）	11（34）	31（20）	19（11）	252（69,917）
新富裕工人	18（16）	8（28）	33（31）	41（24）	169（9,927）
技术中产阶级	42（37）	6（33）	15（18）	38（11）	57（15,382）
传统工人阶级	16（23）	9（26）	27（30）	47（22）	131（2,622）
新兴服务工人	21（18）	9（33）	28（23）	43（17）	205（27,780）
不稳定无产者	4（13）	4（20）	27（28）	65（40）	151（1,114）
人口作为一个整体（来自不同背景）	25（37）	8（31）	28（20）	38（12）	1026（161,400）

注：1. 使用了具有全国代表性的 GfK 调查，但为了进行比较，GBCS 的数字放在括号内。GBCS 偏向于阶级 1 和阶级 2 家庭（百分比可能不等于 100%，因为它们是四舍五入的）。

2. 父母的主要收入来源于国家证券交易委员会相关的职业测量，其中阶级 1 代表高级管理人员或传统专业人员，阶级 2 代表中级管理人员或现代专业人员，阶级 3-5 代表中产阶级或技术工人，阶级 6-7 代表体力劳动者或从未工作过的人。

第6章 登山：社会流动的探险

表 6.1 应跨行阅读。由此，我们了解到，在我们的精英阶级中，51% 的父母属于第一阶级（高级管理人员或传统专业人员），相比之下，只有 11% 的父母属于不稳定无产者。这是一个显著的区别，与不稳定无产者相比，来自最优越背景的精英人数是前者的 12 倍多。与大多数精英相比，只有 11% 的精英是从谷底爬上来的，因为他们的起点很高，所以很少或根本不需要攀岩。在另一个极端，情况恰恰相反：65% 的贫民仍在他们成长的地方，即在谷底（他们的父母一直从事半熟练或日常工作）。我们可以看到，只有 4% 的不稳定无产者有高级管理人员或传统专业人员的家庭背景：从英国社会的高层到底层也没有多少流动性。这说明在山顶上，甚至在山谷边，很少有人下山。一路从山坡上摔下来，是相当困难的！

如果我们看一下我们的受访者中七个阶级中来自最卑微背景中的人的比例，很明显有四个层次的划分。那些有着常规或半常规职业背景的人最终成为老牌中产阶级精英的比例是很低的（19%）。其他阶级的范围大致相同（38%~47%），直到进入不稳定无产者，这个比例急剧上升到约 2/3（65%）。所以，问题的关键是，进入更高层社会阶级的社会流动性是有限的。

表 6.1 中最惊人的发现是，事实上，精英阶级比其他任何阶级都更具有排他性。这有力地表明，我们对阶级界线的

重新划分揭示出明显的封闭模式，而当使用职业阶级的衡量标准时，这种模式就不那么明显了。回到我们的登山比喻，虽然许多类型的健康和积极的人能够到达斯诺登（Snowdon）或本尼维斯（Ben Nevis）山顶，但那些在勃朗峰（Mont Blanc）（更不用说珠穆朗玛峰）登顶的人是一个更为精选的群体。

许多关于社会流动性下降的政治焦虑集中在进入通常被称为"专业"的领域。特别是，长期以来人们一直认为，英国传统上地位较高的专业领域，如法律、医学和工程，仍然顽固地奉行精英主义，主要录用受过私人教育或出身特权阶级背景的人。前劳工部长艾伦·米尔本（Alan Milburn）在提醒公众注意这一问题方面尤其具有影响力。从米尔本在达勒姆郡的一个市政福利房出生，到他成为前排内阁中的重要角色，米尔本本人经历了极大的向上流动。然而，他在自己向上的道路上所面临的障碍，特别是在特定的政治舞台上，使他确信努力实现就业机会平等是改善社会流动的关键。[1]2009年，他向就业公平事务委员会（Panel on Fair Access to the Professions）撰写了一份措辞严厉的报告——《释放抱负》（*Unleashing Aspiration*），这份报告后来被称为《米尔本报

---

[1] 参见 http://www.lancaster.ac.uk/alumni/alumni-profiles/alan-milburn/。

第6章 登山：社会流动的探险

告》。他强烈主张，某些职业，如媒体、法律和医学，仍然是"封闭"的行业，在"向更广泛的人才库敞开大门"方面做得不够。[①] 此后，他继续在这一领域施加政治压力，以社会流动和儿童贫困委员会主席的身份撰写了一系列类似且具有影响力的报告。

然而，尽管米尔本的报告提供了一个广泛且强有力的关于英国职业的描述，但其依赖于从各种不同来源收集的数据，其中一些有些过时了。GBCS 提供了宝贵的新资源。图 6.1 使用 GBCS 数据考察了进入许多高地位职业的流动性，看看这些来自最有利地位（父母为高级管理人员）的人所从事的职业中的最高和最低比例。

图 6.1a 显示，即使在精英职业中，那些出生在高级管理职位之外的人获得晋升的可能性也存在巨大差异。有十种职业中 50% 以上的成员来自这些特定的背景，最高的是律师和法官，以下为医生、经纪人、初级律师和首席执行官等。最令人震惊的是，这些职业中有许多是与法律或金融相关的，只有医疗从业者是例外。

[①] 参见 http://webarchive.nationalarchives.gov.uk/+/http://www.cabinetoffice.gov.uk/media/227102/fair-access.pdf。

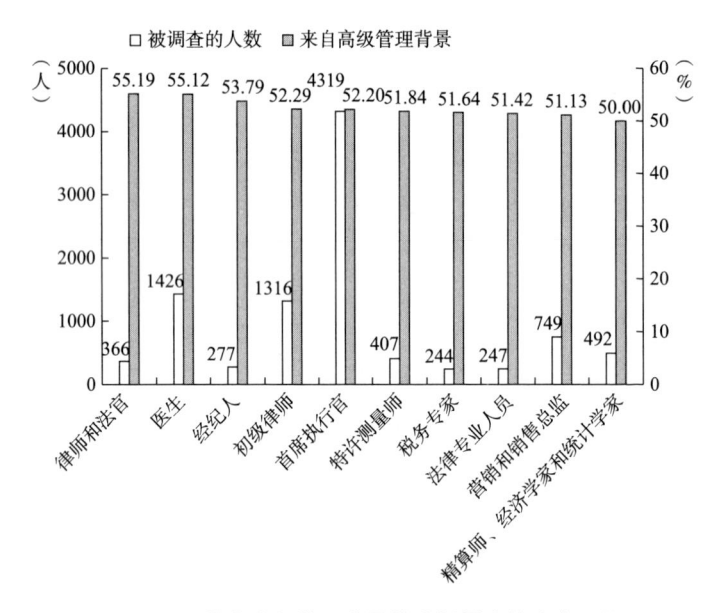

图 6.1a 具有高级管理背景的比例最高的十个职位

注：高级管理背景指 NS-SEC 第一类中的人员。

我们可以将以上这些群体与图 6.1b 中的精英职业相比较，精英职业的成员来自高级管理背景的比例较低。[①] 图 6.1b 中的这些职业有许多属于信息技术领域，这表明这一相对较新的就业领域可能对来自更广泛的人才库中的人才更加开放。从更广泛的角度来看，最具包容性的高地位群体（按降序排列）是：科学家、会计师、工程师、高级 IT 工作者和学者。

---

① 这些职业都被列为英国国家统计社会经济中最高级别的职业分类，也就是国 NS-SEC 的第一类。

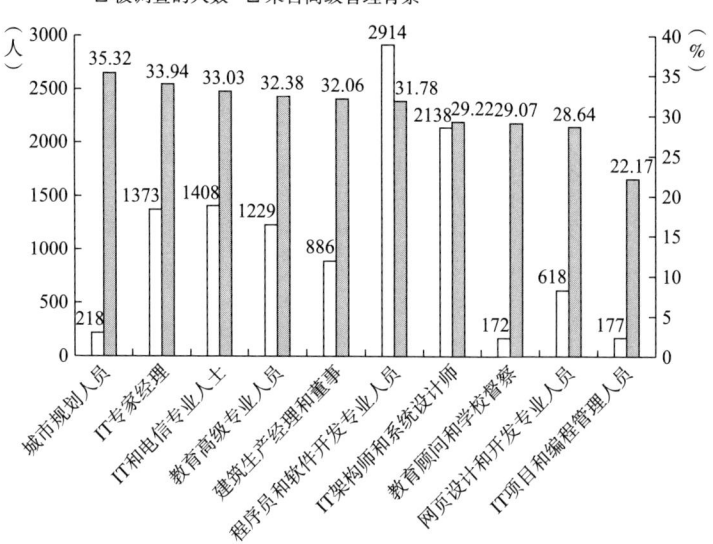

第6章 登山：社会流动的探险

图 6.1b　具有高级管理背景的比例最低的十个职位

注：高级管理背景指 NS-SEC 第一类中的人员。

这些发现表明在职业之间有一个有趣的区别，在法律、医学和商业领域中更传统和更"绅士"的行业仍然保持着公然排外，而在以研究人员、IT 工作者以及 IT 和电信主管为代表的更具科技性的新兴专业人员所在行业则更加"开放"。对此的解释得到了先前研究的支持，[1] 有特权的人从父母那里继承来的往

---

[1] Mike Savage, James Barlow, Peter Dickens and Tony Fielding, *Property, Bureaucracy and Culture: Middle-class Formation in Contemporary Britain*（London: 1992），更广泛的研究请参见 Tim Butler and Mike Savage（editors），*Social Change and the Middle Classes*（London: 1995）。

往是更加不透明和难以获得的文化资本和社会资本,这对于确保进入最传统的职业而言仍然更加重要。

还有一个更大的转折点。碰巧,那些更倾向于招聘来自高级经理家庭的精英职业也更有可能获得更高的收入回报。这是一种"蜜蜂围着蜜罐转"的效应,即经济资本与具体工作联系越紧密,它就越有可能吸引那些出身于特权家庭的人。表6.2清楚地说明了这一点。研究表明,这些精英职业的收入分配因其成员的社会出身而有显著差异。在那些最有可能从最有特权的家庭(医生、律师和首席执行官)招聘员工的职业中,平均收入最高。相比之下,IT专业人士的收入要低得多。

表6.2还根据阶级背景区分了这些职业成员的平均收入。那些来自高级管理人员或传统专业人员背景的人(从最高的大本营开始)收入总是高于该职业的平均水平。然而,这种差异的大小各不相同。在医学领域,无论社会背景如何,收入分配相对平均。根据医生的社会背景,他们的收入似乎只有微小的差别。尽管社会背景较弱,但向上流动的医生似乎并没有为了达到职业内的最高收入水平而奋斗。

相比之下,学术界向上流动的受访者数量较多,但这类学者的平均薪酬比那些出身特权背景的人低约1.3万英镑。或许,向上流动的学者不太可能在薪酬较高的精英大学工作。更普遍地说,在律师、大律师和法官,首席执行官和金融中介人

表 6.2 按职业类别和家庭出身划分的平均收入

单位：英镑

职业类别	原生家庭和目前薪资					所有这些精英职业的平均薪资水平
	高级管理人员或传统专业人员	中级管理人员或现代专业人员	中产阶级或技术工人	体力劳动者或从未工作过的人	
科学家	50790	45740	46832	44179	47928
工程师	55066	49678	47648	47554	51237
IT专业人员	61899	53770	50301	50462	55296
医生	80226	78925	68840	74915	78221
其他医疗专业人员	60617	57266	60262	53929	58924
高等教育教师	68264	61534	57533	55000	62640
教育专业人员	60324	57012	56207	56989	57901
律师、大律师、法官	86363	75273	67450	65583	79436
公共部门（健康以外）	57946	50131	52810	49431	53163

续表

			原生家庭和目前薪资		
会计师	63848	57237	52009	52990	59118
首席执行官、主管、总裁	101052	87751	84606	83467	93881
其他高级商务人员	68668	61081	57437	56678	63233
金融中介	84797	68843	60942	60767	74130
记者	53876	48958	46102	46895	50168
NS-SEC 第一类中的其他职业	59417	51678	51306	49411	54738

资料来源：GBCS 数据。

员中,按出身划分的收入差距尤其明显。其中许多职业,尤其是法律,依赖于从高等教育中招聘毕业生,但这似乎并不能消除这些差异。精英体制的招聘并不能消除那些来自特权背景的人所享有的优势。那些与金融直接相关的职业尤其明显。具有较强管理和传统专业背景的金融中介人员平均收入比那些来自从事常规和半常规工作背景的金融中介人员高出2.4万英镑,即前者比后者多了近40%。

让我们对此做进一步的思考。我们很有理由对许多职业中存在的薪酬性别差异感到不安,在一些管理职业中,这种差距可能高达50%。但它也似乎存在着"社会阶级背景的薪酬差距"。在许多精英职业中,收入最高的人是那些出身最优越的人。在许多较富裕的职业中,这种"阶级薪资差距"经常达到25%。但这一点以前从未被报道过,应引起关注。

因此,我们在这里所看到的是一个在社会层级的上层发生的优势相互加强的过程。这个职业越赚钱,其成员就越有可能拥有得天独厚的背景。而且这些职业中收入最高的成员往往也不成比例地拥有最优越的背景。我们认为有一个相互加强的过程,正如布迪厄所主张的那样,这个过程表明,拥有资本的人可以通过多种方式转化自己的优势。

流动过程中的社会资本和文化资本

那些拥有最有利背景的人往往拥有各种各样的资本。图6.2显示了出身的阶级如何影响经济资本的占有（仅关注精英阶级）。在任何情况下，那些来自高级管理或传统专业背景的人都有更多的收入和储蓄，并且拥有更高价值的房子。但他们的房子价值也相差悬殊——那些有高级管理背景的人的房产比那些在短期流动轨迹上的新同事高出3.4万英镑，比拥有中长期流动性轨迹的新同事高出4.3万英镑。这里有一种经济优势的积累，这使那些拥有继承资产的人能够超越其他来自弱势背景的精英阶级。

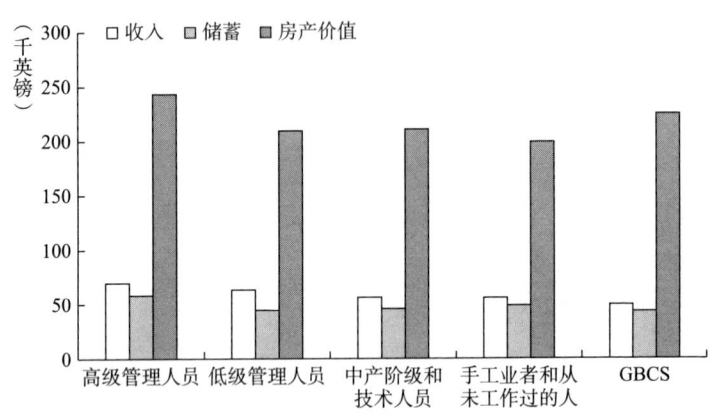

图6.2 按家庭出身划分的精英阶级的经济资本

注：根据其家庭的职业社会阶级背景，在NS-SEC的第一类中，GBCS受访者的平均收入（以英镑计算）。

图 6.3 显示，具有高级管理家庭背景的人比其他精英阶级的人更有可能认识地位较高的人，更有可能参与到高雅的文化资本中。

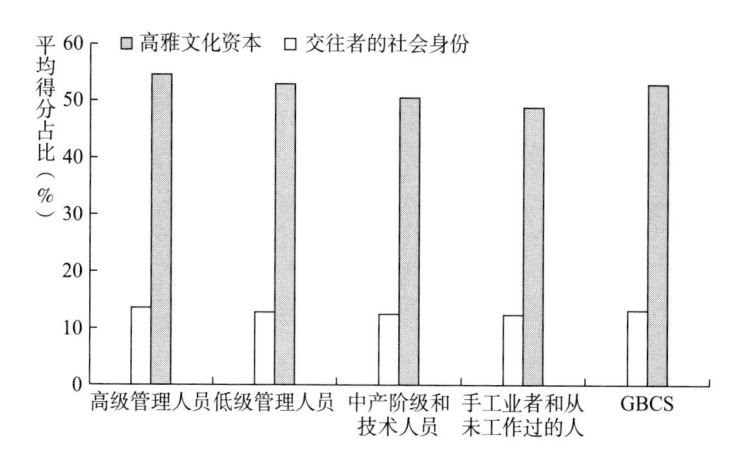

图 6.3 按家庭出身划分的精英阶级的文化资本和社会资本
【根据家庭的职业社会阶级背景，GBCS 受访者在 NS-SEC 第一类中的平均得分（定义见第 5 章）】

经济资本、社会资本和文化资本处于社会层级的顶端，三者相互交织、相互促进。没有其中一种或多种资本的人进入上层并非不可能，但要做到这一点，难度就更大了。[1] 这并不是因为他们被正式地排除在外，而是因为在"登顶"的竞争中，那些在所有可能的分数上最有优势的人，有可能拥有额外的筹

---

[1] 关于社会流动性的经历，更广泛的参考如 Sam Friedman, "The Price of the Ticket: Rethinking the Experience of Social Mobility", *Sociology*, 48（2）, 2014, 352–68。

码，从而能做得更好。事实上，这一论点与我们受访者的观点非常吻合。来自伦敦南部的管理顾问 Louise 经历了显著的向上流动。她是由一个单身母亲（她童年的大部分时间，母亲都长期失业）在市政福利房里抚养长大的。然而，尽管只取得了中等水平的成绩，Louise 却在美容行业迅速崛起，从店员成为高级管理人员。如今，她年薪超过 25 万英镑，是一名备受推崇的美容顾问，并在多个高级美容品牌的董事会中任职。对 Louise 来说，这种她描述为被特权背景的人所支配的职业环境使其产生了一系列复杂的情感。她解释说，她不会向同事隐瞒自己的过去，事实上，她"很有必要"公开自己的背景："大多数人都知道我 14 岁时不会读写，不会做这，也不会做那，实际上我认为这是一种尊重。"尽管人们可能会对 Louise 的成长轨迹表示钦佩，但这也会成为一种文化障碍，尤其是在她工作中更为非正式的人际网络方面。她描述了一种在工作场所非正式聊天的文化，在这种文化中，谈论艺术、分享假期逸事或讨论孩子们的学校教育，都可以成为促进业务关系发展或与高级同事建立融洽关系的重要途径。在这个领域，Louise 描述了一种强烈的孤立感，一种与周围人没有任何共同点的感觉。"我并没有真正参与进来，你知道，我很孤独。"事实上，对 Louise 来说，她的同事们利用这些共同的文化参与和生活方式"闲聊"，作为职业资源或者说是"为了升职"，这让她明显感到沮丧。"我不需要和你一起打高尔夫球来找到工作",她生气地说,"你知道,给我这份工作,是因为我能完成业务,否则就不要给我!"

Louise 的文化资本和社会资本在她精英职业舞台上扮演的微妙且重要的角色经历,在其他地方也得到了呼应。尽管向上流动的受访者很少觉得自己的品位或社交网络直接限制了他们的事业或人际关系,但他们仍然感到自己缺少那些更自然地处于特权环境中的人所拥有的一些优势。这种欠缺感看似以稀松平常的方式出现,表现在 Alan 被建议以"正确"的方式煮牛排(生的,不全熟的)的文化细节中,或在 Jeremy 惊慌失措地与中产阶级男友的父母在餐桌上进行"智力对话"。但它有时也表现为一种更为明显和具体的不利因素,例如当 George 反思他在公立学校受过教育的法律同事所拥有的强大的社会关系时,或者当 Samantha 解释她在政治游说中"出人头地"的困难,因为她无法承受无薪实习,而这种实习帮助了她的同事在职业生涯中向前发展。

总而言之,与新进入这一群体的人相比,稳定的精英阶级成员往往拥有更高的三种资本水平。这为他们在竞争中登上"高峰"提供了优势。如图 6.2 所示,与那些享有更高特权的同龄人相比,出身更为卑微的人挣得更少,拥有的房产更便宜,有影响力的社会人脉更少,拥有的高雅文化资本也更少,即使他们从事同一份工作。此外,正如访谈所显示的,这些缺陷也常常体现在情感层面,向上流动的人在精英环境中会感到脆弱和不自信。在本章的最后一部分,我们想说明,这种心理层面的特点对于理解流动的意义和塑造人们追求理想的方式至关重要。

准备攀登:向上流动的经历

我们在本书中所展示的是,近几十年来,经济资本的数量达到了前所未有的水平,此外,其占有率也极为倾斜,尤其聚集在顶层。文化资本和社会资本的分布也极不均衡。我们把这比作一片冰天雪地的山地景观,那些只专注于攀登山顶的人必须具备非常好的专业技能。但在如今的英国,丘陵已被高山取代,这对那些渴望提高自己地位但不一定拥有如此高度竞争取向的人而言,又将何去何从呢?它带来了情感上的挑战和代价,这也许可以解释为什么有些人更喜欢竞争性不强的远足,把冰峰留给那些最有优势的人,因为最有优势的人能配备一支强大而组织良好的登山队,最关键的是,他们会从尽可能高的"大本营"出发。

英国文化长期以来都乐于嘲讽向上流动的人的痛苦,从哈代(Hardy)的《无名的裘德》(*Jude the Obscure*)和威尔斯

第6章 登山：社会流动的探险

（H. G. Wells）的《基普斯》（*Kipps*），再到巨蟒剧团的《四个约克郡人》（*Four Yorkshireman*）。这些虚构的描述突出了品位和礼仪上的"错误"是如何标志着社会地位的上升，因为局外人不断努力（但最终失败）以获得职业高层的完全认可。以这种方式，习惯于最高峰的精英登山者可能确实会瞧不起他们看到的一日游徒步者危险地穿过下面的低山坡。也许最近几年最让人印象深刻的讽刺是雅辛托斯·巴克特（Hyacinth Bucket），她是20世纪90年代英国广播公司1频道（BBC1）情景喜剧《保持形象》（*Keeping Up Appearances*）中充满抱负的家庭主妇 [她坚持将自己的姓氏读作"花束"（Bouquet）]。尽管她不顾一切地试图在着装、口音和品位上体现出中上流社会的优雅，但这部情景喜剧讽刺了雅辛托斯的社会失败，因为她永远无法完全展现她渴望的文化资本，以摆脱下层中产阶级出身。这里的关键点是"凌驾于自己之上""似乎有比正当地位更高的愿望""不知道自己的位置"的社会失礼。

事实上，有大量的研究表明，那些爬得不起眼，并且认为自己的地位明显优于父母的人，很可能会感到满足和满意。约翰·戈德索普认为，他在20世纪70年代早期研究过的向上流动的人往往非常满足于他们生活的进步。[1] 然而，戈德索普集

---

[1] John Goldthorpe（in collaboration with Catriona Llewellyn and Clive Payne）, *Social Mobility and the Class Structure in Modern Britain*（Oxford: 1980）.

中精力于广泛进入职业和管理领域的流动性,而不是我们在这里所看到的更高的精英阶级。

此外,当中产阶级和工人阶级之间的界线被清楚地划分出来时,就像20世纪50年代和60年代通过区分非体力劳动者和体力劳动者的工资一样,任何一个觉得自己已跨过这个门槛的人都可能感到满足,这是很有道理的。事实上,这种满足感对于我们中的少数向上流动的老年人来说是显而易见的。这些来自战后"婴儿潮一代"的老年人更有可能经历过平稳而成功的向上流动,因此拒绝接受阶级在他们自己和他人生活中所扮演的角色。对于像退休银行家 Giles 这样的受访者来说,阶级认同常常被用作不努力工作或不实现向上流动的"方便借口"。

然而,当社会结构中的中间阶层的分歧变得更加不透明和复杂时,就像今天一样,人们可能不确定自己是否已向上流动了,也可能更倾向于从那些他们所看到的处于行业最高层的人那里得到暗示。在这种情况下,我们更可能联想到自卑感。我们的采访揭示了这一点。向上流动的人当然面临着许多外部障碍,但他们所报告的困难总是与内部自我怀疑有关,就像其他人做出的判断或设置的障碍一样。许多人报告说,他们怀疑自己"不够好",觉得自己像个"骗子",或者"跌倒"就在眼前。Jennifer,52岁,来自苏格兰西部,在格拉斯哥的市政福利房长大,但后来成为一位成功的小说家。然而,她把文学世界描述成一个很难

第6章 登山：社会流动的探险

驾驭的世界，因为她觉得自己没有周围许多人那样的文化风度，而这些人的背景更为优越。她告诉我们：在写作界，我没有太多的自信。"我想我在很多事情上都觉得有点俗气和笨拙——当我们谈论吃饭、度假或其他什么的时候。"在这里，以及在Jennifer谈到自己的地位焦虑时，重要的是，这不一定是她从文学同事那里体验到的任何优越感的结果，而更多的是一种内心的纠结，因为她把自己和那些在新的职业世界里处于巅峰的人做比较。

因此，我们的受访者普遍有一种"被夹在两个世界"之间的感觉（Fiona），不"知道我适合哪里"（Jennifer），而是感觉"陷入了中间"（Jeremy）。例如，Sarah似乎敏锐地意识到了她现在的生活（一个成功嫁给了一个中产阶级工程师的地方护士）和她在英格兰北部一个"粗糙"的市政福利房里长大的生活之间的不协调。因此，她强烈地将自己与她所认为的背景中的"下层阶级"保持距离，但同时也指出，这段历史的永久印记使她无法感受到自己是中产阶级的一部分。因此，Sarah不断表达她希望"逃离"过去的"耻辱"，但同时也解释了她是如何不断地被迫面对这些"耻辱"——通过照顾年迈的父母（"因为这是我应该做的"），住在她家乡附近（"我只是感到不安，我不想再回到那个地方"），或是痛苦地回忆起她结婚的日子（"有一个可怕的社会鸿沟，那是我一生中最糟糕的一天"）。

在我们的许多受访者中，这种在两个世界之间挣扎的情绪

/213

在某种程度上是很常见的，尤其是在那些经历过特别漫长的流动轨迹或有非常突然的流动性时刻的回忆的人当中，特别是他们在回忆童年时期的时候。在这里，人们常常有一种共同的感觉，不知何故"在文化上无家可归"，① 而且每个人都有自己的故事，讲述了调和这种相互矛盾的身份所需要的令人筋疲力尽的情感劳动。这些在移民群体中尤为明显，他们常常讲述复杂的故事，感觉自己不属于英国社会，即使他们已向上流动到英国社会的上层阶级。② 种族、移民和阶级之间的相互作用在这里造成了紧张局势。

Gita 是一位来自伦敦的平面设计师，父母都是第一代乌干达印度裔人，他们一生都在伦敦东区经营一家报刊亭。Gita 上了大学，事业也很成功，但她的职业生涯始终是在她的工人阶级种族和中产阶级职业身份的文化价值观之间艰难地平衡着。这一点在 Gita 二十多岁时决定和她父母安排结婚的丈夫离婚时表现得最为突出。对 Gita 来说，这一决定与她在大学时所接触的女权主义解放思想有着密切的联系，她从当时的来自中产阶级的白人女性同事那里得到了建议。然而，离婚导致了她与父母和当地印度裔人社区之间无法挽回的裂痕。对 Gita 来说，离

---

① Friedman, "The Price of the Ticket".
② 关于这个问题的更多讨论，请参阅第 10 章 Bennett et al., *Culture, Class, Distinction*。种族、移民和阶级之间的关系是至关重要的，但由于导言中解释的原因，GBCS 缺乏能对其进行分析的资料。

第6章 登山：社会流动的探险

婚是许多困难情绪的根源。这既是她女权主义者身份和经济独立的骄傲信号，也是强烈羞耻感的根源。她指出，这种情绪几乎无法逃避。"因为我的家庭与印度社区有着非常密切的联系，即使我不想这样，我也被排挤了……你知道，有人认识某人……"对 Gita 来说，这种社会痛苦的结果是一种深刻的自我冲突感，使她在家庭忠诚和流动机会之间摇摆不定：

> 我一直认为我从来没有真正的归属感，但后来我总觉得只有我这样，你知道吗？因为我觉得我不完全相信印度文化，但我也不属于我的英国朋友的生活圈子，因为他们自由得多。所以我总是漂泊在不同的文化中，无论走到哪里，我都是一个很孤独的人。

我们在讲述 Gita 这样的人的故事时，并不是为了暗示英国向上流动的人是不快乐的或是患有心理障碍。做出这样的断言不仅远远超出了我们的研究范围，而且我们的大多数受访者似乎都在勇敢地处理各种情绪，甚至可能"成功"了。然而，这些数据仅仅说明了社会流动的深刻情感烙印。不管成功与否，调和这样一系列困难的情绪显然需要耗费大量的精力。这也表明，未来流动人口的野心是有限的，他们可能担心登上英国社会的顶峰意味着对阶级或文化渊源的某种背叛。不管怎样，在许多向上流动的受访者中,工人阶级身份强烈的认同表明,阶级忠诚的情感牵引力可能会使受访者陷入与过去的密切关联之中,这就解释了为什么尽管普遍存在政治修辞,但对向上流动的不断追求可能并不是所有人都明确渴望的。

有一句非常著名的社会科学格言——机会平等只有与普遍平等联系在一起时,才能真正实现。社会越不平等,两极之间的社会流动性就越不容易实现。在这里,我们的论点是遵循一条老生常谈的路线。然而,我们也大胆地宣称,精英体制与这种动态密切相关。我们一直遵循迈克尔·杨关于精英体制的逻辑,并为他的反乌托邦叙述提供了充足的证据。从表面上看,这个论点是非常违反直觉的。我们可能会认为,精英体制标志着僵化的阶级分化的结束,你的朋友和家人再也不能"牵线"为你找工作,老男孩俱乐部再也不能运作。事实上,我们可以想象,精英制度将允许更多的流动性,并创造一种社会秩序,在那里人们会因自己的才干和精力而受到奖赏,任何人都能登上最高峰。

然而,一个更具竞争性和不平等的社会实际上产生了强烈的阶级分化,一个人的出身阶级给她或他的人生机会留下了强大的印记。它强烈地影响着向上发展的前景,同时也有心理上的印记。这场争夺社会顶层最有特权和最有回报的职位的竞争似乎偏向于那些来自最有利背景的人。有时,这可能是由于裙

第6章 登山：社会流动的探险

带关系或是公开歧视，但更多的时候，这在很大程度上反映了这样一个事实：随着资本积累和优势顶峰的陡峭化，那些从更高起点起步的人甚至根本不需要爬较低的斜坡，而是可以专注于通过结冰的道路到达顶峰。为了在这些海拔高度上取得胜利，他们能够利用他们所拥有的各种优势——从他们的社交网络到他们的文化资本——所有这些，无论是单独的还是结合的资本，都发挥着作用。

让我们明确一点，我们并不是说没有社会流动，甚至不是说社会流动性正在下降。这一切都取决于如何衡量流动性，而在社会层级的中间阶级，生活轨迹发生重大改变的可能性很大。然而，尽管似乎有很多人进入阶级结构的中间部分，但要想跻身上层和传统上地位较高的职业，显然要困难得多。此外，即使向上流动的人成功地获得了特权地位，他们仍然常常无法积累最高水平的经济资本、文化资本和社会资本。例如，与那些来自稳定的精英阶级的人相比，那些向上流动进入GBCS中精英阶级的人，其收入更低，人脉更少，也较少参与传统的高雅文化；而且，当向上流动的人确实参与进来时，也不太可能是出现在传统的精英场所，比如歌剧院或滑雪场地。这或许可以解释为什么那些出身于较低地位的人身上有挥之不去的亏空感，这往往支撑着那些认为自己缺乏必要的文化和社会装备的人，即使事实上，他们已取得了成功。

而这种优势顶峰的延伸会对个人心理产生更广泛的显著影响。正如本章中的受访者所显示的，个人身份至少以某种形式承载着过去的象征性包袱。对一些人来说，这是一种轻描淡写的感觉，提醒他们已走了多远，取得了多少成就，但对大多数人来说，这种成功的感觉被这样一个事实所冲淡：流动性有时明显构成了一段坎坷的情感旅程。自我报告的阶级身份通常显示一组复杂的密切关系，这些密切关系不仅来自出发地，也来自目的地。许多人表达了一种被夹在两个世界之间的感觉，不断地处理相互矛盾的身份来源。因此，尽管英国当代向上流动的经验可能涉及经济资本和社会地位的无可争辩的提高，但重要的是要考虑到，这种利益往往会带来相当大的心理代价。

第 7 章
两个校园的故事：普通大学与精英院校

迈克尔·杨在《精英体制的兴起》一书中主要讽刺的是，学校体系根据智商（IQ）来区分学生，但几乎没有提到大学对其未来职业生涯的影响。他写道，当时只有 5% 的孩子能上大学。然而，从那以后，大学体系急剧扩张，本章我们将展示大学如何在影响社会流动方面发挥着关键作用，尤其是在上层阶级。我们的主要观点是，上大学对进入精英阶级至关重要，但它并不是进入精英阶级的唯一门票，当然也不是金奖券。就读于哪所大学以及在哪里就读大学也很重要：不同"类型"大学的毕业生的去向差别很大，特定院校的毕业生的去向也有一些突出的、在某些情况下甚至令人惊讶的特点。我们会认为，激烈的教育竞争强化了大学之间的强弱排名，在这种排名中，精英院校在让人们获得最有利的地位方面发挥着至关重要的作用。①

这些发现非常重要,因为目前我们对英国毕业生离开大学后所发生的事情缺乏长期了解。我们知道,按阶级、性别和种族背景,上大学的机会不平等,来自公立和私立学校的学生上大学的机会也有所不同。对于最挑剔的"精英"制度而言,这种不平等尤为明显。来自牛津大学和剑桥大学等最负盛名的大学毕业生在英国特权阶级中的人数很多。很大比例的高级法官、内阁成员、首席执行官以及 BBC 的高层人士,都毕业于英国这两所最古老的大学。例如,在 2010~2015 年的英国议会中,首相、反对党领袖、影子内阁大臣、外交大臣和财政部首席秘书都在牛津大学攻读同样的学位——哲学、政治学和经济学(PPE)。然而,除了政客和记者等知名人士之外,我们几乎不知道上什么大学与财富、成功和影响力的差异有什么关系。在这里,GBCS 数据的丰富细节可以帮助我们描绘出不同大学毕业生的社会和经济地位。

---

① Michael Young, *The Rise of the Meritocracy 1870–2033: An Essay on Education and Equality* (London: 1958). 本段所提到的五项调查结果的更详细分析见 Paul Wakeling and Mike Savage, "Entry to Elite Positions and the Stratification of Higher Education in Britain", *Sociological Review*, 63 (2), 2015, 290–320, and in P. Wakeling and M. Savage, "Elite Universities, Elite Schooling and Reproduction in Britain", in A. van Zanten and S. Ball, with B. Darchy-Koechlin (editors), *Elites, Privilege and Excellence: The National and Global Redefinition of Educational Advantage*, World Yearbook of Education 2015 (Abingdon: 2015).

第7章 两个校园的故事：普通大学与精英院校

更高水平的教育并不意味着更平等

和全球大多数国家一样，英国的大学入学率（以及其他高等教育）呈爆炸式增长。在20世纪之交，上大学对英国人来说是一种不寻常的追求：在1901年，每100个年轻人中只有不到1个能进入大学。即使对于最有特权的年轻人，大学仍然是少数群体的活动。不论是伊夫林·沃（Evelyn Waugh）的《故园风雨后》(Brideshead Revisited)，还是牛津大学享乐主义贵族的颓废肖像，都是20世纪初期大学生活的准确描述。即使对于精英人士来说，这仍然是不寻常的：只有大约1/3的上流社会的年轻人于1930年在大学里。

对于那些出身卑微的人来说，上大学几乎是不可想象的。托马斯·哈代（Thomas Hardy）的小说《无名的裘德》(1985)讲述了比利奥尔学院的院长给雄心勃勃的寻求进入这所神圣大学的石匠的一封信：

> 先生，我饶有兴致地读了你的信，而且，从你对自己是一个工人的描述来看，我敢说，如果你留在自己的领域，坚持自己的职业，你的成功机会会比其他任何一种方式都大得多。因此，我建议你这样做。

事实上，1835 年牛津大学只有 1 名"平民"背景的学生，1860 年 1 个也没有，1870 年和 1890 年英国"下层阶级"的高等教育参与率估计为 0。

但到 1962 年，就在《罗宾斯报告》(*Robbins Report*) 发布的前夕，每 25 个年轻人中就有 1 个接受过高等教育。这份报告的公布，伴随着大学和学生数量的急剧增加。一拨又一拨的政客们都认为，高等教育的扩张对于打破固有的阶级壁垒至关重要。2000 年担任工党英国财政大臣的戈登·布朗（Gordon Brown）表示：

> 我说，是时候结束旧英国了，在那里，重要的是你与生俱来的特权，而不是你与生俱来的潜力。消除旧的障碍，开放我们的大学，让每个人都向前迈进。

连续的扩招使英国的大学生数量迅速增长（见图 7.1），目前英国将近一半的年轻人在 30 岁之前就接受了某种形式的高等教育，在苏格兰这一比例甚至更高。上大学已成为司空见惯的事，对很多人来说，这实际上是一种期望。虽然学位费以学费和生活费贷款的形式逐年增加，但这对入学率几乎没有影响。

不幸的是，扩张并没有给出身于不同背景的年轻人带来更多的平等。然而，毫无疑问的是，对于处于不利地位的年轻人

第 7 章 两个校园的故事：普通大学与精英院校

来说，上大学不再像 19 世纪那样不可想象。通过高等教育实现长期社会流动的例子不胜枚举。一些出身卑微的名人取得了成功，比如作家兼广播员梅尔文·布拉格（Melvyn Bragg）、前司法部部长苏格兰女男爵（Baroness Scotland）、历史学家大卫·斯塔基（David Starkey）和女演员朱莉·沃尔特斯（Julie Walters），他们的成功至少部分归功于高等教育。

因此，自 20 世纪 50 年代以来，来自贫困家庭的年轻人进入大学的绝对数量急剧增加。然而，来自优势背景的年轻人进入大学的数量也急剧增加。如果把背景不那么优越的人进入大学的相对机会与条件更优越的同龄人相比，随着时间的推移，变化并不明显。也就是说，尽管随着时间的推移，优势群体和弱势群体的大学参与率都有所提高，但优势群体和弱势群体之间的差距实际上缩小得非常小。当然，当最有利的群体接近其大多数年轻人上大学的临界点时——在该国一些最富裕的地区，大学入学率超过 80%——处境不利的群体将不可避免地开始迎头赶上。在这里，我们可能会看到在获得更高学历，如硕士学位和博士学位方面的不平等现象增加。如图 7.1 将显示的，我们确实开始看到进入不同类型大学的不平等现象变得更加突出，尽管这种现象在英国似乎已存在一段时间了。

因此，上大学与社会阶级密切相关。但仅仅上大学并不是故事的结局，大学毕业后会发生什么也很重要：大学是所有毕业生过上舒适且成功生活的关键吗？它是否总是为弱势群体提供帮助？上大学（或特定类型的大学）是否已成为富人和权贵们维持社会地位的主要方式？

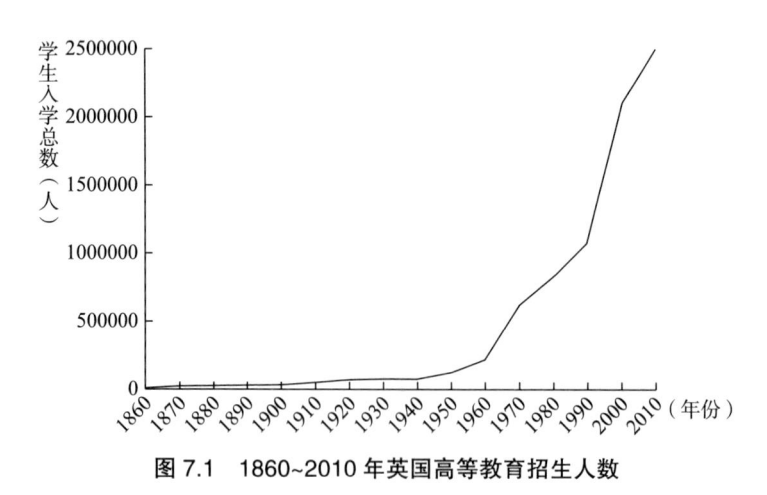

图 7.1　1860~2010 年英国高等教育招生人数

你不一定非要上大学才能进入精英阶级，但读大学是有帮助的

在我们考虑不同大学毕业生的去向之前，我们有必要从相反的方向来看待这个问题：有多少比例的精英上了大学？那些没有上大学的人呢？图 7.2 显示了 GBCS 不同阶级的大学毕业生比例。

首先，我们应该注意到，精英群体并不完全由大学毕业生占主导地位。在我们具有全国代表性的样本中，略超过一半

第 7 章 两个校园的故事：普通大学与精英院校

的精英人士拥有学位，但在 25~50 岁的人群中，这一比例接近 2/3，因此，对年轻一代来说，学位似乎越来越重要。精英中有相当一部分人没有接受过高等教育就获得了精英地位。当然，尤其是在商界，有许多杰出人士没有上过大学。电子和足球大亨、电视明星艾伦·苏格（Alan Sugar）勋爵，伯明翰城足球俱乐部前董事兼总经理卡伦·布雷迪（Karren Brady）男爵，维珍巨头理查德·布兰森（Richard Branson）爵士和龙登俱乐部的黛博拉·米登（Deborah Meaden）等著名企业家都不是大学毕业生。从这一点上讲，他们在同龄人中并不罕见。在娱乐业或体育界，大学毕业生的身份也没有什么明显的优势。

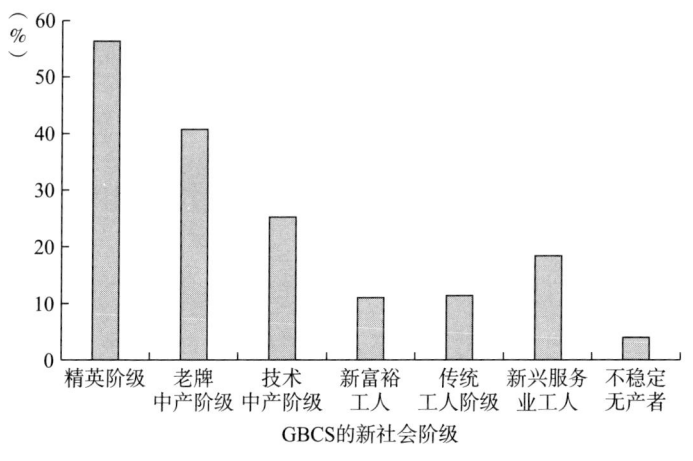

图 7.2 不同社会阶级的大学毕业生占比

资料来源：来自 GBCS 的具有全国代表性的数据集（由市场调研公司 GfK 收集）。

然而，在政治方面，没有上过大学的议员的比例随着时间的推移有所下降。1945年以来的18位英国首相中，只有3位［丘吉尔（Churchill）、卡拉汉（Callaghan）和梅杰（Major）］不是大学毕业生，其他人都曾就读于牛津大学（其中4人是从伊顿公学毕业的），除了戈登·布朗（Gordon Brown），他毕业于爱丁堡大学（获得博士学位）。在2010年英国联合政府成立伊始的23名内阁成员中，只有2人不是大学毕业生，其中9人毕业于牛津大学，另6人毕业于剑桥大学。[①]这也不是一个政党的政治趋势。2008年，工党首相戈登·布朗的第一内阁的，22名成员中有21名大学毕业生，其中7人来自牛津大学（其中6人是PPE毕业生），3人来自剑桥大学。

可见，虽然不是所有的精英阶级都是大学毕业生，但精英阶级是七个阶级中"大学毕业生"最多的。然而，精英们并不能仅仅因为上了大学就保证自己有一席之地，即使是最负盛名、最挑剔的"老牌"大学。图7.3显示，尽管大学毕业生成为精英阶级的可能性是非大学毕业生的5倍，但每20个大学毕业生中只有3个属于精英阶级。老牌中产阶级拥有最多的大学毕业生：接近一半的大学毕业生被分配到这个阶

[①] 这2名非毕业生分别是伊恩·邓肯·史密斯和谢丽尔·吉兰，9名牛津大学毕业生包括首相和其他重要的国务大臣、外交大臣威廉·黑格、内政大臣特里萨·梅和财政大臣乔治·奥斯本。剑桥大学的毕业生包括副首相尼克·克莱格。

级。相比之下，大学毕业生大多不属于不稳定无产者，不稳定无产者中的大多数人没有受教育资格。只有 1/10 的精英有类似情况。

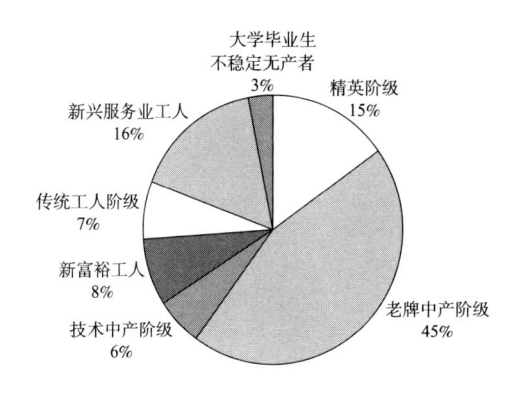

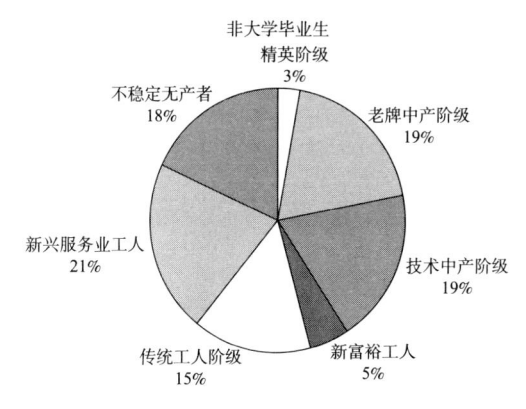

图 7.3　大学毕业生与非大学毕业生的社会阶级比较

资料来源：英国阶级大调查（GBCS）全国代表性数据集。

根据 GBCS，我们对高等教育在社会流动中所扮演的角色有何总体性认识？在某些方面，它的角色是人们熟悉的。大学入学时的社会阶级差异也反映在大学毕业生和非大学毕业生的不同社会阶级结果上。高等教育的扩张并没有使进入大学的机会更加平等；然而，大学毕业生身份与英国社会最具优势群体的成员身份之间的联系越来越紧密。

正如我们在英国政治精英中看到的那样，仅仅是一名大学毕业生似乎不足以获得最高职位，就读的大学也很重要。当名人录和维基百科上的名人传记等信息公开时，看看那些杰出人物上过的大学是怎样的。要弄清楚哪些大学有更多的英国公众群体就读——以及这与他们的生活成就有什么关系——就困难得多了。这是因为传统的信息来源，如政府调查和英国人口普查，此前并没有收集到必要的数据。通过大学做的调查，我们对大学毕业生毕业后的情况了解不多，因为这些调查通常只涵盖毕业后的第一年或第二年。GBCS 的丰富细节让我们有机会调查在哪里可以找到不同大学的毕业生。在下一章，我们将看到不同类型大学的调查结果，揭示一些相当鲜明的对比，以及一些令人惊讶的发现。

第 7 章 两个校园的故事：普通大学与精英院校

（大学）轨道的另一边？问题不在于你上不上大学，而在于上哪所大学

有人说，英国人特别擅长从多元化中创造等级制度。在考虑英国的高等教育体系时，这似乎尤为恰当。现在英国有 150 多所不同建校历史、规模和特色的大学，这些学校通常被视为属于不同的群体。例如，古老的牛津大学和剑桥大学有着数百年的历史，它们建立在学院体系的基础上，既有许多传统特色，也因其研究而享有很高的声誉。红砖大学通常建在主要的工业城市，通常建于维多利亚或爱德华七世时代。它们以建造标志性建筑材料命名，伯明翰（大学）、曼彻斯特（大学）和谢菲尔德（大学）就是典型的例子。这些以公民为基础的大学也因其研究而闻名，但可能比那些古老的机构更有城市和工业气息。"平板玻璃"大学（"Plate-glass"universities），如苏塞克斯大学、沃里克大学和约克大学也以其建筑特色命名，这些学校大多成立于 20 世纪 60 年代，而且校园通常设在城外。"新大学"或"1992 年后"的大学是指那些在 1992 年由理工学院转变为大学的院校。它们的特点是与所在地区紧密融合，注重应用和技术主题，以及相对开放的准入通道。当时，英国大学的特点和目的明显具有多样性。

但是，这种多样性与大学之间存在的明显地位差异不谋而合。英国的高等教育充斥着各种不同官方和非官方的排名，这些排名将大学按等级排列。通过"卓越的研究框架"评估大学的研究质量，并要求学生通过"全国学生调查"来表达他们对教育的"满意"程度。这些结果和其他指标在报纸排行榜上以不同的方式组合在一起。虽然每个排行榜都有细微的不同，但同一所大学却出现在了相似的位置，而且大学年龄和类型与排行榜位置之间存在着明显的关系。排名表的构建，虽然给人一种严谨的统计处理和客观的印象，但它也基于对什么被认为是"好"的主观判断。采取不同的方法，比如计算来自贫困家庭的学生比例，将导致排行榜彻底地被重新排序。

对大学进行排名的"强迫症"并不是英国独有的，但在英国有很强的体现。有趣的是，报纸上大学排行榜的出现与90后学生人数的迅速增加密切相关。教育社会学的国际研究表明，当受教育程度提高时，该层次内的差异就变得更为重要。例如，现在仅仅获得学位已经不够了，获得一个良好的荣誉等级至关重要。在最近，"三级运动员"的概念仍然流行，获得低级三等荣誉学位的是那些在大学期间将其大部分时间都花在运动场、酒吧而不是图书馆的人。[①] 如今，"2.1"或"高级二等荣誉"学

---

① 英国橄榄球联合会前队长威尔·卡林甚至连这一点都没有做到，他以及格的成绩毕业了。

第7章 两个校园的故事：普通大学与精英院校

位被认为是大学毕业生就业的关键门槛。但或许更重要的是，进入一所特定类型的大学便获得了一种新的意义，因为它是一个人将自己与普通大学毕业生区分开来的手段。许多大学毕业生的招聘人员只针对有限的几所大学，有明确的证据表明，是否攻读更高学位的研究生与能否进入少数几所老牌大学紧密相关。

当然，这些大学地位的差异并不是什么新鲜事，即使它们具有了额外的意义。地位差异也是非常细微的。英国前首相、毕业于牛津大学的克莱门特·艾德礼（Clement Attlee）著名的傲慢评论很好地总结了这一点：" '我也这么认为，剑桥人，所有统计数据，没有历史感。'即使在牛津和剑桥，也有地位较高和较低的学院，那些显示了哪所学院拥有一流学位的比例最高（暗示了英国最聪明的学生）的排行榜被人们急切地阅读。"2013年，玛格丽特学院被非正式宣布为"牛津最愚蠢的学院"。①

但随着时间的推移，这些地位差异的显著性已发生了变化。在不按大学排行榜的形式排列的情况下，按大学类型分组是常见的。因此，牛津大学和剑桥大学、伦敦大学以及工业北部和中部地区的"公民"大学（例如伯明翰大学、利兹大学、利物浦大学或曼彻斯特大学），南安普顿和萨里等"技术性"大学以及"平板玻璃"大学（如埃塞克斯大学、兰卡斯特大学、

---

① 参见 http://oxford.tab.co.uk/2013/08/20/new-top-norrington-table/。

苏塞克斯大学、华威大学或纽约大学），这些学校建于20世纪60年代，在高等教育生态学领域都有其独特的优势。人文和纯科学在牛津大学和伦敦大学得到了推广；现代社会科学在"平板玻璃"大学中得到了拥护；公民大学的学术教育形式更偏重于技术等。但是，随着越来越多的大学使用诸如"卓越研究框架"和"全国学生调查"的回答之类的指标在线性范围内进行排名，这些类型的分类便没有太大的意义。就大学的精英阶级而言，它的代表是"罗素大学集团"，但实际上，这是以前不同大学类型的混合体。约克大学（成立于1963年）的一位高级学者曾讲述他在国会大厦的招待会上与一位毕业于牛津大学的著名政治家和前部长会面的逸事。在向这位政客介绍自己时，他被问到了这样一个问题："有约克大学吗？"如今，约克大学被认为是一所"老牌"大学，它和牛津大学都是罗素大学集团的成员，并位列牛津俱乐部24所机构中，它们是同类机构中学术选择和研究强度最高的机构。罗素大学集团通常被支持者和批评家们视为学术精英团体，而且越来越频繁地出现在政客的演讲和政策公告中。

学生们认识到了这些地位差异，下面引用了来自布里斯托大学和谢菲尔德大学学生的话。然而，至关重要的是，他们还认识到与大学地位差异有关的其他区别。"伙伴计划"就是一个很好的例子，该项目比较了来自布里斯托大学和西英格兰布里

第 7 章 两个校园的故事：普通大学与精英院校

斯托大学（以前的理工学院）学生的大学经历：

> 这只是一个概括，但主要是来自不同的社会背景，就读于西英格兰布里斯托大学的更有可能是工人阶级（的孩子），而工人阶级不大可能就读于布里斯托大学。我认为，这只是我们对它的看法。所以如果你出去，如果遇到一群人，你通常会通过他们说话的方式、他们穿的衣服来认出他们。我认为无论如何你都能区分出学生，你大致可以分辨出："他们是布里斯托大学的学生，还是西英格兰布里斯托大学的学生。"①

这句话表明，学生们把这两所不同的大学和来自不同社会阶级的年轻人联系在一起，这些人的行为、衣着等都不同——布迪厄称之为不同的"惯习"。布里斯托大学比另一所大学更"中产阶级"或"上流社会"。这是相对的，因为布里斯托有时被视为"牛津剑桥拒绝"的机构，"牛津剑桥拒绝"是顶端下的一个分支。另一则引文来自对学生的赞美和大学竞争的研究，表明了学生对自己大学地位的了解：

---

① 参见 http://www.bristol.ac.uk/spais/research/paired-peers/quotes。华威大学是英格兰西部的布里斯托大学，前身是布里斯托理工大学。

> 谢菲尔德哈勒姆对谢菲尔德说：我宁愿做一个保管员也不愿做一个××××！
>
> 谢菲尔德（回答）：我宁愿做个×××，也不愿失业！

来自前理工学院谢菲尔德哈勒姆的学生承认这段历史所传达的地位较低，但他们表示自己有尊严，不像他们的邻居那样有优越感。来自谢菲尔德的学生们还表示，他们的学位将以牺牲个人声望为代价，获得更高的劳动力市场价值，这表明他们明白其中的讽刺意味。正如我们在考察不同大学毕业生之间文化资本的差异时所看到的那样，在学生的"玩笑"中有一点"酷"和"书呆子"，但其核心是对这些大学毕业生所面临的不同结果的认可。

GBCS 的一个优点是，它让我们能够详细研究院校之间的这些差异。它们是否像这些逸事例子所表明的那样鲜明？毕竟，我们已看到拥有大学毕业生身份与更高的社会阶级地位相关。

图 7.4 显示了在布里斯托、剑桥、曼彻斯特、牛津和谢菲尔德等城市的 10 所大学中年龄为 35~50 岁的应届毕业生的社会阶级（他们参与了 GBCS）。对于每个城市，我们比较了罗素大学集团大学毕业生和新大学/前理工学院大学毕业生的社会阶级。在这 10 所大学中，75%~80% 的毕业生不是精英就是老牌中产阶级。然而，在每个城市中，来自老牌的、传统的大学毕

业生比邻近的新大学毕业生更有可能成为精英。这种对比在剑桥尤其明显，剑桥大学一半以上的毕业生都是精英，而安格利亚鲁斯金大学的这一比例仅为 1/8。这一比例在谢菲尔德最低，这一观察结果可能会为学生们的"评论"提供进一步的论据。上述结果也支持了布里斯托大学学生关于两所学校之间阶级差异的观察。他们帮助我们了解"伙伴计划"：为什么有特权背景的学生报告说他们在布里斯托大学，给人的印象是他们在布里斯托大学，而实际上是他们上的是西英格兰布里斯托大学。

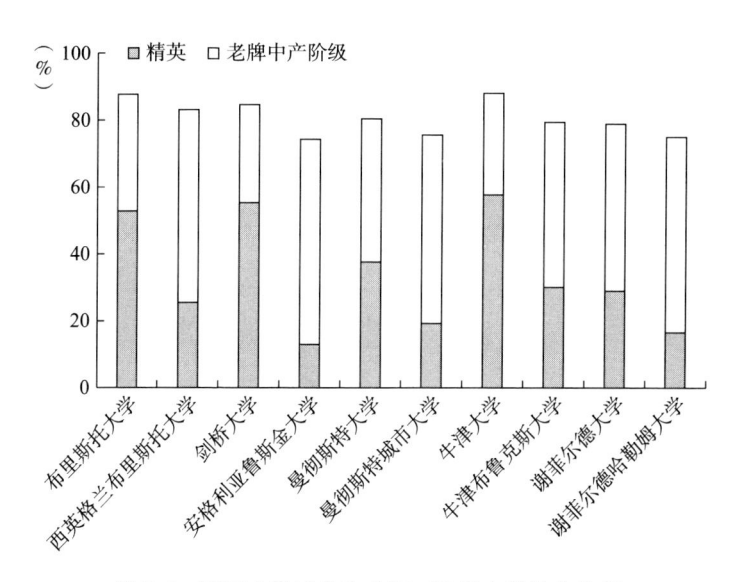

图 7.4　不同大学毕业生（35~50 岁）的社会阶级

从图 7.4 中我们还可以看到罗素大学集团各大学之间的差异。牛津大学精英毕业生的比例最高，略高于第二名的剑桥大学和第三名的布里斯托大学。曼彻斯特大学精英毕业生的比例较小，但领先于谢菲尔德大学。因此，尽管罗素大学集团和"1992年后"大学的毕业生成绩存在明显差异，但事实上罗素大学集团内部也存在差异，同时也要注意，牛津布鲁克斯大学的精英毕业生比例高于谢菲尔德大学的比例。

解释这些数字时需要格外小心，因为地位较高的大学毕业生参与 GBCS 的可能性更大，因此要分析的数据比"1992年后"大学的毕业生要多。正如我们在第 1 章所解释的那样，这种偏差本身就可以说明问题。实际上，牛津大学和剑桥大学的毕业生完成 GBCS 的可能性是其他任何大学毕业生的两倍，这证明了我们认为 GBCS 吸引了最具优势群体的看法。[①]

哪些大学能培养出最优秀的毕业生？表 7.1 根据大学毕业生被归类为精英群体的比例，列出了英国高等教育委员会排名前 50 的院校。从某种意义上说，这就是我们的排名表。这个表格有几个值得注意的特点，其中一些比其他的更令人惊讶。

首先，通常被视为地位最高的大学都聚集在榜单的前列。伦敦大学、牛津大学和剑桥大学占据了排行榜的主导地位。高等教育研究者经常谈论大学的"金三角"。"三角形"

---

① 这可能意味着来自地位较低大学的成功毕业生更有可能完成 GBCS，在这种情况下，我们的统计数据可能低估了老大学毕业生和新大学毕业生在成绩上的差异。然而，我们也必须小心地指出，像谢菲尔德大学和牛津布鲁克斯大学在精英群体成员数量上的细微差异，可能无法通过更大规模的调查得到证实。

第 7 章 两个校园的故事：普通大学与精英院校

描述的是一个假想的三角形，点分别在牛津、剑桥和伦敦。伦敦这一"角"的确切组成各不相同，但通常包括伦敦政治经济学院、伦敦国王学院、伦敦大学学院和伦敦大学帝国理工学院。这 6 所"黄金"大学的确都在精英大学毕业生比例最高的前十之列。

它们占据了相当大比例的资源，比如研究收入。成为精英和进入精英大学之间的紧密联系并不出人意料，但这是第一次如此大规模地体现出来。同样引人注目的是，这一群体相比于罗素大学集团的其他大学所享有的领先地位。与爱丁堡大学、圣安德鲁斯大学、沃里克大学和埃塞克斯大学等名校的毕业生相比，牛津大学精英毕业生的数量几乎是后者的两倍。我们似乎能够发现一个明确的门槛，即有 10 所大学的精英毕业生比例达 35% 或以上，而这一比例随后急剧下降到这个水平之下。①

其次，在 GBCS 中，英国以外的大学有近 1/3 的毕业生是精英。这一群体中有很多来自北美大学的毕业生，尽管个别大学并不突出。从 GBCS 中不可能得知这批大学毕业生是在英国出生并曾出国留学，或者是外国出生的大学毕业生，他们

---

① 我们需要提醒自己，GBCS 的样本偏差意味着精英在其中的比例过高，达到 3.5 倍左右。因此，需要用表 7.1 中的比例粗略地除以这个数字，以估计这些大学的实际毕业生进入精英阶级的可能人数。

在完成学业后移居英国工作。鉴于我们对英国学生不愿出国留学的状况的了解,我们可以推断出这些是来自国外的毕业生,他们已移居英国工作,因此,如此众多的精英人士也就不足为奇。在这些非英国大学的精英毕业生中,有一半以上居住在伦敦,这表明他们可能是该城市特色的全球流动跨国精英的一部分。

表 7.1 各大学毕业生受访者(25~65 岁)属于精英群体的比例[1]

单位:%

大学	精英群体占比
伦敦大学[2]	47
伦敦城市大学[3]	47
牛津大学	44
伦敦经济学院	41
剑桥大学	40
伦敦国王学院	39
伦敦大学帝国理工学院	39
伦敦南岸大学	38
布里斯托大学	36
伦敦大学学院	35
伦敦大学玛丽女王学院	31
埃克塞特大学	31
英国以外的大学[4]	31
威斯敏斯特大学	31

第 7 章 两个校园的故事：普通大学与精英院校

续表

大学	精英群体占比
阿斯顿大学	31
萨里大学	30
非大学院校	29
杜伦大学	29
曼彻斯特大学	29
雷丁大学	28
苏塞克斯大学	28
赫瑞-瓦特大学	28
南安普顿大学	28
伯明翰大学	27
诺丁汉大学	27
爱丁堡大学	27
圣安德鲁斯大学	27
金斯顿大学	26
威尔士大学	26
伦敦大学皇家霍洛威学院	26
纽卡斯尔大学	26
伦敦城市大学	26
利物浦大学	25
牛津布鲁克斯大学	25
布鲁内尔大学	25
阿伯丁大学	25

续表

大学	精英群体占比
华威大学	25
格林尼治大学	24
埃塞克斯大学	24
拉夫堡大学	24
利兹大学	24
布莱顿大学	23
东英吉利大学	23
巴斯大学	23
邓迪大学	23
开放大学	22
肯特大学	22
莱斯特大学	22
考文垂大学	22
密德萨斯大学	22

注：1. 只有那些有 200 名或 200 名以上毕业生并且有大学毕业生参加 GBCS 的大学才被包括在内。

2. 毕业于联邦大学的一所组成大学（来自受访者的信息不足，无法确定为哪个）。

3. 在这个表格中，伦敦城市大学的受访者远远少于其他排名靠前的大学，这可能会使结果产生不合理的偏差，使伦敦城市大学的受访者看起来比其他大学的受访者更为精英。关于这个问题的完整讨论，请参见 Paul Wakeling and Mike Savage, "Entry to Elite Positions and the Stratification of Higher Education in Britain", *Sociological Review*, 63（2）, 2015, 290–320。

4. 英国以外的高等教育机构。

第7章 两个校园的故事：普通大学与精英院校

这种精英群体集中于伦敦各大学的现象是表 7.1 的第三个显著特征。排名前 50 的大学中有 15 所在伦敦，事实上只有少数伦敦的大学不在名单上（忽略小型的专业大学，只有西伦敦大学、东伦敦大学、罗汉普顿大学和伦敦大学金史密斯学院没有上榜）。确实，一些上榜的大学以前是理工学院。伦敦南岸大学和威斯敏斯特大学的毕业生中精英比例都很高。伦敦城市大学有大量的少数族裔和贫困学生，这一现象经常出现在报纸大学排行榜的末尾。但它在我们的榜单上排名第 32 位，超过了伦敦以外许多地位更高的大学，包括罗素大学集团 1/3 的成员。这充分显示了伦敦的大学相比于东南部以外地区大学的显著的影响力。[1]

在这里，我们对通过高等教育传播优势的情况有了新的认识。我们知道，在进入不同类型的大学方面存在着社会阶级差异。地位较高的大学从最具优势的群体中招收更多的学生。一般来说，高等教育使大学毕业生在阶级地位上具有优势。精英阶级不成比例地由那些最负盛名的大学的学生组成。这并不是一张黑白分明的照片，许多精英人士并不是大学毕业生。一些地位较低的大学，尤其是那些位于伦敦的大

---

[1] 我们需要谨慎地认识到，不能将新大学与旧大学进行简单的比较。通常，他们在 GBCS 中的答复率较低，并且鉴于 GBCS 已知的偏差，这可能意味着与相对较高回复率的大学相比，其相对较为优秀的毕业生做出了答复。这个事实也可以解释为什么表 7.1 中答复率远远低于牛津大学的城市大学。

学，也有许多精英毕业生。正如我们已看到的，伦敦是一个权力和优势集中的地方，这可能会影响更广泛的大学。但总的结论是，不同的大学提供了不同的进入阶级结构的通道。少数最负盛名的大学的毕业生在精英中所占比例过高。高等教育的扩张并不足以打破这种模式，甚至在某种程度上强化了这种模式。

我们可以提供一幅更精细的图景，说明这些精英大学在影响人们进入精英阶级的机会方面似乎特别重要。表 7.2 显示了不同教育途径的影响。我们做出以下划分：牛津大学，这是确定的最"精英"的大学；其他金三角大学；罗素大学集团其他大学；其他高等教育大学和非大学毕业生。在 GBCS 样本中，大多数来自高级管理或传统专业背景的私立学校和金三角大学的学生都在我们的精英阶级中。事实上，选择"皇家之路"的人中，有近 2/3 的人——他们来自高级管理人员或传统专业人士的家庭，进入私立学校，然后进入牛津大学——都成为精英。[①] 而在另一个极端，那些接受过综合学校教育而没有接受高等教育的工人阶级家庭中，只有 1/14 的人最终成为精英。这还表明，对于任何社会阶级背景和接受不同中学教育，上牛津大学（或另一所次之的金三角大学）都具有优势。这些

---

① 这里应该牢记 GBCS 的样本偏差：这些数字需除以 3.5，以估计这类精英人群的实际人数，但这仍然是相当大的，误差接近 20%。

第7章 两个校园的故事：普通大学与精英院校

影响明显不同于就读罗素大学集团的大学。然而，私立教育在社会再生产方面尤其有效，因为至少在我们的受访者中，那些父母是高级管理人员或传统专业人士，但没有学位的人，进入精英阶级的可能性与出身于工人阶级、受过综合教育的牛津大学毕业生一样大。有这些背景的人可能会就读更有声望的私立学校，就像大学一样，我们也应该将最精英的私立学校与其他学校区分开来。

表7.2 GBCS受访者（30~49岁）按社会/教育途径划分的精英成员比例

单位：%

就读大学	高级经理或传统专业精英成员的占比		半常规/常规精英成员的占比	
	私立学校	综合学校	私立学校	综合学校
牛津大学	63.9	49.4	35.7	39.3
其他金三角大学	53.9	37.0	29.4	31.7
罗素大学集团其他大学	48.7	29.0	35.0	15.7
其他	40.7	23.0	17.5	11.5
未上大学	39.2	9.4	9.1	7.2

大学和不同类型的资本

我们如何解释这些阶级差异呢？我们可以看到，这些大学促进了各种资本的积累。简言之，我们并不是说一定存在明显的阶级效应，即从本质上看，伦敦国王学院的毕业生比米德尔塞克斯大学的毕业生更值得进入精英行列。相反，通过观察进入特定大学的不同模式和获得不同种类的资本，我们可以看到今天阶级分化的基础。

很明显，大学入学率与个人的经济资本有关（见图7.5）。按大学毕业生平均收入排名，金三角大学、城市大学以及布里斯托大学和非英国院校占据了前10名。① 牛津大学毕业生的家庭平均收入为7.59万英镑，比家庭平均收入为6.8万英镑的剑桥大学毕业生高。由于许多大学毕业生在大学期间遇到了他们未来的伴侣，所以大学特有的工资优势和劣势可能会翻倍。有研究表明，教育上的"同性婚姻"——与同等学力的人结成亲密伙伴关系——正在增加，并加剧了阶级不平等。

---

① 根据英国国家统计局的数据，2011年，22岁~66岁毕业生的年薪中位数为29900英镑。GBCS有一个衡量家庭收入的指标，而不是个人收入，毕业生家庭收入的中位数为47500英镑。2011~2012年，英国家庭收入中位数为23200英镑（低于大学毕业生的中值）。尽管如此，GBCS的样本偏差意味着高收入家庭代表性过高。不过，在这里我们对不同大学毕业生之间收入的相对差异感兴趣。

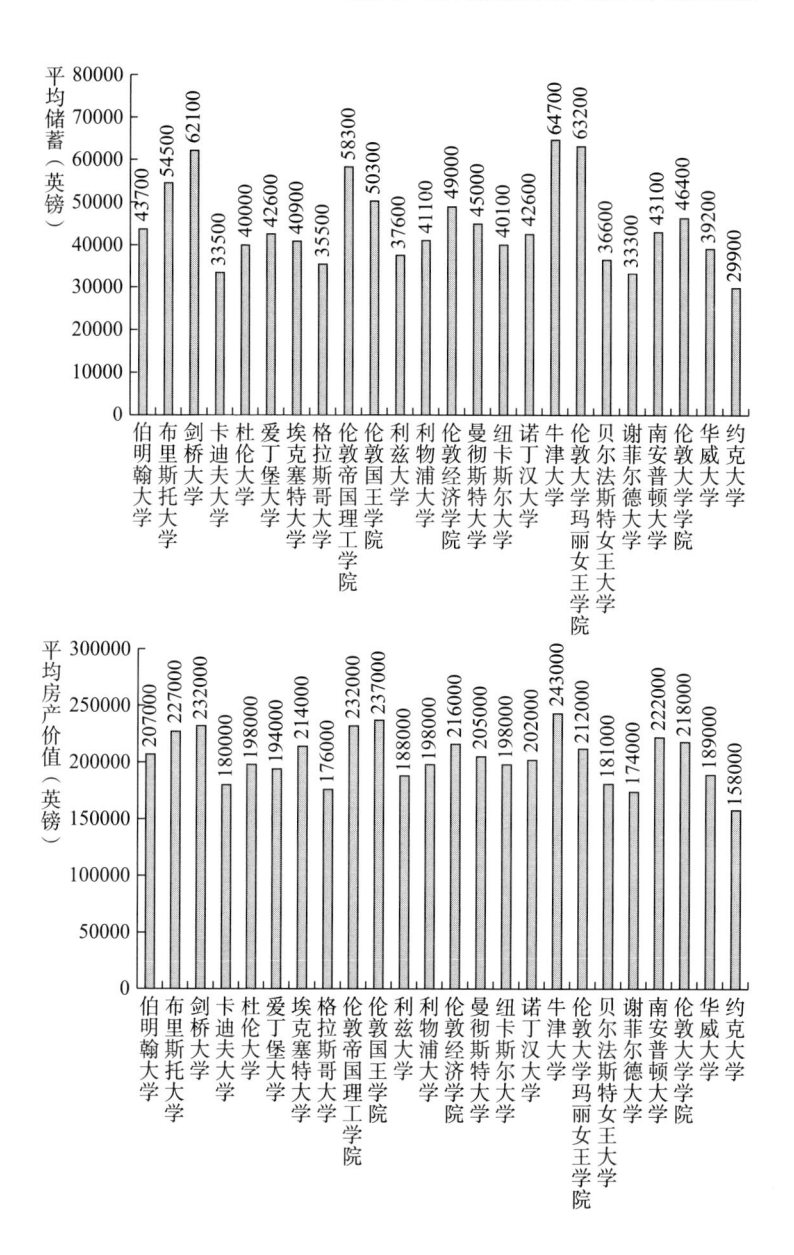

第7章 两个校园的故事：普通大学与精英院校

平均储蓄（英镑）各高校：
- 伯明翰大学：43700
- 布里斯托大学：54500
- 剑桥大学：62100
- 卡迪夫大学：33500
- 杜伦大学：40000
- 爱丁堡大学：42600
- 埃克塞特大学：40900
- 格拉斯哥大学：35500
- 伦敦帝国理工学院：58300
- 伦敦国王学院：50300
- 利兹大学：37600
- 利物浦大学：41100
- 伦敦经济学院：49000
- 曼彻斯特大学：45000
- 纽卡斯尔大学：40100
- 诺丁汉大学：42600
- 牛津大学：64700
- 伦敦大学玛丽女王学院：63200
- 贝尔法斯特女王大学：36600
- 谢菲尔德大学：33300
- 南安普顿大学：43100
- 伦敦大学学院：46400
- 华威大学：39200
- 约克大学：29900

平均房产价值（英镑）各高校：
- 伯明翰大学：207000
- 布里斯托大学：227000
- 剑桥大学：232000
- 卡迪夫大学：180000
- 杜伦大学：198000
- 爱丁堡大学：194000
- 埃克塞特大学：214000
- 格拉斯哥大学：176000
- 伦敦帝国理工学院：232000
- 伦敦国王学院：237000
- 利兹大学：188000
- 利物浦大学：198000
- 伦敦经济学院：216000
- 曼彻斯特大学：205000
- 纽卡斯尔大学：198000
- 诺丁汉大学：202000
- 牛津大学：243000
- 伦敦大学玛丽女王学院：212000
- 贝尔法斯特女王大学：181000
- 谢菲尔德大学：174000
- 南安普顿大学：222000
- 伦敦大学学院：218000
- 华威大学：189000
- 约克大学：158000

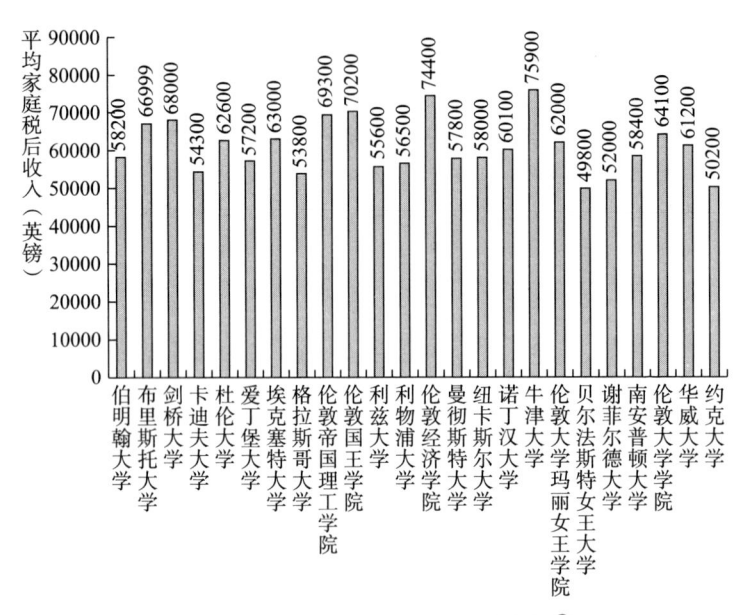

图 7.5　不同院校毕业生的经济资本[1]

谢菲尔德哈勒姆大学的学生们听到附近竞争对手的家庭年收入"仅"高出5000英镑时，可能会感到些许鼓舞。根据我们的数据，剑桥大学与安格利亚鲁斯金大学毕业生的收入差距超过2万英镑。我们还看到不同大学毕业生家庭储蓄的不平等。那些在顶级学府读书的人，其存款几乎相当于家庭一整年的收入。地位较低的大学的毕业生往往储蓄较少，大多数人的储蓄是2.5万~4.5万英镑，而牛津大学、剑桥大学毕业生的储

---

[1] 想要了解更多细节，请参见 Paul Wakeling and Mike Savage, "Entry to Elite Positions and the Stratification of Higher Education in Britain", *Sociological Review*, 63（2）, 2015, 290–320。

蓄在 6 万英镑以上。①

我们还可以比较不同大学毕业生的文化资本，并将其与我们在这本书中提出的对其两种形式——"高雅的"和"新兴的"的分析相联系。② 这显示出不同大学在文化资本的类型和数量上存在明显的差异。大学毕业生在高雅文化资本中得分最高的是精英学术大学。金三角大学与那些专门研究艺术（和表演艺术）的大学（如伦敦金斯密斯学院和伦敦艺术大学）都很突出。这一组合再次带有浓厚的伦敦味道。这就是我们可以称之为老牌的英国（或真正的英国）的大学文化——舞会、莎士比亚戏剧、文学节、美术馆等。当然也有例外，但大学的文化资本存量一般与大学的学术地位有关。平均而言，大学毕业生文化资本得分较低的大学，大多是"1992 年后"大学。

新兴文化资本也作为一个独特的维度出现。许多毕业生往往缺乏高雅文化资本，但在谈到有关"酷"的资本时情况要好得多，反之亦然。"1992 年后"的大学和有许多大学生的城市在新兴文化资本方面处于领先地位，这些发展势头迅猛的城市和大学包括利兹城市大学、曼彻斯特城市大学、纽卡斯尔和诺丁汉大学，以及几个沿海城市大学——伯恩茅斯大学、布里斯

---

① 完整的细节参见 Wakeling and Savage, "Entry to Elite Positions"。

② 参见 Wakeling and Savage, "Entry to Elite Positions"。

托大学、普利茅斯大学和南安普顿大学。这种地理位置指向了另一种文化轴心，即以英格兰部分地方性城市为代表。很少有大学毕业生在这两种文化资本上都得分较低（布拉德福德、赫特福德郡和赫尔市是例外）。

表7.3按大学毕业生的平均经济和文化资本存量对大学进行分组。表7.3表明，英国毕业生的经济资本和文化资本并不能直接套用在一列上，而我们分解不同类型资本力量影响的方法，揭示了大学所传递资源的显著差异。虽然每所大学的毕业生的文化资本和经济资本水平有一定的联系，但并不是所有的大学都能符合从左上角到右下角的对角线单元。当然，最精英的大学都聚集在左上角的格子里。他们的毕业生在经济资本和文化资本方面都很有优势，考虑到他们在精英阶级中的过度代表性，我们也会想到这一点。与之相对的是一群新大学，主要在英格兰各省，这些大学毕业生在经济资本和文化资本方面都没有优势。最大的大学群体位于中间单元，这里的大学毕业生拥有中等水平的文化资本和经济资本。这一组中存在一些内部差异，这些差异将在更详细的表格中体现出来。这些大学的毕业生可能相当于老牌中产阶级。

但其他单元格的内容才是最有趣的。其中三个单元格总共才有两所大学。金史密斯学院的毕业生拥有丰富的高雅文化资本，但几乎没有经济资本，这可能是由于该学院对艺术的重视以及它所处的地理位置（伦敦）。阿斯顿大学与西米德兰兹郡以制造业为基础的经济联系在一起，专攻科学、工程和商科，其毕业生拥有丰富的经济资本，但文化资本却少得多。没有哪所大学的毕业生会将高新兴文化资本与高经济资本相结合。在表7.3其他人口较多的大学中，值得注意的是，正是那些融合了经济资本和文化资本优势的大学，似乎有不成比例的大学毕业生成为精英。新兴文化资本似乎没有高雅文化资本强大，但仍具有一定的优势。

表 7.3 各类资本在各大高校的分布[1]

	高高雅文化资本	高新兴文化资本	中文化资本	低文化资本
高经济资本	剑桥大学 杜伦大学 国王学院（伦敦大学联盟的一个组成学院）[2] 伦敦大学 伦敦经济学院 牛津大学 英国以外的大学 大学学院（伦敦大学联盟的一个组成学院）		布里斯托大学 伦敦城市大学 埃克塞特大学 爱丁堡赫瑞瓦特大学 帝国理工学院（伦敦联邦大学的一个组成学院） 伦敦南岸大学 曼彻斯特大学 玛丽女王学院（伦敦大学联盟的一个组成学院）	阿斯顿大学
中经济资本	伦敦艺术大学 爱丁堡大学 伦敦城市大学 拉夫堡大学 密德萨斯大学 开放大学 皇家霍洛威学院（伦敦大学联盟的一个组成学院） 圣安德鲁斯大学 威尔士大学	巴斯大学 纽卡斯尔大学 诺丁汉大学 诺丁汉特伦特大学	阿伯丁大学 伯明翰大学 布莱顿大学 布鲁内尔大学 卡迪夫大学 考文垂大学 德蒙福特大学 邓迪大学 东安格利亚大学 爱丁堡龙比亚大学	布拉德福德大学 东伦敦大学 赫特福德大学 朴茨茅斯大学 罗伯特哥顿大学 思克莱德大学 桑德兰大学

第7章 两个校园的故事：普通大学与精英院校

续表

	高高雅文化资本	高新兴文化资本	中文化资本	低文化资本
中经济资本	伦敦艺术大学 爱丁堡大学 伦敦城市大学 拉夫堡大学 德蒙福斯大学 开放大学 皇家霍洛威学院（伦敦大学联盟的一个组成学院） 圣安德鲁斯大学 威尔士大学	巴斯大学 纽卡斯尔大学 诺丁汉大学 诺丁汉特伦特大学	埃塞克斯大学 格拉斯哥大学 格林尼治大学 赫尔大学 基尔大学 金斯顿大学 兰卡斯特大学 利兹大学 莱斯特大学 利物浦大学 牛津布鲁克斯大学 贝尔法斯特女王大学 雷丁大学 谢菲尔德大学 南安普顿大学 萨里大学 斯旺西大学 华威大学 西英格兰大学 威斯敏斯特大学 约克大学	布拉德福德大学 东伦敦大学 赫特福德大学 朴次茅斯大学 罗伯特哥德大学 思克莱德大学 桑德兰大学

· 233 ·

续表

高高雅文化资本	高新兴文化资本	中文化资本	低文化资本
	伯恩茅斯大学 德比大学 林肯大学 诺森比亚大学 谢菲尔德哈勒姆大学 南安普顿索伦特大学	亚伯大学 安格利亚鲁斯金大学 班戈大学 伯明翰城市大学 坎特伯雷城市大学 曼彻斯特城市大学 北安普顿大学 普利茅斯大学 南威尔士大学 斯特林大学	中兰开夏大学 格鲁斯特大学 哈德斯菲尔德大学 利兹城市大学 利物浦约翰摩尔大学 斯泰福夏大学 提赛德大学 阿尔斯特大学 西苏格兰大学 胡佛汉顿大学
低经济资本	金史密斯学院（伦敦大学联盟的一个组成学院）		

注：1. 只有那些有 200 名或 200 名以上毕业生并且有大学毕业生参加 GBCS 的大学才被包括在内。
2. UL＝伦敦大学联盟的一个组成学院。

第 7 章 两个校园的故事：普通大学与精英院校

我们已看到，大学是 21 世纪英国生活的特征，这在一个世纪前几乎是无法想象的。它不再是一小部分人口的专利；事实上，对许多年轻人来说，上大学现在是一个正常的和被期望的生活过程的一部分。虽然还有很大的改进空间，但目前来看，大学招收的女生比男生多，而且学生来自不同的种族和社会阶级。对一些人来说，高等教育是实现社会流动的一种手段，正如我们所见，大学毕业生主要集中在精英阶级和老牌中产阶级。但并不是所有的精英都是大学毕业生，也不是大多数大学毕业生都是精英。但是只有极少数的大学毕业生被发现处在更劣势的社会阶级。

然而，从根本上说，简单地扩大高等教育体系，让年轻人更容易上大学，并不会动摇社会等级制度。在过去，上大学本身可能是一种身份象征，是一种获得了受人尊敬的资格的标志。然而，由于大学部门内部存在广泛的差异，情况似乎已不再如此。

事实上，大学的这种分化与我们精英阶级的制度化密切相关。精英教育路线的普及，让大量的学生获得了接受高等教育的机会，但其本身并没有创造一个更公平的竞争环境，也没有终结阶级分化，并且差得还很远。在一个竞争激烈的教育市场，进入精英院校才是获得光彩夺目的奖项的途径。但这不仅仅是老牌大学继续占据主导地位的故事。我们还可以看到，那些位于英格兰东南部（尤其是伦敦）的大学，在为毕业生提供资源方面似乎也"出其不意"。下面我们将关注点转向阶级的地理方面。

第 8 章
英国的阶级与空间不平等

阶级是地域性的,资本在特定地点积累、储存、传输和交换。我们把特定的地方与某些阶级的刻板印象联系在一起,即使这些刻板印象令人厌倦或太局限而无法反映城镇社会经济的复杂性。哈里·恩菲尔德(Harry Enfield)20世纪90年代刻画的"乔治·怀特布雷德"(George Whitebread)角色是一个极端地区的典型:一个粗野、种族主义、说话直白的约克郡人,他"喜欢说什么就说什么,并且他觉得自己说的确实都是对的"。当然,恩菲尔德的区域刻板印象并不是"约克郡人"的字面表现。当乔治反驳道:"世故!?世故!?别跟我说什么世故,亲爱的……我去过利兹(Leeds)。"观众应该知道利兹实际上远不如伦敦或者其他伟大的首都世故。然而,这段引文也引发了我们更为复杂的联想。如果简单地把利兹看作一个可笑的大都市、一个省会城市狭隘的自命不凡的表达，就忽视了利兹也是一个为了金融服务业的富裕而抛弃其破烂的纺织业外衣的城市。这座城市现在至少在英国的认知地理中与哈维·尼克斯（Harvey Nichols）（一个消费品品牌）一样出名，名气也如同哈里·拉姆斯登（Harry Ramsden's）（一家英式快餐店）一样响亮。[①] 正是以这种微妙的方式，阶级、人和地点之间的相互联系在大众的想象中引发了强烈的、有争议的共鸣。

近年来，阶级和空间的分层变得越来越重要。以伦敦为典型代表，那里的人们受过良好教育，且它是一个媒体占主导地位的大都市，伦敦人的观点更能说明其他地方的不足。伦敦已成为一座神秘的、被美化的城市，它的品质深深根植于在其创新的高层企业街区上，例如小黄瓜（the Cherkin），但伴随着它的光环延伸到更阴暗的领域，例如伊恩·辛克莱（Ian Sinclair）的哈克尼（Hackney）心理地理学或 J.G. 巴拉德（J. G. Ballard）的西伦敦郊区的反乌托邦（west London suburban dystopia）。[②]

[①] Peter Bramham and John Spink, "Leeds-Becoming the Postmodern City", in Peter Bramham and Stephen Wagg（editors）, *Sport, Leisure and Culture in the Postmodern City*（Farnham: 2009）, pp. 9–32; Paul Dutton, "Leeds Calling: The Influence of London on the Gentrification of Regional Cities", *Urban Studies*, 40（12）, 2003, 2557–72.

[②] The power of the Hackney imaginary is explored by Hannah Jones, *Negotiating Cohesion, Inequality and Change: Uncomfortable Positions in Local Government*（Bristol: 2013）. 据说 J. G. Ballard 的小说 *Concrete Island*（London: 1974）是以伦敦怀特城附近的韦斯特威路为背景的。

第 8 章 英国的阶级与空间不平等

这是一面镜子，将非都市空间渲染为灰色、暗淡和不体面。[1]在这里，前达勒姆煤田（Durham coalfield）的前采矿村庄伊辛顿的"垃圾小镇"呈现了一个讽刺的，也极具攻击性的例子，这说明这种阶级政治导致了：

> 伊辛顿是英国所有城镇中白人比例最高的，没有理由公然羞辱它，但人们不得不认为任何肤色不同、口音"滑稽"或根本没有经历过与煤矿有关的呼吸系统疾病的人都有被吞噬的风险。甚至更糟的是，让我们忍受了很多来自疲倦不堪的市民的故事，例如关于伊辛顿"自从撒切尔关闭了矿井之后就不一样了"以及"现在这里没人能找到工作"。

在这里，"幽默"和空间阶级仇恨之间的界线很难被定义。贫困并不仅仅是可悲的：这里呈现的社会衰落显示了某种程度的内在性。也就是说，一个地方的条件不仅是英国工业崩溃及其对特定地域集中影响的结果，也是像伊辛顿这样的社区内部弱点的结果，以及它们似乎无法或不愿适应新的经济世界秩序。通过占主导地位的伦敦世界观，地域被道德化了。

---

[1] 现在英国各地的连锁书店都有大量的伦敦专区，它们经常超过当地书籍的货架空间。

最近，记者欧文·琼斯在他颇具影响力的书《傻帽》中强调了这种情感上的两极分化。在他看来，工人阶级不仅更普遍地成为公众想象中的蔑视对象，还延伸到他们所居住的地方。[1] 这种分层在这个国家数百万人的活动、偏好和地点的数字地理信息激增中更加突出。人们越来越多地使用制图技术，因为邻里关系不仅对他们的房屋价值和保险费有直接影响，而且对他们的医疗保健和教育也有影响。这些发展背后的动力并非来自学术界，而是来自像益百利公司（Experian）这样的商业行为者，它们将收集此类数据的收益视为某种地方社会学。[2] 所以，以一种非常直接的方式，任何在超市使用会员卡的人，搜索英国房地产网站（Rightmove）或者使用在线信用计算器的人都是这个国家构建、映射和理解社会阶级的动态和持续过程的一部分，社会空间分类因此被强化。正如我们所讨论的新兴文化资本的动态涉及运用类型标签的技巧和能力，因此空间参照成为受过教育的中产阶级展示其成熟的新兴文化资本舞台。场所和地点成为审美、社会和文化修养的主题。因此，Benedict 向我

---

[1] Owen Jones, *Chavs: The Demonization of the Working Class* (London: 2011); James Delingpole, "A Conspiracy against Chavs? Count Me In", The Times, 13 April 2006; Imogen Tyler, "Chav Mum Chav Scum: Class Disgust in Contemporary Britain", *Feminist Media Studies*, 8（1）, 2008, 17–34.

[2] Roger Burrows and Nicholas Gane, "Geodemographics, Software and Class", *Sociology* 40（5）, 2006, 793–812; Mike Savage, Gaynor Bagnall and Brian Longhurst, *Globalization and Belonging*（London: 2005）.

们讲述了他在德文郡一个"传统"家庭中长大的生活史,以前"我被诱惑了,你知道,这真的很可怜,但我被伦敦所提供的东西所诱惑了"。在波希米亚圈和激进的政治圈之间穿梭是"当你去伦敦的时候你所期待的,而我不管怎么说还是有点朋克的味道。用布迪厄的话说,这就是文化资本,即从特定地点退后并做出判断的能力"。这种"选择性归属"是中产阶级与地方的一种关系模式,它承认离开和搬到其他地方的可能性。①

因此,就我们所倡导的新的阶级划分方式而言,我们需要理解英国独特的地理位置。不仅在经济方面,而且在社会和文化方面的阶级都指向基本的地域不平等和差异——尽管方式有些不同。阶级本身在特定的地方以独特的方式具体化,伦敦的财富精英位于社会层级的顶端。在过去,中产阶级和工人阶级之间的边界一直是许多学术思考的焦点,这是具有象征性意义的,而且在经济上也与南北鸿沟有关。在一个受过良好教育的中产阶级聚集的南方大都市,拥有强大的服务业、金融业和贸易经济,与拥有强大工会和工人阶级传统的英格兰北部、苏格兰和威尔士形成了对立。当然,地理上的现实总是更复杂:伦敦和东南部的部分地区有强大的工人阶级,北部有强大的中产阶级和精英群体。但尽管如此,这种南北分界线构成了一个场

---

① 参见 Savage, Bagnall and Longhurst, Globalization and Belonging。

域。在这个场域中，两个阶级通过一系列强有力的参照点来认识自己和彼此。

然而，正如我们所说的，基本的阶级界线位于社会层级的顶端，所以这种区域性的分歧现在已被打破了，它已被另外两种动力所取代。首先，高度隔离的城市核心区作为精英区的力量。在英国，所有主要城市中都可以发现精英阶层严重隔离的过程——而新的城市投资已产生更有力的表现。其次，伦敦市中心的主导地位现在是至高无上的，压倒了南北鸿沟的主导地位。这两种转变产生了比过去更大的城乡差距。城市（尤其是伦敦，但这一过程延伸到其他城市）是积累的中心。在这些充满欲望的城市驱动带背景下，乡村被定义为提供休息和休养的地方。

伦敦的统治地位

首先让我们强调一下伦敦的经济实力，尽管这一点毋庸置疑。图 8.1 显示了英国不同城市位置的 GVA（总增值：衡量一个经济体中某一地区、行业或部门生产的商品和服务的价值）。它清楚地揭示了英国首都惊人的统治地位。

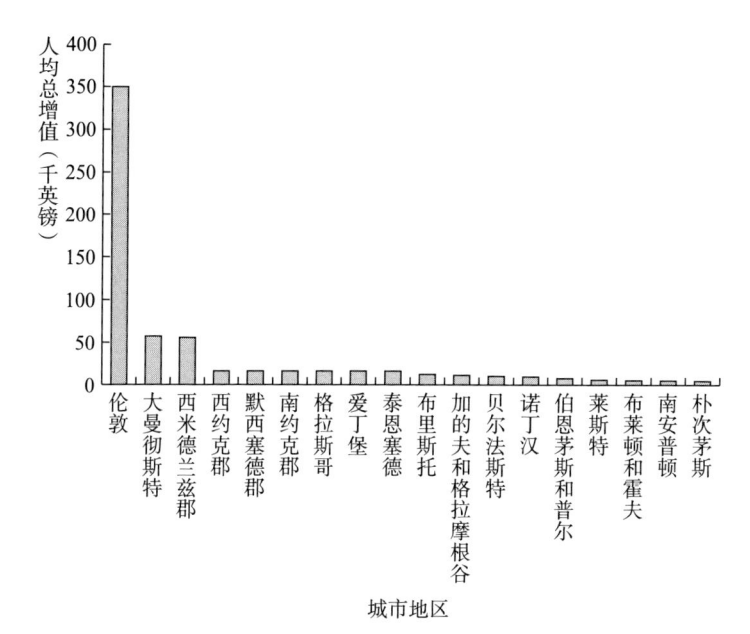

[图表：2011年按城区划分的人均总增值柱状图，纵轴为人均总增值（千英镑），从0到400；横轴城市地区依次为：伦敦、大曼彻斯特、西米德兰兹郡、西约克郡、默西塞德郡、南约克郡、格拉斯哥、爱丁堡、泰恩塞德、布里斯托、加的夫和格拉摩根谷、贝尔法斯特、诺丁汉、伯恩茅斯和普尔、莱斯特、布莱顿和霍夫、南安普顿、朴次茅斯。伦敦约350，其余大多在50以下。]

图 8.1　2011 年按城区划分的人均总增值（GVA）　　　　　　　　　/266

资料来源：欧盟统计局；来自 NUTS-3 按基本价格计算的总增值。

如果这个称号能被真的应用于这种不平等关系的话。伦敦对国家经济价值的贡献几乎是其最接近的"对手"大曼彻斯特（Greater Manchester）的 7 倍。事实上，图 8.1 中除伦敦以外的其他 17 个城市地区总增值的总和仅与伦敦相当。这是一种在其他国家或其他历史时期都很少存在的经济失衡。

不仅如此，近年来的金融危机还使英国其他地区的人口增长率进一步落后于伦敦。图 8.2 显示了 2007~2011 年间，其他城市总增值（GVA）与伦敦的比例变化，图中显示所有主要的

· 243 ·

省级城市或中心城市都出现了明显的下降,在这期间,首都一直都占据上风。

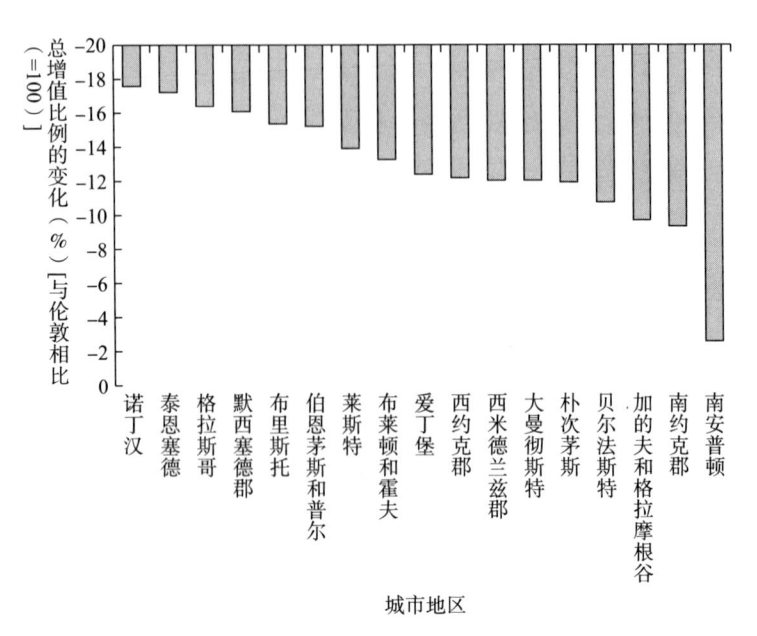

图8.2 2007~2011年英国17个主要城市地区与伦敦的总增值(GVA)的比例变化

资料来源:欧盟统计局:来自NUTS-3按基本价格计算的总增值。

北爱尔兰、威尔士和苏格兰新生的民族主义身份在一定程度上是对这种城市中心地位的回应。在英格兰,埃文·戴维斯(Evan Davis)认为,北方城市需要克服其狭隘的文化差异,以便形成一个在经济上真正可以与伦敦匹敌的特大城市。这引发了关于"北部振兴计划"必要性的争论。事实上,将利物浦、曼彻斯特、利兹和谢菲尔德的价值加在一起（例如，在它们之间开通高速列车）也只能创造出一个只有伦敦一半力量的城市核心——几乎不成为伦敦主要的竞争对手。①

有了这样的发展，难怪《经济学人》认为"在经济上、社会上和政治上，北方正在成为另一个国家"。②但事实上，如果认为这主要是南北鸿沟，那就大错特错了。如果我们从空间上进行更深入地挖掘，证据表明，虽然英国其他地区在经济实力方面可能远远落后于伦敦，但就城市内部的不平等而言，省级中心与首都的关系更为密切。图 8.3 显示了地方收入的两极分化：纵轴数字越高，表示与该城市的平均收入相比，收入的差异越大。在这里我们可以看到，伦敦在不同类型工人的工资方面比其他城市的更不平等，但它与全国其他城市的差距要小得多。如此看来，所有城市居民的经济财富都有明显的内部分化。我们现在要探讨的正是这种城市内部的分化。

---

① Evan Davis, "The Case for Making Hebden Bridge the UK's Second City", BBC 新闻网，2014 年 3 月 10 日。在线获取：http://www.bbc.co.uk/news/business-26472423（2014 年 7 月 15 日查阅）。George Osborne, "We Need a Northern Powerhouse"（演讲稿，2014 年 6 月 23 日）。曼彻斯特科学与工业博物馆。在线获取：https://www.gov.uk/government/speeches/schoor-we-need-a-northern-powerhouse（2014 年 7 月 15 日查阅）。

② "The Great Divide", *The Economist*, 2012 年 9 月 15 日。

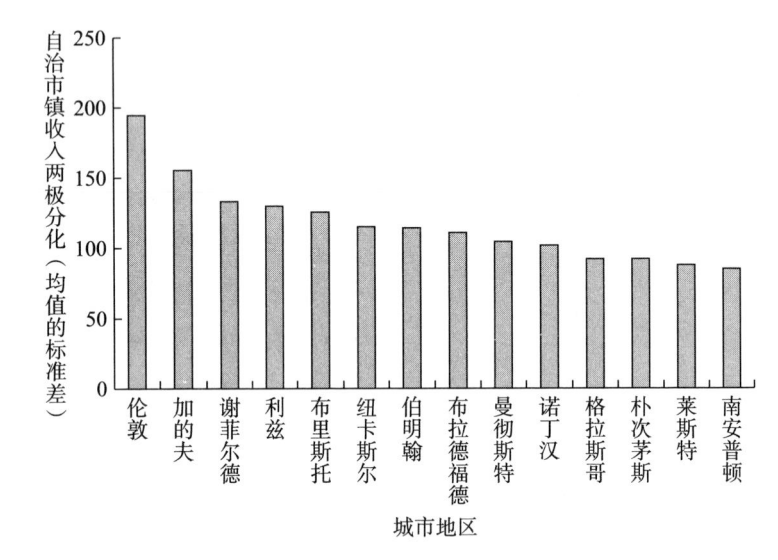

图 8.3 2007~2008 年英国 14 个主要城市的收入两极分化

资料来源：英国国家统计局，收入：基于模型的中层超级产出地区（MSOA）水平估计，2007~2008；苏格兰国家统计局（SNS），收入和贫困 - 建模估计，2013。

GBCS 以其异常精细的数据为我们提供了一个强有力的视角。图 8.4 显示了位于伦敦金融城中心的英格兰银行（Bank of England）辐射的平均家庭收入。通过这项技术，我们可以发现平均收入与英国经济金融中心之间距离的变化。[1]正如我们所见，伦敦的收入空间分布有着非常明显的地理特征。收入水平最高的是那些生活在核心地带的人（在伦敦金

---

[1] 这在地理信息系统中聚合为 2 公里。

融城内,以及在紧靠泰晤士河两岸及其周围的极为富裕的社区中)。它还可能包括最早也是最著名的后工业中产阶级化的例子——伦敦圣凯瑟琳码头(St Katherine's Dock),一个非常独特的由仓库改建而成的码头,并且将延伸到巴比肯(Barbican)专属开发区。① 但是,在我们到达8公里远的地带之前,其中包括切尔西和荷兰公园(Holland Park)等历史上富有的地区,以及诺丁山和布里克斯顿等历史悠久的士绅化地区,国王十字勋章、弓箭、大象和城堡的数量急剧下降。② 在18公里范围内,仅10公里范围内,人们的平均收入就下降了1万多英镑,这一范围涵盖工人阶级居住区,如恩菲尔德、索思霍尔、达格南和克罗伊登。有趣的是,2013年他们在两条战线上反抗"垃圾"和"傻帽"镇的标签,从无产阶级的边缘地带再次到伦敦股票经纪人地带的乡村和半乡村的世外桃源,包括温莎、塞文奥克斯和格拉茨克洛斯等地的中上层阶级的坚定拥护者。然而,这些特权地区的收入水平并没有超过伦敦市中心的收入水平,它们是伦敦市中心跳动的心脏,位于经济积累的中心。

---

① Chris Hamnett, *Unequal City: London in the Global Arena* (London: 2003), p. 132.
② Garry Robson and Tim Butler, "Coming to Terms with London: Middle-class Communities in a Global City", *International Journal of Urban and Regional Research*, 25 (1), 2001, 70–86.

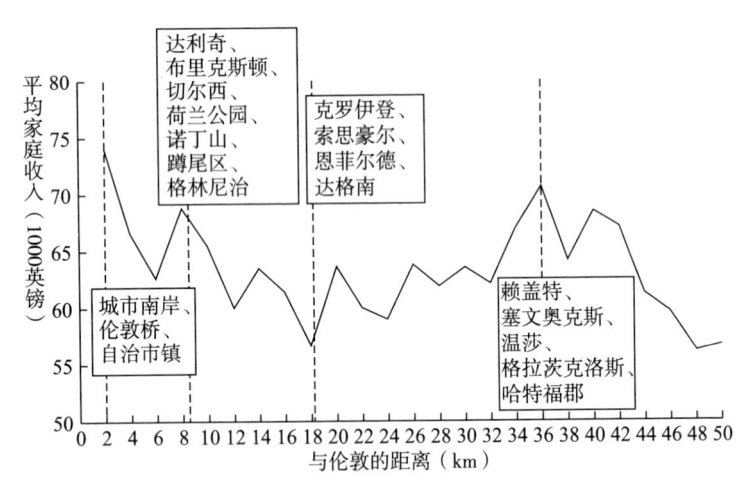

图 8.4 伦敦金融城内的英格兰银行各辐射
范围内的平均家庭收入

当我们描绘阶级本身时，地理分布也是显而易见的。图8.5 显示了精英阶级——新的社会阶级中最有优势者——在主要城市中的空间集中。它衡量的是，只有 1/4 的城市邮政部门有精英在其中。图 8.5 中显示，在这里领先的不是伦敦，而是大曼彻斯特。在大曼彻斯特，高达 82% 的城市精英生活在建筑密集区 1/4 的邮政部门。因此，事实上，在精英阶层与其他社会阶层的实际隔离程度上，伦敦并不具有异乎寻常的排他性。更广泛地说，经济和社会的分裂并不符合南北之间的明显鸿沟，它们将每个地区和城市一分为二。贝尔法斯特（Belfast）的低收入是一个有趣的例外，它可以解释为城市中的阶级地理是按照民族划分的，城市内出现了离散的天主教和新教中产阶级地区，这意味着城市中最富裕的群体在城市空间中相对分散。[①] 英国各地的城市空间正日益被组织起来，因此其中心区域深深地烙上了精英阶层存在的印记。

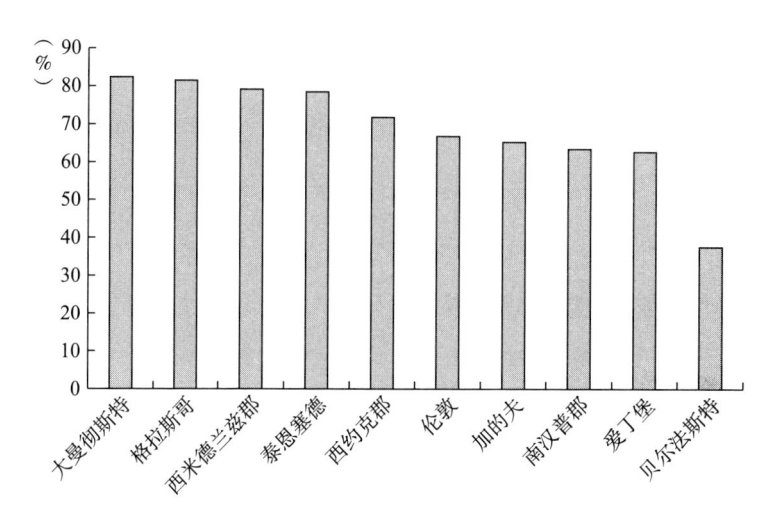

图 8.5　英国 10 个主要建筑密集区中精英在邮政行业中所占的比例

资料来源：GBCS 数据。

注：纵轴表示邮政业收入从低到高排序分成四段，第四段内精英所占的百分比。

阶级和不平等是我们构想和建设城市的核心。阶级与空间之间存在互动关系，因为经济资本越多的人在哪里都有更多的选择。他们拥有房地产市场上一些人所不具备的自由，

[①] 关于这些复杂地理位置的更多信息，参见 Niall Cunningham and Ian Gregory, "Hard to Miss, Easy to Blame? Peacelines, Interfaces and Political Deaths in Belfast during the Troubles", *Political Geography*, 40, 2014, 64–78。

而这样的自由并没有延伸到那些收入较低的人身上。无论是在物质上还是在社会上，精英阶级都有能力通过高端的"士绅化"过程，[①]改造和开拓新的城市空间。细致描绘精英阶级的生活地点是很具启发性的，因为它揭示了人们所拥有的不同形式的选择性归属——情感、经济和其他原因把他们束缚在特定的地方。[②]

曼彻斯特的精英阶级很好地说明了这一地理位置，因为根据英国各城市的 GBCS 数据，这里是阶级隔离最严重的地区。它的地理位置很明显，精英阶级集中居住在市中心以南的一系列社区。首先，城市内部有一个巨大的南北鸿沟。高端郊区主要位于城市南部，其支线公路和铁路网通向牛津路走道的大学和医院综合楼。在最外围，这些道路通向维多利亚时代的精英区奥特林厄姆和布拉姆霍尔、柴郡与大都会交界处。最近几年，迪兹伯里、钱德尔和乔尔顿 - 哈迪的近郊也经历了复兴。尽管迪兹伯里和钱德尔构成了稳固的中产阶级郊区，并在几十年里享有很高

---

① Gary Bridge, "The Space for Class? On Class Analysis in the Study of Gentrification", *Transactions of the Institute of British Geographers*, New Series, 20（2）, 1995, 236–47; Tim Butler, "People Like Us: Gentrification and the Service Class in Hackney in the 1980s", unpublished PhD thesis, Open University（1991）; Jon May, "Globalization and the Politics of Place: Place and Identity in an Inner London Neighbourhood", *Transactions of the Institute of British Geographers*, New Series, 21（1）, 1996, 194–215.

② Mike Savage, "The Politics of Elective Belonging", *Housing, Theory and Society*, 27（2）, 2010, 115–61.

的地位，但乔尔顿经历了大规模的士绅化，从20世纪60年代以工人阶级为主、爱尔兰移民人口众多的地区转变为目前波希米亚社会形成的咖啡店和价格昂贵的餐馆所在地。① 有趣的是，在多文化的莱文舒尔姆周围出现了一个新的士绅化中心，紧靠着其所避开的莫斯塞德的东面。这是另一个由维多利亚时代的露台和爱德华七世时期的半圆形建筑组成的区域，传统上是工人阶级居住的地区，但如今，随着家庭负担不起乔尔顿等老牌地区的住房成本的年轻专业人士搬进来，它正处于类似的阶级转型过程中。其次，特别令人感兴趣的是，独特的精英集中区完全集中在市中心和城市的"北区广场"，随着时尚酒吧和复古服装店日益集中，市议会已提议将其作为一个另类的文化街区。25年前，几乎没有人住在那里：在20世纪80年代，曼彻斯特市中心几乎是一个被遗弃和无人居住的地方，仓库破旧不堪。

如今，改造后的工业建筑为年轻、富裕、想要体验英格兰西北部阁楼生活方式的单身人士提供了一种新的吸引人的审美品位，该地区已成为从事创意经济的人士的中心。② 我们

---

① Savage, Bagnall and Longhurst, *Globalization and Belonging*.
② Mark Crinson and Paul Tyrer, "Clocking Off in Ancoats: Time and Remembrance in the Post-industrial City", in Mark Crinson (editor) , *Urban Memory: History and Amnesia in the Modern City* (London: 2005) , pp. 49–74; Justine O'Connor and Derek Wynne, "Left Loafing: City Cultures and Post-modern Lifestyles", in Justin O'Connor and Derek Wynne (editors) , *From the Margins to the Centre: Cultural Production and Consumption in the Post-industrial City* (Aldershot:1996) , pp. 49–90。

只能了解过去 20 年间曼彻斯特市中心的复兴与它作为精英空间的定位紧密相关。这是一个在英国各地或多或少都发生过的过程。

因此，新的精英阶级有着独特的地理位置，不仅在伦敦，而且在其他任何城市都能找到它，并将其定义为城市核心。它是一个城市中心阶级。南北之间更广泛的区域划分曾经体现了工人阶级和中产阶级、工业和服务业之间的根本差异，如今这种差异在这种精英阶级的大都市重塑面前，已黯然失色。

阶级、政治和社会文化面貌

英国的社会阶级地理过于复杂，不足以简化为简单的南北两分法。从前面几节研究和讨论的区域内部和城市内部不平等的模式中可以清楚地看到这一点。然而，在政治和公众话语中，"南北鸿沟"仍然是一个极好的有力比喻。南方人"软弱"与北方人"强硬"的观念一直存在：2014 年《星期日泰晤士报》的一篇题为"生活真的没那么糟糕，你们这些软弱的南方人"的报道说，北方城镇长期精神疾病的程度往往比南方城镇更高。①这篇报道中没有提到排在相关名单前列的城镇的社会经济背景的任何参考资料,而把重点从对这些变量的经济解释转变为关于这些地方更为内在的东西上。例如在米德尔和布莱克浦,相对贫困程度远高于排名靠后的哈罗或东伯克希尔。

南北争论的根源可以追溯到工业革命之前,从那时起,我们对北方撒旦磨坊城镇和南方田园牧歌之间的区别有着许多先入为主的观念。②罗恩·马丁(Ron Martin)认为,正是在20世纪,这些区域性漫画才获得了一种清晰的分类,并由此延伸出一种政治化的身份认同:

> 典型的北方工人阶级家庭是由一个半熟练或不熟练的体力劳动者领导的,他们住在一个市政福利房里,他既是一个坚定的工会主义者,又是一个狂热的工党选民。典型的南方中产阶级家庭是由蓝领或白领工人领导的,他们更倾向于买房自住,不太倾向于成为工会成员,更倾向于投

---

① Kevin Dowling, "Life's Really Not So Bad, You Soft Southerners", Sunday Times, 6 July 2014, p. 7. 城镇名单另见 http://www.craptownsreturns.co.uk/2013/06/14/easington/。
② Bruce M. S. Campbell, "North–South Dichotomies, 1066–1550", in Alan R. H. Baker and Mark Billinge (editors), *Geographies of England: The North–South Divide, Imagined and Material* (Cambridge: 2004), pp. 145–74.

保守派的票。①

当然，这种对北方的想象与彼此不同的、必然对立的选民身份的分歧有关：约克郡的乡下佬、利物浦人、乔德人和曼彻斯特人。②利物浦和曼彻斯特之间只有30英里长的柏油路，横跨茂密的查特莫斯（Chat Moss），但在文化方面，它们相距甚远。这些不同的地方身份特征形成了非常独特的文化特征，这些特征突出了不同类型的工人阶级文化，从谢菲尔德的工会主义和社会主义文化到曼彻斯特的国家化和受人尊敬的精神，以及利物浦的海洋和贸易文化。

从20世纪60年代起，这些独特的北部地区越来越屈从于日益强大的伦敦和英格兰东南部地区。多琳·梅西（Doreen Massey）在20世纪80年代中期的文章中指出，"在新的就业地理中，大多数高水平、高地位和高收入的研究、技术和开发的职能部门都位于英格兰东部和南部"。③拥有独特城市文化的北部的兰斯塔德（马丁称之为我们北方的"十九世纪城邦"）的

---

① Ronald L. Martin, "The Contemporary Debate over the North–South Divide: Images and Realities of Inequality in Latetwentieth-century Britain", in Baker and Billinge (editors), *Geographies of England: The North–South Divide,* pp. 15–43, at p. 36.
② Jeremy Paxman, *The English* (London: 1998), p. 157.
③ Doreen Massey, "Geography and Class", in David Coates, Gordon Johnston and Ray Bush (editors), *A Socialist Anatomy of Britain* (Cambridge: 1985), pp. 76–96, at p. 91.

古老历史日益被剥离，留下了一系列的城市群。①

现在，对这些区域形象的把握仍然很重要。看看John 的描述，他和他的雇主如何将他的区域身份作为工作场所的工具：

> John：我想我成功的部分原因是我有意识地成为一名专业约克郡人。呃，这是一种阶级因素，我想，你知道的……而且有点粗鲁，但我的意思是，我不认为他们会怀疑，你知道，这嘴里没有银汤匙（笑）。
>
> 提问者：所以这也是一种区域认同，对你来说，这也是，或者更重要……
>
> John：在某些情况下，区域认同对我是有利的，我过去常常这样做，因为他们总是把我尖锐的问题归结为约克郡的粗鲁。他们所说的家伙里面总有一个是我——我的意思是，我曾经在银行的一些事情上是最高执行委员会的成员，我知道我为什么会在那里——我是说，他过去常说我是克拉彭公车上的那个人，但我不是，他们就是为了问我这个尴尬的问题，然后他们走出会议会说："好吧，只是John 惹人讨厌。"

30 年过去了，从 GBCS 的角度来看，这些刻板印象仍然有一定的关联性，但现在它被一个更为细致的地理覆盖了。我

---

① Martin, "The Contemporary Debate over the North–South Divide", p. 35.

们使用了一种被称为"局部空间关联指标"(LISA)的统计绘图技术绘制了图 8.6,该图显示了处于新阶级模型顶端的精英群体的地理分布。[①] 该方法重现了四种重要的集群类型:高资本区域被其他高资本区域包围("高-高");低资本区域被其他低资本区域包围("低-低");高资本的外围区域被低资本区域包围("高-低");低资本的外围区域被高资本区域包围("低-高")。图 8.6(a)表明,精英在伦敦和英格兰东南部及其周边地区的聚集更为普遍,而英格兰北部的大部分地区则形成了一个相反的集群,那里精英人口少于预期,尤其是在兰开夏郡(Lancashire)和约克郡的广大地区。然而,正如我们上面所说的,即使在这里,柴郡、博尔山谷和约克郡的"金三角"地区也有一小部分的高精英人口,该地区位于约克郡、利兹和哈罗盖特之间。重要的是要认识到,英国精英阶级的偏态分布不仅代表着经济鸿沟,也体现了社会和文化的分裂。

---

① LISA 的工作原理是检测一个或多个指标具有相似特征的具有统计意义的区域集群。参见 Luc Anselin, "Local Indicators of Spatial Association – LISA", *Geographical Analysis*, 27(2), 1995, 93–115。

第 8 章 英国的阶级与空间不平等

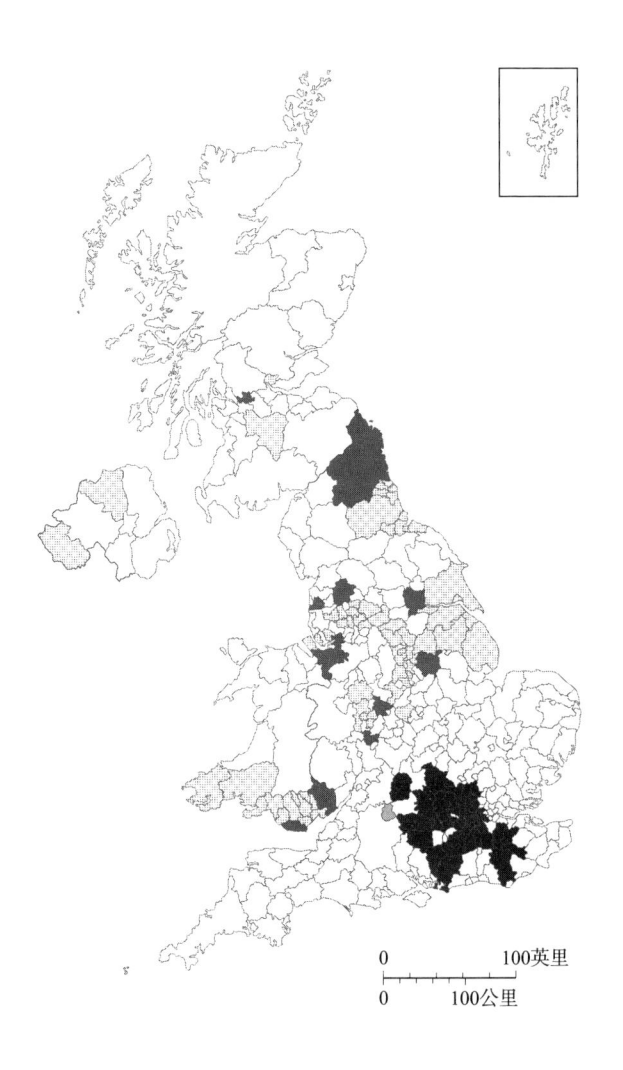

0   100英里
0   100公里

21世纪英国的社会阶级

图8.6a 精英集群

这一点在图8.6（b）至8.6（e）中清晰可见，图中使用相同的技术绘制了社会和文化资本的关键指标。首先看社会资本，图8.6（b）显示了GBCS受访者社交网络的平均状态。这项测量有效地量化了"你认识谁，而不是你知道什么"的流行观念。如果这句格言有什么道理的话，那就是它提供了在这个国家中社会和经济地理交叉点的惊人写照，那些社会地位最高的人又一次聚集在伦敦和英格兰东南部，而在威尔士和英格兰北部，低地位群体集群网络也被发现。

第 8 章 英国的阶级与空间不平等

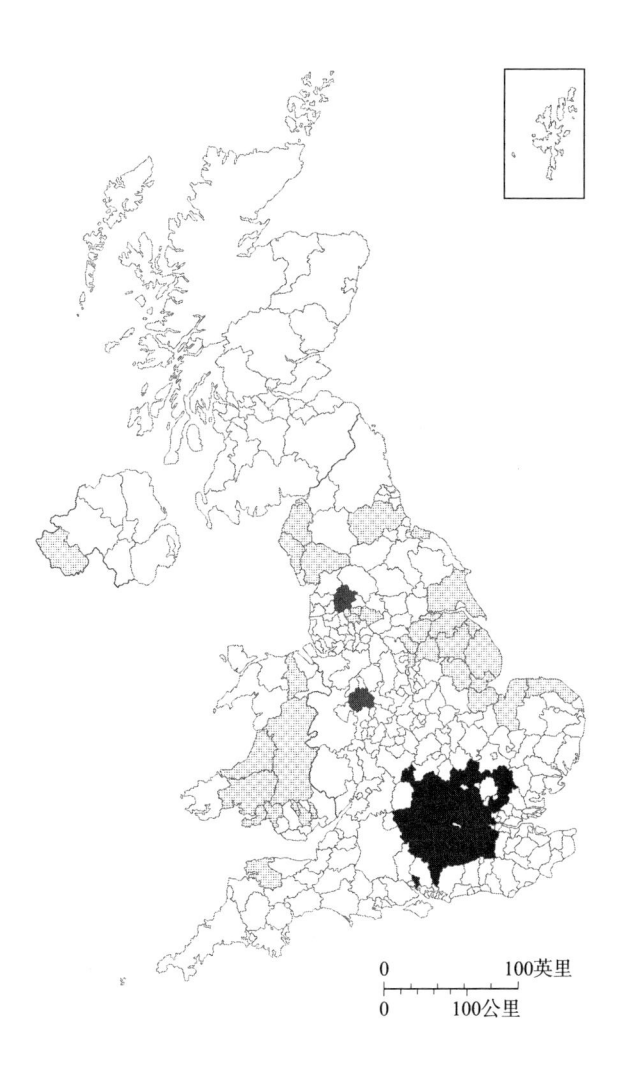

0 100英里
0 100公里

21世纪英国的社会阶级

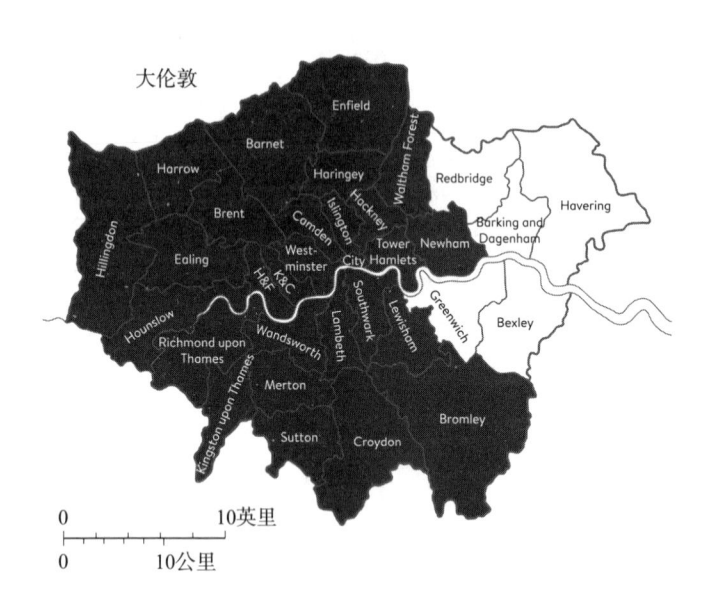

K&C:肯辛顿–切尔西区
H&F: 哈默史密斯–富勒姆区

局部空间关联指标：社会资本：范围，集群描述

■ 高–高　　■ 高–低　　▨ 低–高　　▢ 低–低　　□ 不显著

图 8.6b　社会资本：地位

第8章 英国的阶级与空间不平等

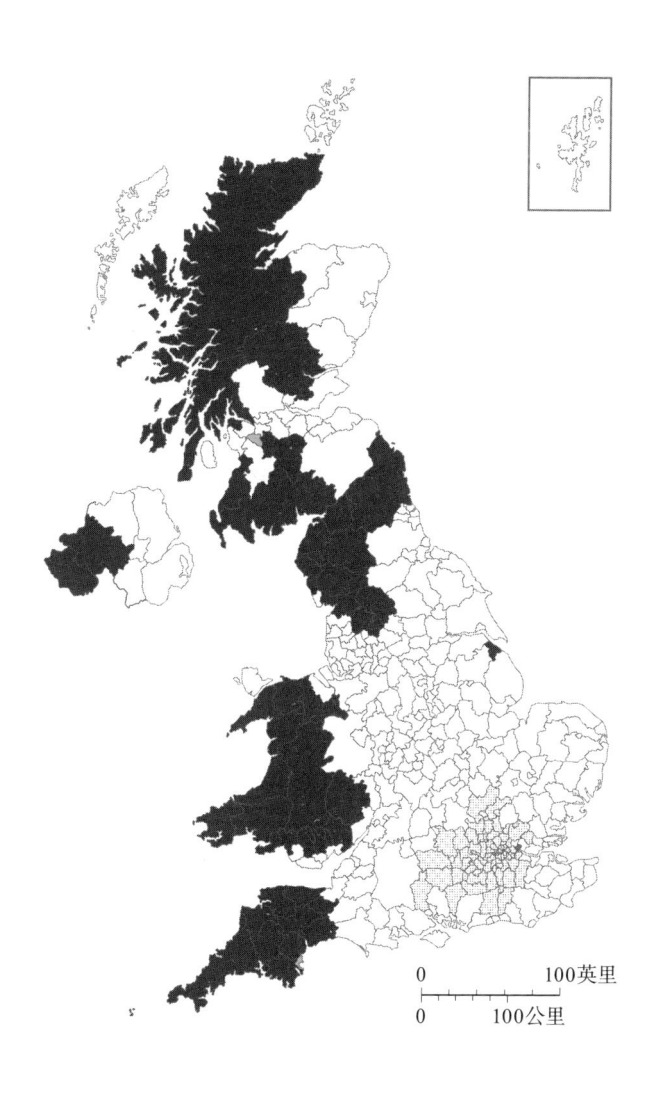

21 世纪英国的社会阶级

K&C: 肯辛顿-切尔西区
H&F: 哈默史密斯-富勒姆区

局部空间关联指标：社会资本：范围，集群描述

■ 高-高　　▨ 高-低　　▦ 低-高　　▢ 低-低　　□ 不显著

图 8.6c　社会资本：范围

第 8 章 英国的阶级与空间不平等

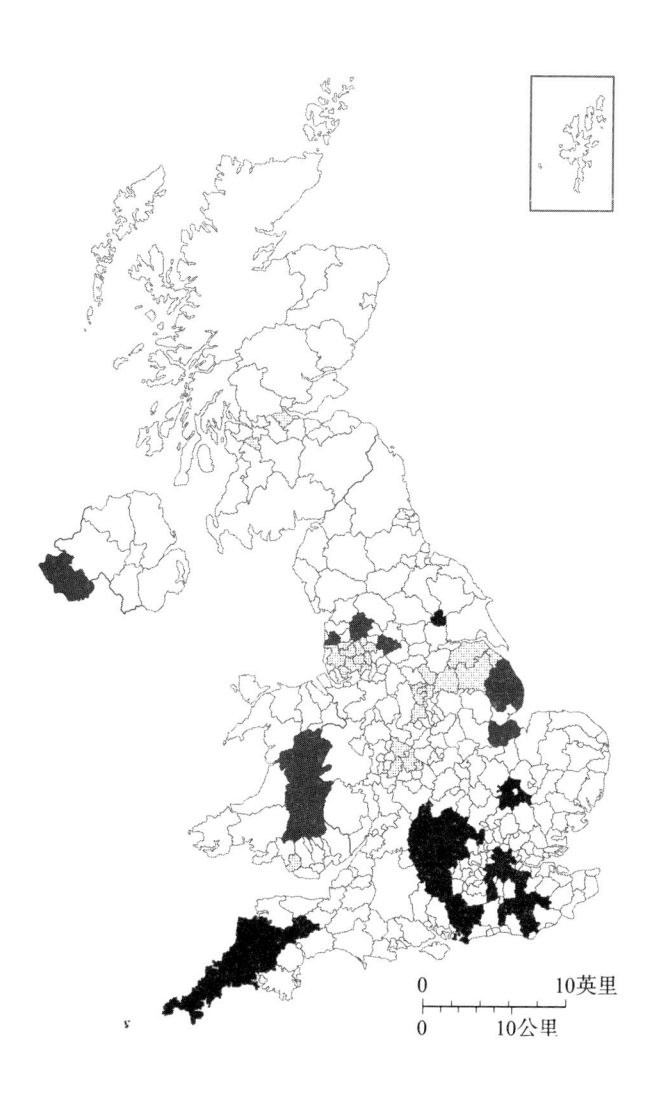

0   10 英里

0   10 公里

21 世纪英国的社会阶级

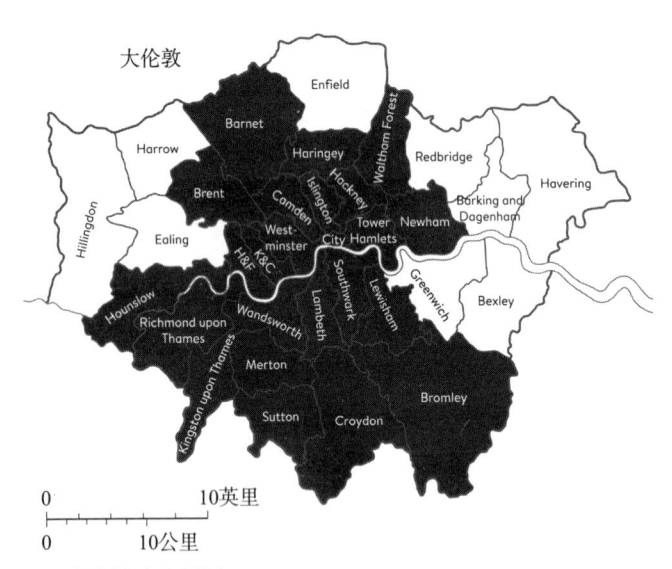

K&C:肯辛顿–切尔西区
H&F: 哈默史密斯–富勒姆区

局部空间关联指标：文化资本：高雅文化，集群描述

高–高　　高–低　　低–高　　低–低　　不显著

图 8.6d　社会资本：高雅文化

第 8 章 英国的阶级与空间不平等

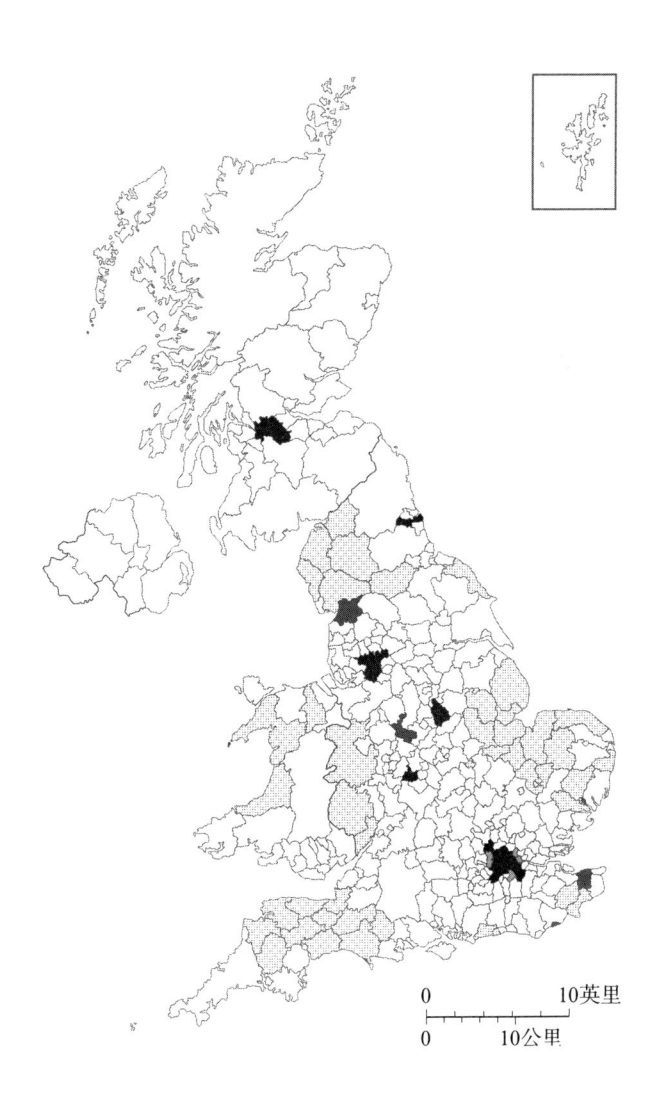

0　　　　　10 英里
0　　　　　10 公里

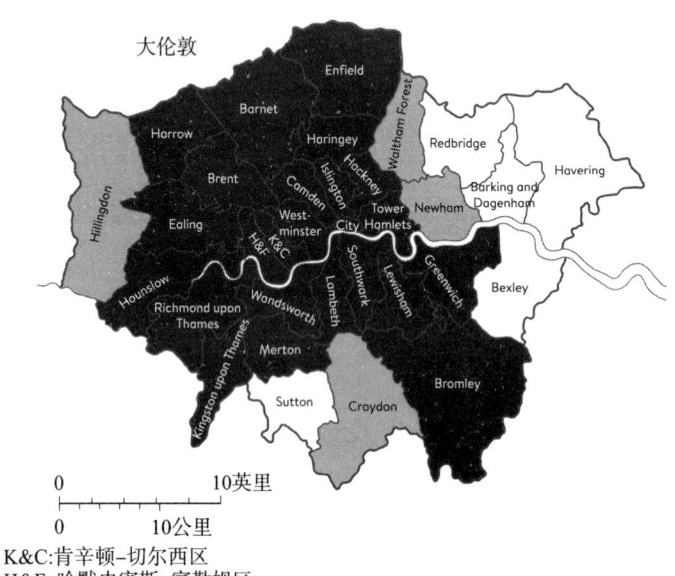

图 8.6e 社会资本：新兴文化

然而，如果我们将关注点转向受访者报告认识的人，我们会发现完全不同的情况。人口网络范围最大的是在外围地区。生活在伦敦可能会让人接触到地位更高的友谊群体和协会，但网络范围要窄得多。这方面的另一个特点是，这种模式更广泛地反映在城乡差距上。一般来说，住在城市里的人通常认识的人较少，而这些人往往地位较高。生活在农村地区的人一般认识的人要多得多。

第 8 章 英国的阶级与空间不平等

最后，在文化资本方面，在拥有高雅文化资本（包括参加古典舞蹈和歌剧表演等活动）方面，再次出现了东南偏误。考虑到英国高雅文化艺术机构集中在首都，这也许是可以理解的，尽管也有明显的省内集中区。与此同时，新兴文化资本的分布呈现一幅不同的、更加分散的图景，不仅指向伦敦，而且指向其他一些城市，它们是新兴文化交流的宝库和孕育地。与年轻人有着密切联系的新兴文化资本，主要是一种城市形式，而城乡差距的力量在这里仍然清晰可见。

图 8.6 中的地图引导我们在理解英国的空间不平等时远离简单的南北二元论，英国在其东南部的外围有经济、社会和文化积累的"陆上岛屿"。然而，如果我们特别关注这三个指标，即提供了当今英国社会最有力的优势指标（家庭收入、社会交往状况和高文化资本），伦敦和英格兰东南部的主导地位就变得绝对不可否认了。表 8.1 就这些指标对前 20 个自治市镇进行了排名，从中可以看到社会、文化和经济地理是如何在这个国家叠加的，而且这些资源是如何集中在我们的首都及其周围地区的。在表 8.1 的 60 个可用位置中，41 个自治市镇多次出现在三个指标列中，而在三个指标中，有 7 个地区（肯辛顿－切尔西区、威斯敏斯特市、伦敦金融城、卡姆登、泰晤士河畔里士满、哈默史密斯－富勒姆区和奇尔屯）在前 20 位。36 个条目中只有 7 个位于伦敦和英格兰东南部以外的地区。

表 8.1 按社会资本、文化资本和经济资本排名的前 20 个英国自治市镇

排名	地位得分
1. 肯辛顿 – 切尔西区	56.91
2. 威斯敏斯特市	56.53
3. 伦敦金融城	56.45
4. 卡姆登	55.81
5. 泰晤士河畔里士满	55.81
6. 旺兹沃斯	55.74
7. 哈默史密斯 – 富勒姆区	55.70
8. 南白金汉郡	55.37
9. 伊斯灵顿	55.27
10. 埃尔姆布里奇	55.22
11. 圣奥尔本斯	54.90
12. 牛津	54.83
13. 剑桥	54.78
14. 萨瑟克区	54.74
15. 伦敦朗伯斯区	54.57
16. 默顿	54.51
17. 温莎 – 梅登海德	54.24
18. 巴内特	54.06
19. 陶尔哈姆莱茨	53.97
20. 奇尔屯	53.87

文化资本

排名	地位得分
1. 肯辛顿 – 切尔西区	16.32
2. 威斯敏斯特市	15.44
3. 伦敦金融城	15.36
4. 卡姆登	15.20
5. 哈默史密斯 – 富勒姆区	14.86
6. 伊斯灵顿	14.84
7. 哈克尼	14.57
8. 伦敦朗伯斯区	14.49
9. 奇尔屯	14.48
10. 泰晤士河畔里士满	14.48
11. 奇切斯特	14.47
12. 刘易舍姆	14.45
13. 牛津	14.45
14. 西德文郡	14.41
15. 赖代尔	14.38
16. 萨瑟克区	14.37
17. 温彻斯特	14.33
18. 格林尼治	14.30
19. 南牛津郡	14.28
20. 哈罗盖特	14.27

经济资本

排名	收入（英镑）
1. 肯辛顿-切尔西区	94593
2. 伦敦金融城	93907
3. 南白金汉郡	91961
4. 埃尔姆布里奇	84678
5. 威斯敏斯特市	83050
6. 塞文奥克斯	79845
7. 温莎-梅登海德	77925
8. 泰晤士河畔里士满	77644
9. 卡姆登	74353
10. 旺兹沃思	73872
11. 奇尔屯	73657
12. 圣奥尔本斯	72117
13. 哈默史密斯-富勒姆区	71768
14. 莫尔河谷	71302
15. 坦德里奇	71235
16. 布伦特伍德	70748
17. 赫茨米尔	70726
18. 沃金	70390
19. 威弗利	70239
20. 默顿	69140

资料来源：GBCS 数据。

注：1. LB= 伦敦自治市镇。

2. 位于伦敦和英国东南部以外的地方政府也被重点关注。

第8章 英国的阶级与空间不平等

这一点很重要，权力过度集中在英国东南部地区已成为国家主流公共话语中最令人厌烦的比喻之一，然而，如何彰显这些复杂的影响力和互动循环之间的交叉点的指标仍然难以捉摸。在这个例子中，我们第一次明确地看到资源集中，这在以前被认为是模糊或隐藏的领域。而这些资源集中的地理分布极为突出和不平衡。

因此，我们的分析得出的是一个复杂的地理结构，它涉及多个维度：城市－乡村、南－北，以及首都与其他地区。所有这些差异最终表明了伦敦本身的中心力量。粗略地说，我们可以将早期描述为参照了可能占主导地位的伦敦的不同的空间想象，但在某些方面存在争议。省、郡和区域认同的力量很强，然而，伦敦现在无疑是精英地理中心。

从该论点可以看出，主观阶级认同与地点和位置有关。事实上，GBCS 支持这样的解释。我们对其数据的分析显示，与伦敦的距离和阶级认同的所有衡量指标之间存在着显著的统计关系。随着与伦敦的距离的增加，（自称为）"中产阶级"的人数便开始下降，而与之相匹配的是（自称为）"工人阶级"的人数在上升。如果同样的分析仅仅针对那些精英阶级的人进行，我们会发现几乎相同的模式：与伦敦的距离和工人阶级的自我认同之间存在正相关，与之相匹配的是中产阶级的认同感也相应降低。因此，无论个人拥有多少社会资本、文化资本和经济资本，与首都的距离与主观阶级认同之间的关系仍然惊人地保持不变。

我们生活在一个高度不平等的社会，宏观政策要么不恰当，要么无法消除贫富差距的扩大。因此，毫不奇怪，这些不平等在较小的空间尺度上得到了反映，就像我们一层层剥开洋葱，深入地理区域。英国经济由一个城市主导，其经济实力甚至远远超过其庞大的人口优势。然而，英国所有的城市都存在着空间不平等，富裕和贫困的地理位置是多方面的，无法用简单的南北二元论来解释。这些交叉点是阶级划分的意义所在。

因此，文化、社会以及经济领域对应着不平等的地理位置。这些并不是完美地重叠，表明不能仅仅从经济资本和繁荣程度来解读广泛的区域认同。从城市中心作为文化资本（特别是新兴文化资本）和社会资本的集中地的运作方式来看，强大的城乡差距和南北鸿沟一样明显。

通过标出这些新的城市空间，我们看到精英阶级的力量有着深刻的地理印记，因为他们从根本上说是一个城市阶级。扎根于土地、处于阶级结构顶端的旧贵族阶级，已让位给一个从根本上更城市化的阶级，尽管他们很可能在休憩区藏有第二个家。正如皮凯蒂（Thomas Piketty）所证明的那样，这是资本组织从农业用地向住宅地产转移的一个深刻方面。①

突出这一切的是伦敦本身。伦敦的主导地位可以从多个方面体现出来。伦敦是这三种资本交汇的地方。而伦敦也将其他地方定义在它的影子里,在这种关系之中,其他地方通过与首都的不同而获得自己的身份,或者有时候,它们可能会模仿首都。这一论点与我们在第7章关于精英大学的影响力的研究结果有明显的相似,这些大学都位于伦敦附近。伦敦现在成了一个旋涡、一个贪婪而紧张的空间,精英阶级在这里找到了自己的家。

---

① Thomas Piketty, *Capital in the Twenty-first Century* (Cambridge, MA: 2014).

第四部分
21 世纪英国的阶级分化

第 9 章
顶层图式：英国的新"普通"精英

在 21 世纪初，非常富有的人受到越来越多的关注。托马斯·皮凯蒂的《21 世纪资本论》（*Capital in the Twenty-first Century*）受到了广泛的欢迎，再加上人们对上层人士薪酬螺旋式上升的担忧日益加剧，使对精英的社会学分析变得至关重要。但我们需要警惕这样一种观点，即认为这种新的财富精英标志着贵族阶级、地主阶级和绅士阶级的回归，而这些阶级一直主宰着英国直到 20 世纪后期。在这里，人们很容易被著名的古老习语和贵族式的遗迹所迷惑。英国国民托管组织（the National Trust）的成功，以及将豪华住宅置于英国休闲惯习的核心的"展览情结"，体现了人们对地主阶级的持续迷恋。从《故园风雨后》到《唐顿庄园》等影视作品延续了"贵族"的审美观，这种审美观通过罗兰爱思（Laura Ashley）、博柏利（Burberry）、亨特（Hunter）、巴伯尔（Barbour）和杰克威尔

（Jack Wills）等品牌进行传播，仍然能够引领一个与众不同的存在。传统的私立学校和富丽堂皇的宅邸仍然是许多英文小说写作的默认地点（最近的例子如 J.K. 罗琳、萨拉·沃特斯和伊恩·麦克尤恩的作品）。

然而，事实上，这样的习语已不能使我们充分了解英国的特权组织了。大卫·康纳汀（David Cannadine）着重论证了第二次世界大战后贵族阶级的惊人衰落。[1]2013 年，英国最富有的人中只有一小部分人拥有土地和头衔，这与 20 世纪 80 年代相去甚远。[2] 即使是拥有伦敦市中心大片房产的威斯敏斯特公爵（Duke of Westminster），也很难排进前十名。

回想起来，20 世纪 80 年代是这一古老贵族文化的最后一次爆发期。这是像约翰·斯科特（John Scott）这样的社会学家能够将"上层阶级"描述为一种封闭的、有土地的精英的最后时刻。[3] 玛格丽特·撒切尔（Margaret Thatcher）领导的保守党政府于 1979 年上台执政，在其领导下，老旧制造业中心地带开始了去工业化进程，这为有钱人带来了一种新的文化自信。这与过去几十年的情况截然不同，当时富人行事低调，平等被视为一件好事。在 20 世纪 70 年代，不平等程度达到了最低点，

---

[1] David Cannadine, *The Aristocracy*（London: 1992）.
[2] 《星期日泰晤士报》的富豪榜对这些转变提供了极好的衡量标准。
[3] John Scott, *The Upper Class*（Basingstoke: 1982）.

第9章 顶层图式：英国的新"普通"精英

与此同时，高收入者的税率也达到了顶峰。然而从80年代开始，炫耀财富有了新的合法性。80年代的核心文化主题是"斯隆游侠"（Sloane Ranger），这是营销顾问彼得·约克（Peter York）创造的一个习语，用来表示在一种新消费文化的核心中，"上流社会的"绅士审美观正在复兴。但正如约克指出的那样，这个习语很能说明问题，它吸引了那些渴望与贵族阶级产生同样身份认同感的有抱负的阶级——这并不是地主阶级自身的复兴。

> 我们当时描述的"斯隆文化"是一个相当隐秘的花园，既不是最显赫的富豪，也不是雄心勃勃的商业中产阶级，而是介于两者之间的其他某些人……当然，报纸和电视的报道大多是关于香槟酒杯、奢侈品牌、阿斯科特赛马会和时髦的名人马球。而"斯隆文化"逐渐成为人们试穿的一种身份，一种以品牌和行为代替信仰的身份。①

回想过去，可知"斯隆游侠"这个习语实际上是在期待一个消费主义时代的到来，在这个时代，"上流社会的"服饰能够

---

① Peter York, "The Fall of the Sloane Rangers", *Prospect Magazine*, 19 February 2015，或在线访问 http://www.prospectmagazine.co.uk/sound-and-vision/the-fall-of-the-sloane-rangers-made-in-chelsea。

被那些想要往上爬的外人所识别和获得。它代表着上流"品牌"的商品化，以及从旧的地主精英阶级中被分离出来。其原型正是戴安娜·斯宾塞（Lady Diana Spencer），1981 年她与查尔斯王子结婚，嫁入了皇室。尽管她出身贵族，但她定义了一种新的"贵妇"审美观，这种审美观将自己定位在与固有权势集团的核心相对立的位置上。1997 年，她的英年早逝引发了公众的哀悼，而这也是"上流社会"大众化的象征性转变的一个明显标志。

著名作家南希·米特福德（Nancy Mitford）于 1954 年在《文汇》杂志发表了一篇描述英国贵族语言模式晦涩难懂的文章，从而引发了公众骚动事件，我们可以通过将戴安娜事件与这一事件相比较，来理解这种以上流社会的审美观为代表的文化发生的新巨变。《文汇》杂志是一本当时新出版的月刊，为文学精英开设专栏，而这些文学精英的文章也照亮了战后英国经济紧缩的惨淡岁月。米特福德在这篇文章中创造了"U"（指代上层阶级，"upper class"）和"非 U"之间的口音区别，揭示了一种独特的社会准则，将真正属于上流社会的人和那些只是想成为上流社会的人区分开来。这一阐述在当时引起了轰动，就像 30 年后对"斯隆游侠"的描述一样。人们使用"loo"（U 口音）还是"toilet"（非 U 口音）成了争论的焦点，并在未来几年成为中产阶级晚宴上的话题。然而，这场争论的焦点是，除

第9章 顶层图式：英国的新"普通"精英

非你出生于那种语言本身所使用的社区中，否则你根本不可能是"U"。这对女士们或先生们来说，让他们注意到这种隐性的种族隔离仍是不礼貌的。所以米特福德的朋友、小说家伊夫林·沃在他的《故园风雨后》中悲叹贵族社会的衰落，并指责米特福德关注"U"和"非U"口音之间的区别是缺乏品位的。

> 你对你那篇关于英国贵族的文章引起如此大的骚动感到惊讶吗？[……]在英国，阶级差别问题一直是一个比国家荣誉更能引起强烈感情的问题，会引发一种狂热但又非常私密的辩论。所以，当你把他们公之于众时，当然会使每个人都在谈论，当然专栏作家也会引用你的话去纠正你[……]圆滑世故能够抑制住你吗？你的朋友焦急地问。有些话题过于私密，并不适合印刷。阶级难道不是一个吗？[①]

在1954年，真正有礼貌的人是不会谈论阶级的。南希·米特福德是贵族的后裔，如果她是一个新贵社会学家，或是一个社会主义鼓动者，那么大肆宣扬阶级问题就算不能被原谅，也是可以理解的。这只会让人觉得很不爽（这是另一种流行的表达方式）。但（米特福德作为）一位贵族后裔的女士应该

---

① "Review of Mitford", *Encounter*, 5（5）, 1955；也可参见 Mike Savage, *Identities and Social Change in Britain since 1940: The Politics of Method*（Oxford: 2010）, Chapter 4。

知道得更多吗?

然而,在 20 世纪 80 年代,没有人反对营销顾问为大众消费打造不同版本的"上流社会"。但事已至此,贵族阶级知道,他们与生俱来的优越感已不足以对抗上流社会的庸俗化。就像格雷森·佩里(Grayson Perry)在他 2012 年获得了英国电影和电视艺术学院奖的系列纪录片《微小差异的虚荣心》中所展现的那样,象征性的衰落是显而易见的:

> 在夕阳的余晖中,他们看着那头穿着破旧花呢皮的老贵族牡鹿被税收、社会变革、汽车保养和燃油费这只狗所追捕。这些过去拥有土地的人正在消失。

而到了 20 世纪 90 年代,正如彼得·约克(Peter York)在 2015 年写道的那样:"斯隆风格已经过时了。这里的口音、语言、着装规范、'迷你豪宅'的室内风格都是错误的、错误的、错误的……斯隆似乎是过时的和不专业的——它只存在于理查德·柯蒂斯浪漫喜剧的魔幻世界里,存在于伦敦这个高消费的新世界里。"[①]

到了 21 世纪初,旧贵族、地主、上层阶级都已成为过去。

---

① York, "The Fall of the Sloane Rangers".

第9章 顶层图式：英国的新"普通"精英

我们需要坚持这一点，考虑到人们不幸倾向于回归"建制派"的观点是英国社会和治理的核心特征。[①]"建制派"这个词由历史学家艾伦·约翰·珀西瓦尔·泰勒（A. J. P. Taylor）创造，并在1955年被记者亨利·费尔利（Henry Fairlie）采用，以表达这样一种观点，即认为规则是通过与上层阶级的联系（例如在精英学校、俱乐部和机构中所建立的联系）来被"社交化"地执行的。在接下来的十年里，这个概念变得流行起来，尤其是在左翼批评家中，他们强调英国"现代化"的失败是由于旧贵族精英的控制。[②] 然而，"建制派"这个概念一直以来并不是一个社会学概念，而更多的是一种手段，让社会地位上升的批判知识分子通过抨击它来定义自己的资格。它最近的复兴是不幸的。

我们认为，要想从社会学的角度更好地理解当今的财富精英，就必须摒弃旧的贵族上层阶级和"建制派"的概念。正如我们在前几章中所展示的那样，这种方法还涉及对那些认为"富裕工人"（向上流动的和"充满活力"的商业精英阶级）的成功是相对简单的媒体刻板印象提出质疑。获得最富裕职位的机会远非公平的，而且确实存在着不平等现象，这种不平等

[①] Owen Jones, *The Establishment and How They Get Away with It*（London: 2014）。最近一个对"建制派"概念有意义的探讨参见 Peter Hennessy, *Establishment and Meritocracy*（London: 2014）。

[②] 参见 Dominic Sandbrook, *Never Had It So Good*（London: 2005）, pp. 526f.

随着资本的积累而加剧。因此,像理查德·布兰森(Richard Branson)、艾伦·休格(Alan Sugar)和菲利普·格林(Philip Green)这样的白手起家、干劲十足的商人,也应该被视为某种神话人物。这些人通过娴熟而充满活力的商业领导能力,成功地收购和出售了处于消费者需求前沿的企业。尽管这些数据的来源通过电视屏幕上放映的《飞黄腾达》《龙穴》等形象被放大了,但这远远不是英国社会顶层存在的社会不平等的准确写照。

因此,我们需要一种更微妙的方法,而不是简单地批评银行家和金融家通过间接转化获得的财富,他们掌握了巨额的奖金和红利,利用税收减免政策,或从公共部门私有化或从解除管制中赚取暴利。对奖金的道德恐慌、收购和企业掠夺的文化,以及被历届政府提供的税收减免政策吸引到伦敦的"非定居"富人的重要性,都助长了这种民粹主义情绪。有一种危险是,我们的注意力会因此而分散,变得更加关注顶层"1%"的人,而非数量远超顶层"1%"的"普通富人"。当然,我们毫不怀疑,近几十年来,"超级富豪"是经济变革的主要受益者,他们需要广泛的公众监督。然而,从社会学的角度来看,我们需要拓展我们的视野。例如,第5章指出前6%的人都有一定水平的经济资本,这使他们与其他社会群体之间有很大的区别,虽然我们不能把这当作一个确切的数字,但它表明一大批极其富裕的家庭应该引起我们的注意。

第9章 顶层图式：英国的新"普通"精英

在这个思路上，我们还借鉴了另外两个观点。第一个观点是布迪厄阐述的"权力场域"概念。并非像"建制派"那样把社会上层看作一个连贯的、有凝聚力的群体，布迪厄认为，这是一个来自不同行业和职业（如金融、政治、法律和新闻界）的最有权势和资源充足的代理人之间内部争辩的场景。重要的是，这强调了强大的团体并不一定将自己视为一股团结的或有凝聚力的力量，但在争夺影响力的过程中，他们可能会更清楚地意识到他们之间的内在差异。① 这一点有助于我们注意到高层之间的分化和团结。

第二个是皮凯蒂的观点，他认为经济发展趋势正在导致财富精英的复苏，这与19世纪"美好年代"（Belle Époque）贵族时代的情况颇为相似。正如我们在第2章看到的，非常富有的人已从他们资产的稳定积累中获得了回报，尤其是在英国（通过住房资产和储蓄的积累）。他对食利者（rentier）的潜在收入尤其感兴趣，即中等富裕的人和非常富裕的人可以指望稳定地积累经济资本，且通常是通过不起眼的方式。二套房的兴起以及买房出租，都是这个过程的一部分。因此，尽管皮凯蒂关注的是超级富豪，但他也提到了那些做得非常好的"普通"精英的重要性，即使他们并没有处于财富的顶峰。

---

① 参见 See Pierre Bourdieu, *The State Nobility*（Cambridge: 1996）。

根据这些论据，我们指出了"普通"财富精英的重要性，他们现在构成了英国人口中的一个相当大的群体，如果我们将其视为人口的 6%，那么他们就超过了 100 万人。即使是这样一个相对庞大的精英群体，也比其他群体拥有更大的优势。正如我们在第 5 章所看到的，他们的平均家庭收入（税后和扣除其他）为 8.9 万英镑，几乎是老牌中产阶级的两倍，而且他们的住房平均价值为 32.5 万英镑，也远高于其他阶级。他们的平均储蓄为 14.2 万英镑，也非常高，是其他阶级的两倍多。因此，从根本上说，这是一个富有的阶级，与其他六个阶级的区别在于其显著的经济优势。这是一个沐浴在阳光下的阶级，经济富裕程度极高。但它也具有鲜明的社会文化特征。

奇怪的英国阶级大调查（GBCS）的样本偏差

这些普通财富精英的印记以奇怪且令人惊讶的形式呈现。我们现在可以回过头来思考我们在引言中讨论的奇怪的 GBCS 样本偏差。这里有一个有趣又极具启示性的发现，即在我们有可能进行测量的任何一个维度上，比如高收入、就读于精英大学、生活在最富裕地区的人，他们越是属于某种"精英"类别，他们就越有可能参与 GBCS。此外，这种现象并不是等额增长

第 9 章　顶层图式：英国的新"普通"精英

的，而是呈现为指数增长。与那些仅仅是中等富裕的人相比，最精英的人更有可能参与 GBCS。例如，牛津和剑桥大学的毕业生参与 GBCS 的可能性是其他大学毕业生的两倍。[①] 与其他专业人员或管理群体相比，首席执行官参与 GBCS 的可能性是他们的两倍（尽管我们也可以看到在记者和一些文化行业中出现了另一个惊人的增长）。从地理上看，即使考虑到这些地区的阶级构成，即那些生活在最富裕、最优越地区的人，尤其是生活在伦敦金融城、牛津和剑桥大学的人，也比我们预期的更有可能参与 GBCS。伦敦独一无二的巴比肯（Barbican）庄园区更是 GBCS 受访者的集中来源地。

这本身就是一个引人注目的发现，因为人们普遍认为精英阶级很难被研究，而且他们通常不愿意将自己的行为暴露并被他人审视。[②]GBCS 的一个间接教训是，"阶级研究"和"阶级话题"一样，似乎已成为一种"真正的高端"实践，而那些非常有优势的人似乎已不成比例地被 GBCS 所吸引。

造成这种高端精英样本偏差的原因可能有四个。它可能也反映出网络调查本身的偏误。受访者可能会故意在调查中"找

[①] 参见 Paul Wakeling 和 Mike Savage, "Entry to Elite Positions and the Stratification of Higher Education in Britain", *Sociological Review*, 63（2）, 2015, 290–320, 以及 Niall Cunningham 和 Mike Savage, "The Secret Garden? Elite Metropolitan Geographies in the Contemporary UK", *Sociological Review*, 63（2）, 2015, 321–48。

[②] 参见 Mike Savage 和 Karel Williams（editors）, *Remembering Elites*（Oxford: 2008）。

茬",开玩笑说自己是牛津大学或剑桥大学的毕业生,或者说自己是首席执行官。如果这是真的,那么这就证明了我们的研究是如何与本书中提到的作为"新兴文化资本"一部分的反讽和认知过程相联系的。然而,虽然这种具有讽刺性的"破坏"确实发生过,但我们并不认为这是造成样本偏差的主要原因。牛津或剑桥大学的毕业生和首席执行官的回答通常看起来并不混乱,也不像人们想象的那样杂乱无章(如果受访者的身份是假的)。我们本以为人们会更多地去讽刺公众视野中的某些职业,比如"银行家",而不是首席执行官,因为首席执行官这个词指代的范围并不广泛。①

第二种可能是,鉴于 BBC 在推出具有社会排他性的节目的同时推出了 GBCS 项目,②导致牛津和剑桥大学的一些毕业生以及首席执行官可能觉得有必要参与 GBCS,以强调他们相对而言更加精英的资历。他们可能想证明自己并不符合 BBC 兜售的"上流社会"或"排他性"的刻板印象,而这些刻板印象仍存在于公众的想象中。他们急于用 ipad 去做 GBCS 可能是为了坚称旧的刻板印象实际上已不再适用,至少对他们自己的情况来说已不再是这样。然而,如果真是这

---

① 虽然公认的,GBCS 是由"宇宙主宰"和"上帝"完成的。
② 其中最著名的是由 Andrew Neil 执导的纪录片《上流社会:为什么公立学校的男孩统治英国》,这部纪录片在 GBCS 推出一周后上映,以鼓励观众参与调查。

第9章 顶层图式：英国的新"普通"精英

一原因的话，那么这些受访者在这一点上的回答就是无效的。因为在大多数指标上，它们是排外的。很大一部分非常富有的人愿意承认自己是中上阶层，而这一身份在更广泛的人群中则是被普遍回避的。

还有其他原因可以解释这种样本偏差，而这种原因也证明了精英阶级本身的核心特征，即这实际上是一种技术专家信心的证明，即证明普通的精英们有信心和兴趣参加 BBC 关于阶级的研究项目。因为与其他社会群体相比，他们只对自己感兴趣，尤其是当这可以被描绘成一个能扩展公众理解的"科学"项目时。与其拥有一个自认为高人一等，但又认为公开宣扬这种观点显得低俗的"绅士"身份，现在这一精英群体更想尽量在科学的框架下展示自己。

此外，参与 GBCS 对个人来说是一个获得个人满足感的机会，事实上，这能使其满足感登上顶峰。这是一种私下里知道自己做得很好的方式，甚至不用公开承认自己是"精英"的一员。事实上，BBC 正是试图利用这种敏感性来设计 GBCS，让受访者在完成调查时得到一个"盾徽"，即当他们填完调查问卷后，就会得到他们自己的经济资本、社会资本和文化资本的分数。那些自认为做得"相当不错"的人可能是被 GBCS 吸引过来的，私下测试其自身感知是否得到了社会学的支持。这就解释了为什么样本更偏向于富人和受过良好教育的人。

在访谈结束时，我们让人们填答 BBC 的阶级计算器，并询问了他们对阶级计算器为他们确定的阶级位置的看法。那些被确定为是精英阶级的人都对这个标签感到不安。

> Henry："精英"这个词有点刺耳，它听起来像是人中龙凤的意思，而且假设了一个阶级比另一个阶级更好。
>
> Benedict：部分原因是，如果你是精英，那么你就和很多不是精英的人隔绝了。
>
> Georgia：我绝对不认为自己是上层阶级，因为对我来说，那就进入了一种势利的领域，这是一件可怕的事情。
>
> Louise：对我来说，这是不对的。我不觉得自己是精英，因为它来自一种非常自以为是的假设。我一点也不觉得我是个高人一等的人。我从来没有忘记我是从哪里来的。这就是激励我做得更好，做得更多的原因……
>
> Anthony：这样会有自鸣得意的危险，我讨厌这样。

这一解释的进一步证据，来自那些按照 BBC 阶级计算器被告知属于"精英"阶级的人所发的推文（tweets）。当受访者被告知他们属于这一类别时，他们典型地表现出谦虚的、自我贬低的和"精英"标签不相符的状态，但同时也表现出某种间

第9章 顶层图式:英国的新"普通"精英

接的快乐,尽管其中夹杂着幽默和讽刺。①

> 根据最新的 BBC 阶级调查,我是精英。很高兴看到一个长期以来显而易见的事实终于得到了硬核数据的验证。跪了!鞠躬!……
>
> 根据英国阶级大调查,我父母属于"精英"阶级。那我的路虎揽胜到底在哪儿?!
>
> 我有被冒犯到,我没有做这个"英国阶级大调查"……不过,如果我做了,他们会在"精英"之上再增加一个阶级给我。
>
> 做了英国阶级大调查的测试,@xxxxxx 就成了精英?我想它坏了……
>
> 我也是。太尴尬了,我没告诉任何人:MT@xxxxx。根据最新的 BBC 阶级调查,我是精英……

因此,GBCS 中精英的样本偏差显示出一个不露声色且自信的精英群体的存在,这一群体不想像旧贵族那样,以直接要

---

① 这些推文是在 BBC 媒体活动结束后由 Farida Vis 收集的,其中许多是对被阶级计算器列入精英阶级的回应。推特网友对 GBCS 的反应目前是社会学家 Farida Vis(谢菲尔德大学)、Susan Halford 和 Ramine Tinati(南安普顿大学)以及 Andrew Miles、Mike Savage、Helene Snee 合作开展的一项具体研究项目的主题。

· 291 ·

求公众承认的方式公开宣布自己的"精英地位",而是喜欢通过一种科学话语来确立自己的角色,因为这种话语能让他们对自己的地位感到放心。这证明了一种新的精英阶级的存在,他们意识到自己与其他社会阶级有多么不同,并试图避免公开的"自我优越感"和公开表现,但也承认了自己的重要性。

我们对这类人的采访揭示出,被归类为精英的受访者与其经济优势之间存在着一种复杂且常常令人感到不安的关系。关于钱的话题通常都是敏感话题。当我们要求人们告诉我们他们的收入,以及他们的财产和资产的价值时,很少得到实事求是的回答,通常他们只是给出一个数字,其他就什么都没有了。相反,受访者热衷于解释,甚至为自己的财富辩护。因为用精英体制为财富辩护的思想已根深蒂固。许多人都有防御性,强调他们的资产反映了自己"努力工作"和取得的重大成就。这是"应得的"。Georgia 回忆起她母亲曾质疑她对昂贵鞋子的品位:"怎么,我难道应该为此感到不安吗?这是我努力工作应得的。"

其他一些人则通过比较的方式来贬低自己的财富。与第2章中描述的方式类似,受访者经常把关于金钱的话题引向比自己更幸运的朋友或家人那里。正如 George 所说:"我们总觉得自己并不富裕,那是因为,你知道,我们认识一些人,他们是律师事务所的合伙人、银行家,还有一些住在离伦敦市中心更

第9章 顶层图式：英国的新"普通"精英

近的大房子里的人。因此，我们总是意识到有比我们更富有的人存在。"人们普遍倾向于找比自己更富有的人来做比较。

对另一些人来说，对金钱的不安更多地源于一种感觉，即财富的积累是侥幸得到的，甚至是偶然的。这些受访者都是住在伦敦或英国东南部的人，他们看到了自己价值的飙升。Stuart解释说，自从他和妻子在22年前买下这套三居室的联排别墅以来，这处房产的价值已经上涨了900%。"这么富裕真是令人尴尬。"Stuart对我们说，"这纯粹是运气好，因为我们刚好离伦敦只有55分钟的路程。"同样，居住在伦敦南部的IT顾问Fiona也在过去的13年里看到自己的房产价值增加了550%。有趣的是，至少从表面上看，Stuart和Fiona似乎对自己的房产在不知情的情况下使自己的经济地位上升而感到有些不自在。当然，他们很高兴经济上有了保障，但对于Stuart所说的"疯狂的"和"随机的"意外之财，他们还是存在一种内疚感。

精英"星座"

当代精英阶级的存在对传统的"上层阶级"的假设是一种挑战。它是一个内部具有异质性的复杂层级结构，这一点很好地体现在"星座"这个概念上：就像星座一样，虽然星群缺少一个统一的概念特征，但它可以用来自不同恒星之间的相互连接去定义。因此，精英的文化主题也各不相同，并不能用一个简单的高雅规范去界定。但可以肯定的是，在 GBCS 中，这一阶级在"高雅"文化资本方面得分最高，这意味着他们比其他阶级更有可能参与并偏好享有声望的文化形式，如歌剧、古典音乐和戏剧。当然，对于老一辈的精英阶级成员来说，这些文化活动的意义重大。Anthony 是一名生物学教授，因为他和他的导师都对橄榄球有着浓厚的兴趣，所以他成功地在大学里获得了攻读博士学位的机会。他说，在面试时谈论这些共同的兴趣（以及其他）正是他和导师建立关系的关键所在。然而，这种文化能力和自信并不仅仅局限于那些拥有高雅兴趣的人。在过去，传统的精英阶级通过有选择地消费那种明显享有声望的文化形式来彰显他们的与众不同，而当今的精英阶级成员也与当代和流行文化步调一致，尤其是年轻成员也喜欢电子游戏、当代音乐等。

精英阶级的职业多样性也是构成这个星座的一部分。尽管人们在谈论银行家和金融，但在财富精英阶级中并不存在一个统一的群体。不同领域（商业、媒体、法律、学术界等）的精英为了界定自己在公共领域中的权威而相互竞争。这些精英阶级的职业集团可能有着自己独特的文化，因此它们就能在更广泛的群体中形成独特的利益生态。对于一些较老的职业来说，

第9章 顶层图式：英国的新"普通"精英

情况尤其如此，因为这些职业往往更倾向于从自己的队伍中招聘。相比于作为一个整体的"创意核心群"的专业人士，建筑师则更有可能从父母就有专业背景的人（通常是来自建筑师家庭）中招聘（建筑师占32%，创意人士占22%）。同样的情况也适用于律师（37%的律师来自有专业背景的家庭，而对于创意行业而言，这一比例为22%）。另外，经理人和董事也更可能从父母有高级管理背景的人中招聘（这一比例为31%，而在创意专业人士中，这一比例为24%）。

精英群体作为一个星座的概念再一次把我们带回到伦敦的中心地带，这里充当了一个空间舞台，各种各样的精英成员开始在这里环绕、流动和相互挤压。伦敦的主导地位在过去的基础上呈现出新的形式。诚然，从18世纪到20世纪中期，伦敦都是贵族们在"旺季"出席宫廷活动并展示其初入社交圈的中心，但从19世纪直到20世纪后期，各具特色的郡、市和地区精英可以通过采用各种方式来有意识地与伦敦争夺霸权（例如，通过反谷物法联盟或通过张伯伦的市政保守主义）。根据我们的数据，我们认为，这种地区性或非伦敦的精英群体如果还存在的话，那么现在也已弱得多了。如今，与伦敦及其"场景"建立关系，已成为精英阶级新实践的基础。例如，两个相似的人在职业上取得了成功，根据他们的工作地点是在伦敦还是在英国北部，其前景会大不相同。

然而，获准进入"精英"阶级也是一个成就问题。愿意并准备好在伦敦或英国东南部地区工作似乎非常重要，而伦敦就像一个旋涡，吸走了那些被吸引到这里来的人的能量。没有证据表明伦敦本地人会比那些移民到伦敦来的人更有优势。我们的一些受访者非常清楚地看到了这个过程。George 解释说，他能进入这个行业在很大程度上取决于毕业后的一个关键时期，当时他能够在一些岗位上做无薪实习，同时与父母住在一起（就在伦敦城外）。显然，George 在这一时期努力工作，以确立自己的地位，但他能否在事业上站稳脚跟，还取决于父母的经济支持和所在的地理位置。以退休的 IT 总监 John 为例，伦敦的吸引力也与他讲述自己事业成功的方式密切相关。John 自认为是一名"骄傲的约克郡人"，他非常喜欢乡村的生活方式，并强烈反对举家搬到伦敦。但他描述说，随着他在一家大型商业街银行的管理职位不断上升，他的工作要求他到伦敦去，他发现自己每周有四天要从柴郡（Cheshire）往返伦敦。虽然 John 承认这对他"造成了沉重的伤害"，但他也明确表示他"必须这样做"，因为他的职业发展依赖于这样的牺牲。

伦敦不仅是精英的个体孵化器，也是培育个体通往成功之路的地方。它包含了不同的区域，使精英星座中的不同成员能找到他们的定位，这也再次证明了这个阶级在地理上的集中程

第9章 顶层图式：英国的新"普通"精英

度。伦敦的精英首席执行官构成了精英阶级中最富有的群体。他们显然居住在伦敦的中心地带，那里的房价特别高。其中一个大轮廓线围绕着肯辛顿－切尔西区，另一个围绕着伦敦金融城、威斯敏斯特市和伊斯灵顿区。还有几个外围区域，从格林尼治到巴特西，但是它们避开了旺兹沃斯，然后绕到西边的普特尼和南边的巴勒姆。

如果我们考虑伦敦的文化精英，就会发现截然不同的模式。这一类人并不居住在伦敦市中心，而是居住在传统的知识分子和波希米亚人聚集的汉普斯特德，也有的在最近新建的蹲尾区和哈克尼区。这一阶级的其他成员则集中居住在卡姆登镇和诺丁山，以及河流以南的克拉彭、巴勒姆和图廷。

伦敦的法律精英们又有所不同，他们居住在许多非常明确的地点。例如，伦敦市中心（靠近法院），或汉普斯特德和卡姆登镇，这两个地方都能方便地通往法院，还有一些住所散布在滑铁卢车站附近的郊区（也可以方便地进入法院）。

伦敦复杂的地理位置本身就标志着不同精英阶级的聚集性分布，这些精英阶级给某些地区打上了印记，也代表着不同精英阶级本身的文化差异。从切尔西和骑士桥昂贵奢华的环境，到蹲尾区和哈克尼区的知识分子中心地带，这些地区代表着不同版本的精英实践，并帮助我们定义了这一精英星座的地理和社会特征。

在这个精英星座中,最耀眼的是高级管理人员这颗商业精英之星。其他精英阶级,位于大都会中更分散的地方,经济资本的数量也更少,光芒更加黯淡。在精英阶级中,首席执行官是代表性最高的职业。所以,要想成为"普通"财富精英的一员,你不一定非得在传统的上层阶级社会中长大。但是,参加某些文化和社会活动却是很重要的。住在伦敦及其周边地区,了解你的高雅文化资本,与受过高等教育的精英阶级建立关系,从事专业性工作或在企业顶层工作……这些构成了一个如今无处不在的精英星座,这个精英星座已远远超出一个小的通过定义和执行特权的"建制派"的范畴。

利用精英体制

尽管精英阶级有着诱人的吸引力,但一直以来的"地主绅士"形象不应被视为当代精英阶级的现实写照。虽然牛津大学和剑桥大学萎靡不振,夏末乡村庄园的荣耀和"绅士"品牌的激增,但这些图标的象征性力量都需要被理解为一种陪衬,即一个"普通"财富精英可以用更加精英的方式来定义自己。贵族阶级经常被讽刺和挖苦,这一事实现在是其持续存在的意义的核心。通过将这个所谓的刻板印象群体归类

第9章 顶层图式：英国的新"普通"精英

为有凝聚力的、社会内向的甚至是近亲结合的，并将上层阶级描述为具有裙带关系的"老男孩"关系网，这种在学院和大学中建立起来的非正式关系网通常是通往成功职业道路的关键润滑剂。一个更广泛、一般富裕的精英阶级可以通过强调他与那些昔日精英阶级的渊源之间的距离，为自己争取一个更谦逊的位置。

"普通"精英阶层从根本上是以精英体制为特征的，但这种特征不应被理解为表面价值，而是当今特权的表现。社会学家经常将"归属"文化与"成就"文化区分开来。在前一种情况下，人们出生就有属于自己的社会阶级，且几乎不主动控制和改变它，而在后一种情况下，人们有能力在自己努力的基础上获得独特的社会地位。人们普遍认为，当代社会已走向了一种"精英体制"的成就文化。在某些方面这是事实，但也有着重要的警示。英国的"精英"阶级往往是通过在教育体系中的出色表现，以及在高层次专业和管理职位的竞争中取得成功，从而获得其优越的经济地位。这是一种精英文化，它围绕着特定的、具有竞争性的、象征价值的东西而磨砺，并越来越多地影响着精英学院和大学的教育愿景。我们在第6章通过登山这一比喻来阐述这一点，即认为那些从最高营地出发的人更有能力在激烈且使人筋疲力尽的斗争中成功登上峰顶。

如果我们仅仅把精英教育看作一个进入"建制派"的漏斗，我们就不能有效地理解它的作用。让我们追随沙莫斯·可汗（Shamus Khan）的脚步。他强调精英私立教育不再关注培养预定义的贵族精英，而是传授在竞争激烈的企业和专业环境中取得领先地位所必需的精英管理技能和实践。我们已经表明，我们需要超越仅仅对私立学校的关注，转而承认精英大学的力量。在传统模式下，上私立学校或者（相对而言）上文法学院（对于向上流动的人来说），对于成为精英阶级的潜在成员来说很重要。然而，现在虽然上私立学校仍然具有主要优势，但还是有相当多的人未曾接受过这样的教育而进入了精英阶级。因此，对于伦敦的商界精英（可能也是英国最具经济特权的群体）而言，在我们的 GBCS 样本中，来自综合学校的成员数量几乎与来自私立学校的相同（它们的比例分别为 25% 和 30%）。

即使控制其他因素，如父母的阶级背景、年龄、种族、性别、是否上过大学和所学专业，很明显，从长远来看，一个人就读于私立学校显然会对其未来的家庭收入产生很大的影响，而且在某种程度上，还会对其日后成为精英阶级的一员产生影响。然而，同样的分析表明，精英大学教育在同一阶级的招聘中起着额外的作用。我们已证明了最顶尖的大学和罗素大学集团的其他大学在经济资本方面存在着显著差异，这似乎表明牛津大学、剑桥大学和伦敦其他的精英院校之间存在着一个关键

第 9 章 顶层图式：英国的新"普通"精英

的分界线，而布里斯托大学、埃克塞特大学和杜伦大学就属于后一类大学。[①]因此，"精英体制"和"归属"地位之间的社会学区别对于我们理解当代精英来说不再有用。这些带有道德意味的术语让那些"白手起家"的男人（或女人）可以自吹自擂，因为他们并非生来就享有特权。然而，我们的数据显示，这些对比过于鲜明：更有特权的人才最有可能登上精英体制的阶梯。

在对精英阶级受访者的采访中，我们可以明显地看到他们对精英体制文化的强烈信仰。尽管许多人来自得天独厚的专业家庭，但大多数人还是会选择用努力工作和成就而非特权来描述他们的成功。通常涉及他们将自己定位于那些可能被视为"上流社会""上层阶级"，或者实际上是精英阶级的一部分，他们可能因此与继承的、不配享有的特权联系在一起。正如作为通讯主管的 Georgia 所告诉我们的那样：

> 我一直觉得自己有点特权，但不是那种意思……你知道，我的一些朋友上过私立学校，认识贵族，他们在我看来，融入了一些非常奇妙的圈子，当你用"特权"这个词时，它经常会指代那种老派的感觉。然而我想我知道是什么让我走到了今天，所以……

---

① 参见 Wakeling and Savage, "Entry to Elite Positions"。

Giles 是一位银行业的 IT 总监，他对自己周围那些在他看来是"含着银匙出生的人"也有类似的看法：

> 我确实担心，我们正在创造的不是一个阶级，而是一群从摇篮到坟墓都被束缚的人，这几乎是一种贫民窟的心态。在中产阶级上层的某个地方，你知道，那些可怜的小家伙们要去托儿所，然后他们要去下一所学校，周围都是来自相同阶级的人，然后他们要上大学，还是同一个阶级的人。我的意思是，我们去葡萄牙，你可以看到他们，他们从不走出综合大楼，他们不去当地的餐馆，他们不去当地的村庄看看究竟发生了什么。我在想，这些人到底有什么经验？然后他们还认为自己过着优越的生活。

有趣的是，即使受访者对自己的优势地位持批评态度，但他们最终还是会回归到精英体制的理念上来。例如，George 指出：

> 我们强烈地意识到我们的重大特权。但在某种程度上，我们也为此付出了努力，起步并不容易。虽然在某些方面是容易的，但与许多人相比也不那么容易。

Nigel 是一位非常成功的由学者转型而来的商人，他非常

第9章 顶层图式：英国的新"普通"精英

谨慎，只是在讨论私立学校时才变得愤怒，他坚持认为上私立学校对于个人的向上流动毫无帮助：

> 人们说上私立学校［可以提高你的社会地位］，但我知道有些人上私立学校却无所事事，你知道。事实上，我表弟，他和妻子离婚了，他前妻嫁给了一个医生，这位医生把他的儿子［表弟的儿子］送到爱丁堡的一所私立学校，所以我表弟的儿子去了爱丁堡最好的私立学校之一，乔治·沃森的私立学校。不管每年的学费是多少，然后……两年后，他［表弟的儿子］放弃了，现在是一名警察，加入警察部队是因为他想当警察。

本章阐述了我们关于当今英国精英的重要性论点。事实上，我们认为"普通"精英并不总是很有魅力，也不是一个闪闪发光的、会自荐的群体。这些富有的精英阶级在社会上并不是"封闭"的，他们通常必须努力工作并"表现出色"才能加入其中。就像可汗在谈到美国精英教育时所说的那样，这是一个致力于"成就"文化的群体。然而，同样明显的是，根据社会背景的不同，成为这个阶级成员的前景是非常不同的，因此它再现了特权的形式。

这支精英队伍并不是一个有凝聚力的组织，它的内部是按照职业部门划分的。虽然我们没有关于继承的证据，但很可能这个阶级的成员资格是较少建立在代际财富的基础上，而且有相当一部分人是白手起家的。然而，它并没有在地理位置上发生分裂。伦敦和英国东南部的地理集中对于使其保持连贯性和有机团结来说至关重要。我们可以把伦敦理解为新的"普通"精英的根基和所在地。伦敦也是一个具有重要的国际利益和影响力的场所，是拥有海外财富的精英群体以及那些非英国出生和受过教育的人准备寻找的一个基地，除了特殊情况外，他们会尽量避免在英国的其他任何地方居住。

在这种差异化和具有分裂性的精英阶级中，高级企业经理占据了主导地位，已超越了以前绅士式的职业组织（他们在某些方面仍然享有"残留"的地位）。这种差异化的"普通"精英并不是一个具有先赋地位的群体，而是更具流动性，且表现出某些精英体制的特征。这些精英体制的动机可以与某些大学在帮助人们获得高级职位方面的突出重要性联系在一起。这些渠道对于建立合法性模式非常重要，尽管我们的分析表明，这些渠道主要是高度排他性的招聘渠道。精英体制下的精英之所以成功，是因为他们没有表现出排他性，尽管这是高度不平等过程的产物。

最后，我们认为，"精英实践"为这种具有内部差异化的精英提供了共享的参考点。这些精英实践包括共享的都市地理、

第9章 顶层图式：英国的新"普通"精英

非常特殊的教育模式，以及对高雅和新兴文化资本的某些模式的安排。"精英"不是简单地复制所谓的"高雅"惯习和实践，而是通过展示个人的独创性和"知识性"来实现的。成为一名"普通"精英并不容易。在下一章我们会看到另一个非常努力工作的群体，但他们并没有这些经济优势，我们将其称为"不稳定无产者"。

第 10 章
朝不保夕的不稳定无产者：那些被忽视的人

我们现在进入了一个与精英阶级截然不同的世界。这就是"不稳定无产者"阶级，他们处于社会层级的最底层。他们是一个拥有非常少量资本的群体，正如我们分析的那样，他们的年收入只有几千英镑，而且几乎没有储蓄和财富。与我们所调查的"普通"财富精英不同，他们并不愿成为 GBCS 的受访者。虽然英国大约有 15% 的人口属于不稳定无产者，但 GBCS 的受访者中只有不到 1% 的样本符合不稳定无产者的特征，并且那些少数做过 GBCS 的不稳定无产者也是非常不典型的，他们更有可能是向下流动进入这一阶级的，而不是生来就处于这一阶级。

不稳定无产者是 GBCS 的"缺失人口"。精英阶级和受过良好教育的群体在 BBC 网站上发现阶级计算器是很有趣的，而不稳定无产者则不以为然。这并不奇怪，因为 GBCS 都被

第10章 朝不保夕的不稳定无产者：那些被忽视的人

那些有文化资本的人用来表达他们的文化知识和自信了。不稳定无产者被放在了最底层，没有人想排在最后，因此预计这个群体在 GBCS 的样本中不会像其他群体那样显眼。让他们的不可见性变得更加明显，这对于揭示当代阶级关系来说至关重要。接受特定研究方法与社会不平等之间的共谋本身就是一个值得质疑的问题。[1] 如今，精英阶级占据着媒体和社会研究的中心地位，而不稳定无产者却淡出了人们的视野，这限制了我们对当今社会不平等和阶级分化的认识。

通过对那些似乎属于不稳定无产者的群体进行额外的研究，我们解决了 GBCS 样本中不稳定无产者缺失的问题。丽莎·麦肯齐（Lisa Mckenzie）是英国研究不稳定无产者的学术带头人之一，她加入了这个项目，并将民族志的技能应用到了这项重要的研究中。她的工作是试图更深入地了解为什么这个群体没有参与最初的调查，以及他们对调查的看法和他们在调查中的定位。她之所以加入 GBCS 研究小组，是因为她先前对居住在诺丁汉市政福利房的母亲们进行了调研，后来又研究了一群失业并且居住在同一小区中市政福利房的年轻男子。[2]

---

[1] 更多内容请参见 Mike Savage, *Identities and Social Change in Britain since 1940: The Politics of Method* (Oxford: 2010)。
[2] 参见 Lisa Mckenzie, *Getting By: Estates, Class and Culture in Austerity Britain* (Bristol: 2015)。

这一章的写作风格是故意与其他章节不同的。因为我们不得不寻找 GBCS 数据之外的资源来揭示一些属于不稳定无产者的人们的生活和经历，因此这可能与本书中的其他章节的风格迥异。但是，这种差异恰恰强调了我们今天对于阶级划分具有突出和深度的基本观点，即没有一种分析或表达方式可以把这些阶级汇聚在一起。

耻辱和污名化的世界

尽管如今自由主义在一系列问题上得到了越来越广泛的支持，但它对社会底层群体的污名化却越来越强烈。在社交媒体、学校操场以及全国各地的街道、商店和酒吧中，诸如"人渣"和"傻帽"等歧视性词语广泛流传。这并不是一个新现象。斯蒂芬妮·劳勒（Stephanie Lawler）和莱斯·贝克（Les Back）都认为，工人阶级很少被认真对待，人们通常认为他们很容易被中产阶级观察者"理解"。当普通大众在观察工人阶级和他们的邻里时，很少认为工人阶级特别是贫穷的工人阶级和不稳定无产者，能够了解或理解他们自身的处境，以及很少认为他们能够非常清楚地表达自己的理解、看法或

第10章 朝不保夕的不稳定无产者：那些被忽视的人

者感受。[①]

在英国，对穷人、工人阶级以及他们所居住的地方所表现出的不公平、屈尊附就和卑劣的形象随处可见。贝弗利·斯基格斯、黛安娜·雷（Diane Reay）以及劳勒（Lawler）的作品中都记录了这些现象。[②] 劳勒认为，工人阶级很少被命名为一个特定阶级的成员，而是经常被称作和再现为"令人作呕的对象"，通常是通过针对他们的身体和着装进行贬低性描述，比如休闲装和大金耳环，这些被用来作为工人阶级的速记标识。[③] 脸书（Facebook）上有一个功能，你可以在那里给你的朋友赠送"市政福利房礼物"。最受欢迎的市政福利房礼物是一群身穿运动服的年轻人的形象，他们被命名为"一群傻帽和人渣"。已有82.4万人将这份"礼物"送给了他们在网站上的好友，紧随其后的是"一个尿渍斑斑的电话亭"和"一个破旧的社区中心"等图片形象。还有其

[①] Les Back, *New Ethnicities and Urban Culture: Racisms and Multiculture in Young Lives*（London: 1996）, p. 40; Steph Lawler, *Identity: Sociological Perspectives*（Cambridge: 2008）, p. 133.

[②] Diane Reay, "'Mostly Roughs and Toughs': Social Class, Race and Representation in Inner City Schooling", *Sociology*, 38（4）, 2004, 1005–23; Beverley Skeggs, *Formations of Class and Gender*（London: 1997）; Beverley Skeggs, *Class, Self, Culture*（London: 2004）; Beverley Skeggs, "The Re-branding of Class: Propertising Culture", in F. Devine, M. Savage, J. Scott, and R. Crompton（editors）, *Rethinking Class: Culture, Identities and Lifestyles*（Basingstoke: 2005）.

[③] 参见 Lawler, *Identity: Sociological Perspectives*, p. 133。

他一些"市政福利房礼物"，比如"挂在房顶上的圣诞灯"和"晾在阳台上的衣服"。劳勒认为，这些文化参照调用了语言学中的能指寓意，它们在编码一种毫无价值和令人厌恶的生活方式方面做了大量的工作。

他们的身体、外表、举止和装饰，都是对穷人进行编码的核心，当这些编码与特定种类的生活空间的图像结合起来，特别是与"市政福利房"这个术语结合起来，读者就可以"把病态的点点滴滴串联起来"，以便能看到和理解这样一幅画面：特定的着装方式和说话方式，以及特定的住所，它们不仅暗示着某种被鄙视的"阶级位置，而且还有一种潜在的病态"。[1] 劳勒和斯基格斯揭示的这种潜在的病态也和品位有关，或者说是缺乏品位。布迪厄的作品再一次向我们提供了深刻的见解。他强调，在着装方式、个人风格、音乐、艺术、语言和社会追求方面，是由最有权力的人决定哪些文化资源是有品位的。然而，正如我们在第3章所看到的，布迪厄认为，中产阶级的文化被认为是合法的和有品位的，而工人阶级的文化被认为是不合法的和缺乏"品位"的。劳勒和斯基格斯进一步阐述了这一观点，他们认为工人阶级的文化实践不仅被描述为"毫无品位的"，而且还被描述为病态化，被编

---

[1] 参见 Skeggs, *Class, Self, Culture*, p. 37。

码为不道德、错误和犯罪。这就导致了这样一种情况,即一般的工人阶级,特别是不稳定无产者,被定义为"缺乏"文化以及没有达到"体面"的标准。

斯基格斯认为,在对贫穷的工人阶级污名化,以及将其塑造成毫无价值的人的方面,文化场域和媒体所发明的新的阶级分化形式,已成为创造新的剥削方式的中心,这些都是通过布迪厄所说的"象征性暴力"过程产生的。由于这种言论的力量如此之大,以至于对社会最底层阶级的识别有可能牵连到这些群体的污名化。当然,GBCS 本身也卷入了这种充满耻辱和污名化的强大政治之中。阶级计算器的一些拙劣模仿印证了通过计算器指令识别阶级身份的工作是十分糟糕的。如图 10.1 所示的例子,一个"搞笑的"结论是:如果你与 GBCS 中所涉及的所有职业的人都有社会交往,那么你就是'毒贩'阶级的一员。更能说明问题的是,在另一个例子中,阶级计算器已被巧妙地 PS 过,以显示存在一个"十分卑鄙无耻的"阶级。GBCS 被卷入了仇恨的旋涡,这本身就充分说明了污名的动机与分类形式联系在一起的时候所产生的力量。

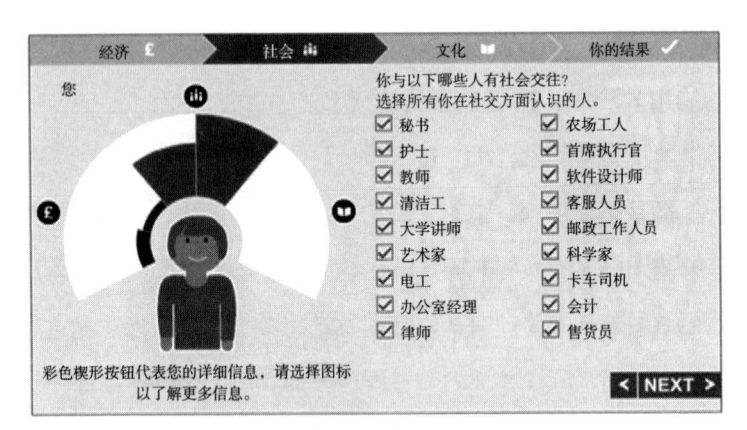

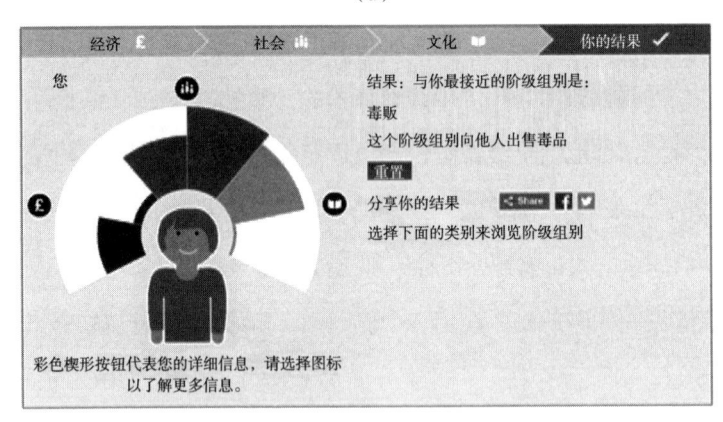

(a)

(b)

图 10.1 阶级计算器的拙劣模仿

文化资本是通过文化层级组织来运作的，这种组织在不同的社会阶级之间运作。在上一章，我们看到了如今的精英阶级是如何陶醉于其自身的重要性，这一点通过 GBCS 对这个阶级的吸引力就可以体现。然而，这些不稳定无产者因为受到了广泛的污名化，所以试图躲避人们的视线而隐藏起来。这种文化鸿沟是当今阶级分化最明显的特征之一。

不稳定无产者的世界

那么，让我们从一次很具启发性的交流开始，这次交流发生在诺丁汉的一群工人在被问及他们想象自己属于哪个阶级时。尽管他们的处境很糟糕，但他们的反应却是矛盾的。Richard 一开始回答说："可能是中产阶级，我可能这样想……我去上班，我有车，好吧，相当不错的收入。我是这么想的，一周赚六百英镑。"在这种防御性的反应之后，他的朋友 Joe 回答说："我认为我是工人阶级。"在这个时候，Richard 改变了主意，说："哦，是的，工人阶级……是的，工人阶级，就是这样。"Joe 进一步解释道："我是受过教育的工人阶级。"

Richard 和 Joe 都没有明确的阶级身份认同，而是想给出所谓"正确"的答案。除此之外，他们还有一个想法，那就是希望自己不要被置于社会的最底层。很明显，他们还是有防御心理。Richard 觉得有必要说明自己有一辆车，每周挣 600 英镑，以此证明自己是中产阶级。相比之下，与我们交谈过的受过更多教育的中产阶级人士并不觉得有必要通过这种方式来证明自己。与此同时，Joe 坚称自己是"受过教育"的工人阶级，大概是为了让自己与受教育程度较低的人区别开来。这些人都非常清楚，在确认自己的身份时，他们需要反驳别人对他们的看法，即认为他们处于社会最底层。

有相当多的人被困在"山谷"底部，他们只能仰望"山顶"。GBCS 以纸质问卷的形式调查了与诺丁汉的某个站街妓女收容中心有联系的女性，以及伦敦的清洁工和美容师。这些人的遭遇展现了当代英国处于社会排斥和不平等最极端的人群的惊人画面。

诺丁汉的女性对于问卷中的分类方式也表现出了久经世故的理解。当她们拿到 GBCS 的问卷，看到不同类型的街道和居民的照片，并被问及他们住在哪里时，她们很快就发现了遗漏之处。"为什么都是白人？……是的，这里甚至没有亚洲人，没有黑人，没有巴基斯坦人，他们就是一个混合体。这张照片看起来就像假牙广告，那张看起来像保险广告。你们是抄的还是做过别的什么处理？"丽莎·麦肯齐坚持辩解说她没有篡改照片，[①] 直到这些女人开始开玩笑，假装她们住在完全不同的街道上："我有带着大门的豪宅。很安全。"

这些世界具有强烈的意识特征，即人们能够意识到刻板

[①] 这些照片实际上是由益博睿（Experian）市场研究机构提供给 BBC 的。

第10章 朝不保夕的不稳定无产者：那些被忽视的人

印象是如何起作用的，以及它们所具有的选择性和道德负载。人们对这些问题是如何构思的、设计它们的目的是什么，以及如何用拙劣的模仿来挑战这些问题，都有着非常深刻的认识。当被问及"你的品位和兴趣，你多久看一次电视"的时候，Lesley立刻明白了这个问题的含义，并回答说她看电视，"从我早上起床的时候开始看，从早上六点直到晚上六点。然后就是日复一日地做爱"。当Lesley被告知要"认真"对待问题时，她便为自己那种半开玩笑的回答辩护。她回答道："不，早上我会看一个小时的《欢乐一家亲》，然后是《绝望主妇》，再然后看烹饪频道以及烘焙频道，之后看奈吉拉·劳森（Nigella Lawson）……我会看所有的烘焙频道，真的，最后我会烹饪。"当被问到她做的是什么菜时，她笑着回答："豆子配吐司！"我们在这里看到了一个典型的讽刺反应，其中的重点是Lesley如何玩弄从不同的回答中可能生成的刻板印象，同时最终意识到其他人会以带有污名化的语气来看待她。正因为如此，这些回答与那些拥有文化资本，且对自己判断的合法性有信心的人的回答，是有着微妙的不同的。

因此，将这种世界定性为无知或非反身性将是一个巨大的错误。Lesley继续展示她的视觉艺术知识："是的，我喜欢黑白照片，但我也喜欢新艺术家，还有一些优秀的画家，但我也喜欢摄影师。我告诉你我不喜欢什么，你知道，像达明安·赫斯特（Damien Hirst）和特蕾西·艾敏（Tracey Emin）那样的艺术家……我喜欢特蕾西的第一个作品，我喜欢达明安，但我不喜欢他的作品《绵羊》。但我喜欢特蕾西·艾敏（Tracey Emin）的《我的床》……因为那是真的，你就会说，'天哪，那就像我孩子的房间！'你知道吗？就像当你看到它的时候，你会说，'不可能！'我说，'哦，我的上帝！'你明白我的意思吗？你能想象吗？但如果她不是一个艺术家，那间卧室也就一文不值了，你明白我的意思吗？"在这里，Lesley 再次展示出她对什么是合法艺术，以及什么是非法艺术之间的微妙界线的意识，尽管在她的例子中，这里采取的形式是重新提起艾敏未整理的床，以获得合法艺术世界之外的审美趣味。

因此，不稳定无产者的世界是一个人们都"知道"的世界，但尽管如此，它也是一个认识人们是如何被置于其他人的定义和主动权的接收端的世界。这种观点给那些没有经济资本的人们所面临的城市生活的日常体验增添了色彩。当丽莎在伦敦东部进行社会学研究时，她结识当地人最好的地方之一就是当地的酒吧。那里有一种沉重且徘徊不去的气氛。当地人并不理解把他们以前的就业中心和社区咨询办公室当作低俗的艺术作品或有趣主题的咖啡馆场所的幽默。他们周围发生的变化使他们感到不舒服。他们也不知道自己究竟还能"融入"什么样的环境了。他们还谈到了其他让他们感到

第10章 朝不保夕的不稳定无产者：那些被忽视的人

"不安全"的变化。这一带房租的上涨使他们极为不安。他们甚至不敢想象在那里拥有一套属于自己的房子。卧室税、福利上限和当地社区服务的紧缩已对他们的家庭和他们自己造成了毁灭性的影响，这种影响在过去和现在都是强烈而痛苦的。他们高声呼喊，骂骂咧咧。他们对这个不稳定的时代既感到愤怒，又感到恐惧。

因此，这里的不稳定性与社会变化的速度有关，也与家庭在寻找和维持工作以支付不断上涨的租金方面所缺乏的安全感有关。随着租金的上涨，他们不知道自己还能在社区里待多久：市政委员会正在对当地人施加越来越大的压力，要求他们搬离伦敦，并向东迁移到更远的埃塞克斯，甚至向北迁移到更远的伯明翰或曼彻斯特。他们谈论的是将会发生在他们身上的事情。他们会被允许住在这个社区吗？如果不被允许，他们的亲戚会怎么样？尤其是那些老年人，他们有更稳定的社会住房，更难搬家。人们对于他们的朋友和邻里将会发生什么总是感到焦虑不安，他们担心这些人会被困在伦敦东部的潮人之海中、被困在中产阶级媒体人士和来自伦敦的工人之间，这些人和这家酒吧里的伦敦东区居民几乎没有什么共同点。这些人是他们不认识的人，也是他们不想认识的人。

这段谈话充满了恐惧和焦虑，但也有一定程度上的矛盾心理，带着一点享乐主义的色彩："让我们把握住良机"，"去他的，我们明天可能就不住在这儿了"。这个酒吧里的人都是在伦敦建筑工地工作的临时工，他们现在都是分包商（实际上是自雇者）。他们的工作状况是不稳定的，有工作时他们就工作，没工作时他们就不工作。在这家酒吧喝酒的男人依靠"口口相传"来获得一份"稳定的好工作"；他们获得工作的机会明显地受到地理和贸易集群的影响，这是建筑业非正式机制的内在特征。自 1977 年保罗·威利斯（Paul Willis）具有里程碑意义的研究《学做工》(*Learning to Labour*) 首次发表以来，社会学研究就揭示了这一点。① 妇女也要做兼职工作。例如在当地的酒吧工作，或者在家门口的金融区的办公室打扫卫生，她们通常依赖于福利制度，通过住房福利来补足不断上涨的房租，然后依靠税收抵免来提高她们的小时工资率（按实际价值计算，还是下降的）。她们的职位同样不稳定：不知道自己是否会有工作，不知道一年后自己会住在哪里，不知道与政府紧缩措施相关的下一轮福利削减是否最终会"终结她们"。

这种不稳定的生活在英国随处可见。在诺丁汉，贫穷的妇女和儿童住在破败的房屋里，资源匮乏，图书馆、确保开端计划（Sure Start）中心和社区中心经常被关闭。这里几乎

---

① P. Willis, *Learning to Labour* (London:［1977］2000).

第10章 朝不保夕的不稳定无产者：那些被忽视的人

没有什么地方可以购物和聚会，如果有的话，这些地方通常是一个小型的混凝土区域，有一个邮局和一个附带售卖一般的杂货、彩票以及廉价烈酒的街角小店。关于英国中部和北部地区的城镇与城市住宅区的叙述都是毁灭性的。然而，在伦敦内部，这种叙述却截然不同：这里出现的不是毁灭和衰落，而是不安全和伤害。在伦敦到处可见穷人被迫离开城市的例子，他们被不断上涨的房租和缺乏挣钱的能力逼得无家可归。有些家庭正在努力在其邻近地区寻找他们能够负担得起的，并能满足其需求的合适住所。保障性住房很难找到，官方列出的等待时间为6~10年，这对于有孩子的家庭来说是不现实的。因此，伦敦的私营部门所要求的租金已超出了所有低收入者或平均收入者的收入。这种日益严重的不稳定状况对妇女和儿童的影响不同于男性。男性需要留在伦敦，以维持他们的社会网络和社会关系（这使他们能够有工作）。然而，兼职和低薪工作并不足以让妇女和她们的孩子留在伦敦。因此，低收入工人的不稳定性正变得越来越明显。

在这种暗淡的背景下，当把GBCS这个话题引入访谈中时，气氛就变得轻松起来了。这在一定程度上与我们上面提到的工人阶级态度的久于世故和复杂性有关。将GBCS作为一种更偏向定性的民族志方法工具，让那些没有在网络上做过GBCS问卷的人们可以拿它开玩笑，并把他们的生活放在一个

/345

不同的环境中。事实证明，它是一个很好的引导者，开启了许多个小时关于"我们"和"我们喜欢做"什么，以及"他们"和"他们"为什么喜欢做"他们做的事"的讨论和笑声。

毫无疑问，来自诺丁汉的女性Janice、Lesley和Rosie，她们的处境极不稳定：从她们下一顿饭吃什么，下周要住在哪里，她们对生活充满了不安全感。然而，也有一些女性则有一定程度的安全感：她们有市政租约，所以她们知道至少目前她们是"安全的"。不过，没有一个女性曾经怀疑过她们在这项调查中可能会被安置的社会地位。当被问及她们认为自己可能处于哪个阶级时，她们异口同声地喊道："在最底层！"但是，当丽莎在伦敦东部当地的酒吧里向一群男人介绍GBCS时，他们对直接询问"阶级"的问题的反应却大不相同。一开始，他们认为丽莎在暗示他们属于任何一个社会阶级时都是"不合规矩的"：他们知道她"指的是什么"。然而，他们却从这个立场上让步了，说尽管他们并没有真正考虑过这个问题，也并不真正在乎，但他们可能处于"中间的某个地方"。男性和女性之间有明显的差异。这些妇女对她们在社会中的地位（社会底层）没有任何怀疑或幻想，但男性对社会阶级的看法却更加矛盾，对于社会阶级的任何考虑都更加抵触。

正是在这种背景下，我们可以回到Richard的叙述，我们在本章开头提到过。他报告说，去年他只从事有偿工作，

第10章 朝不保夕的不稳定无产者：那些被忽视的人

是一名自雇的建筑分包商，他做任何自己能做的工作，或者像他说的那样，通过"口口相传"或者中介机构找工作。他估计自己一年的收入在 5 万英镑以上。当被要求对这一估计进行补充说明时，他说他在一个星期内赚了近 700 英镑，所以他把这个数字乘以 52。尽管他意识到这是"非常好的一周"，但他坚信那就是他"可能"赚到的。他还和丽莎一起做阶级计算器，结果表明 Richard 认识各种各样的人，从 DJ（他认为是"艺术家"）到律师（过去曾在法庭上为他辩护），再到大学讲师（也就是丽莎）。Richard 很快就意识到他的回答是如何导致他被以一种特殊的方式归类的，正如下面的采访摘录所示：

理查德：我们可以写"锻炼"，去健身房吗？

丽莎：不，你不能，因为你不锻炼。好吧，你可以做你想做的，因为这是有趣的事，你能说你……

理查德：去听歌剧，听爵士乐，听摇滚乐或独立音乐。我听独立音乐，看现场演出，玩电子游戏，看体育比赛，不，是去剧院，我想说的，是的。使用脸书，在家进行社交活动。

丽莎：是吗？

理查德：去博物馆或画廊，不，是听古典音乐，还是听嘻哈音乐或说唱？我会说不，我会说我听摇滚乐或独立音乐，去剧院。[看到了他的结果]……老牌中产阶级。

丽莎：老牌中产阶级，是你得到的结果吗？[笑着说]

理查德：但那是错的，不是吗？……我想那不是我，你觉得呢？但这是因为我能够对大多数人说"是"吗？就是这样。我能够对那些人中的大多数说"是"……但从文化上看，我说过我不会做所有的事情。

很明显，把 Richard 描述为无知的或天真的是完全错误的。事实上，他对分类是如何运作以产生结果的知识非常熟练，但他所处的位置和有限的权力却是无竞争力的。因此，对于那些处于不稳定无产者类别中的人们，GBCS 所使用的分类方法的自我诠释和分析是非常具有启示意义的。他们会对这些问题给出深思熟虑而又有趣的答案，并且喜欢去思考他们喜欢做的事情，以及他们可能应该多做的事情。受访者列举出了广泛的、他们参与的活动的例子，这表明他们既不是被动的，也不是不活跃的，但也表明这些活动不是他们日常生活的一部分。当被问及是否参观豪华古宅、博物馆和去剧院时，受访者是根据他们喜欢做什么来解释这些问题的，尽管他们可能很少有机会这样去做。当 Laura、Barbara 和 Claire 谈论这些文化追求时，他们说话的方式显然表明她们非常热衷于她们感兴趣

第10章 朝不保夕的不稳定无产者：那些被忽视的人

的活动。她们谈到了参观伦敦杜莎夫人蜡像馆，带孩子去位于布莱克浦的神秘博士博物馆，以及去看《布朗夫人的儿子们》（*Mrs Brown's Boys*）的现场喜剧表演，这是一个很受欢迎的关于爱尔兰工人阶级家庭的 BBC 节目。当她们谈论到自己喜欢的这些活动时，将她们放置在某个社会背景下对其来说显然很重要，在这些背景下，她们把这些文化活动与家人或朋友的经历联系在一起，而不像受过教育的中产阶级所表现出的更具个性化形式的文化参与特征。① 她们谈到在孩提时代上学的时候要去"真正的"博物馆的经历，回忆起学校组织的参观豪华古宅和当地博物馆的旅行。然而，这些并不是她们成年后还在继续进行的活动，这些活动是关于"学校旅行"的童年记忆。这是一个很好的例子，说明了试图以有限的方式去界定活动的调查工具（例如 GBCS 本身），可能会遗漏发生在相互作用边界上的社会生活的关键领域。

GBCS 表明，尽管一些群体完全有信心，会自豪地发推、吹嘘或批评他们自己在 GBCS 中所确定的地位，但另一些人已知道他们将被安置在哪里，因此不会这么做。也许在这一点上的文化政治是我们在这本书中所产生的阶级分歧程度的最显著标志。但不愿意确认自己的阶级地位并不意味着这些人不为

---

① 关于这种差异，参见 Tony Bennett, Mike Savage, Elizabeth Silva, Alan Warde, Modesto Gayo-Cal and David Wright, *Culture, Class, Distinction*（Abingdon: 2009）, Chapter 4.

他们的社区和家庭感到自豪。他们通过自己的社会地位认识到自己所遭遇的逆境,并将吃苦耐劳认为是个人获得成就的重要原因。

当这些受访者参与 GBCS 的这一部分时,他们知道,从受过教育的观察家的观点来看,他们可能"搞错了"。他们知道这些问题是在包含着阶级、文化和价值观的框架中被提出的。然而,他们解释说,幽默、社区、集体主义以及最重要的乐趣,对他们来说才是真正重要的。与家人一起一日游,或者乘坐大巴从酒吧到肯特郡海岸(在伦敦东部)是这些受访者更看重的。他们知道这些不会被视为"合法"的文化追求,也不明白为什么喜欢歌剧会比喜欢《布朗夫人的儿子们》"得分更高"。对他们来说,一个很有趣,另一个则很无聊。尽管许多受访者在电视上看过歌剧,或听过歌剧音乐,但这似乎并不是他们在辛苦工作一整天后想要做的事情。一位来自诺丁汉的年轻母亲说:"对我来说,这似乎是一项艰巨的工作。"此外,大多数受访者不知道他们可以去哪里看歌剧(尽管他们也没有兴趣去找出答案)。无论是对于访问者还是受访者,问这个关于去看歌剧的问题总是让每个人都感到尴尬,因为每个人都知道真正被问的是什么:他们是否可以声称自己是中产阶级还是上层阶级。因此,与受访者一起经历 GBCS 的这一部分是十分困难的。当调查中的下一个问题是关于宾果游戏时,情况就更加

第 10 章 朝不保夕的不稳定无产者：那些被忽视的人

尴尬了，因为宾果游戏在文化上被归类为工人阶级和平民。这就是文化资本如何在人们的生活中发挥作用的：分类和等级化的文化扩散，从而可以被用来创造和再现精英主义和污名化。如果你在一项诸如 GBCS 的调查中回答问题，或思考你在生活中做什么事情，当参观豪华古宅、去看歌剧以及参观博物馆是"你的"追求，并且这些活动被认为展现了"好品位"以及能够让你在社会中来去自如的时候，这些活动就没有任何问题。然而，如果你的兴趣和活动包括玩宾果游戏，去酒吧或看电视，这些就不是中性的文化追求；他们会给你带来不利，让你显得有缺陷。

不稳定无产者在 GBCS 中对这些调查研究的反应在其他地方也有许多反响。多年来，社区里的人们、朋友和邻居都问过丽莎很多次，他们怀疑她可能对这些事情有所了解，那就是为什么有些东西比其他东西更有价值，为什么其他的东西即使很受欢迎也会被贬值。最常被女性问及的问题之一是她们自己的着装方式以及为什么会受到批评。为什么电视节目里的女性总是以一种特殊的方式出现，即梳着马尾辫、穿着运动服以及戴着许多黄金首饰，而故事情节却想要表现出这个角色是"普通的"[平民]？因此，在生活方式和外表的世俗舞台上，阶级层级被生动地描绘了出来。

谁是不稳定无产者？

盖伊·斯坦丁（Guy Standing）提出了"不稳定无产者"这一概念。他认为，全球范围内的新自由主义政策和制度变革正在造就越来越多拥有共同经历的人，他们可以被称为新兴阶级。[1]根据斯坦丁的论述，"不稳定无产者"指的是那些生活和工作不稳定的人，他们通常从事一系列短期工作，没有稳定的职业身份或事业，无法求助于社会保障或相关的保护条例。其中既包括移民，也包括当地人。斯坦丁解释说，这一阶级的人正在制造新的社会不稳定。他们越来越沮丧和愤怒，但也很危险，因为他们没有发言权，所以他们很容易受到极端政治的蛊惑。与此同时，由于他们控制恐惧的方法和生活的不稳定，他们正在变得令人厌恶和被人嘲笑。不稳定无产者可能通过对本地环境的密切认同来强化他们的身份观念，从而达到他们对恐惧的管理。即"我们是谁"是通过识别他们自己不是谁，以及一种复杂而又渴求的归属感概念来确定的。这一点可能体现在不同的文化形式中：他们喜欢什么，他们穿什么，他们说话的方式以及他们与社区归属感和价值观的紧密联系。因此，他们被认为是过时的、僵化的，

---

[1] Guy Standing, *The Precariat: The New Dangerous Class* (London: 2011).

第10章 朝不保夕的不稳定无产者：那些被忽视的人

不能屈从于不断变化的全球化市场的愿望。那些不稳定无产者的穿着、说话和走路的方式，以及他们如何养家糊口，都受到了审视和贬低。当英国需要一个低薪的工人阶级，即需要可以做咖啡、打扫酒店房间和照看孩子的群体时，那些来自意大利、波兰、尼日利亚或巴西的"更好的"工人阶级则可以被招募。显然，正如斯坦丁所说，这导致了全球化的不稳定性和全球不稳定无产者的出现。

"不稳定无产者"的概念比"下层阶级"的概念要更好。"下层阶级"在过去被广泛地用来指代在阶级制度下被排除在社会主流之外的一类人。尽管在威廉·朱利叶斯·威尔逊（William J. Wilson）等美国社会学家的研究中，"下层阶级"的概念一直被同情地用来探讨那些被排除在劳动力市场之外的弱势黑人的困境。[①] 这个概念也被用来定义一类群体，这类群体需要为自己不理智的行为所造成的不幸后果而负责。"下层阶级"这个词有时也与长期救济金申领者有某种消极的联系。这种分类可以放在歧视穷人历史悠久的背景下，这可以追溯到几个世纪之前，以及我们在第1章所看到在19世纪对值得救济和不值得救济的穷人之间区别的关注（当查尔斯·布思在他著名的伦敦社会贫困地图上将最底层阶级定义为"邪恶的准罪

---

① William J. Wilson, *The Truly Disadvantaged: The Inner City, the Underclass and Public Policy*（Chicago: 1987）.

犯"时)。① 对最贫困者的命名一直是个问题，因为给他们下定义可能会使他们的不平等蒙上污点，并致使他们是"危险阶层"的说法更加夸张。

考虑到这种命名和分类的政治困难，我们认为不稳定无产者的概念比下层阶级的概念更好，因为斯坦丁所定义的这个术语让人们直接注意到这些群体的脆弱性与其社会结构位置有关。它也避免了陈词滥调的刻板印象。不稳定无产者并不是被动的、在文化上不参与的或在道德上受限制的。尽管"不稳定无产者"一词可能会给这个群体带来一个过于僵化的定义，但它捕捉到了全球市场结构的不稳定性，以及一群受这种结构支配的人。不稳定无产者的概念也承认该阶级有流入和流出其阶级的流动性，因为它将这一群体置于当代劳动力市场更广泛的进程之中，而不是将其视为完全外来的就业群体。

在 GBCS 开展的过程中，英国媒体和电视上充斥着大量所谓的"穷情影像"（poverty porn）。"穷情影像"是一种下作的迷恋，关注的是一些穷人的行为可能会变得多么糟糕，它的镜头聚焦在那些要求获得国家福利的人身上，但这些节目的名称却恰如其分，例如《我们都为你的福利买单》和臭名昭著

---

① 参见 J. Welshman, *Underclass: A History of the Excluded 1880–2000*（London: 2006）。

第10章 朝不保夕的不稳定无产者：那些被忽视的人

的《福利街》。东伦敦大学的社会学家特蕾西·詹森（Tracey Jensen）认为，在"工人"和"偷懒者"之间存在明显的象征性分化，或者说是当今表现形式中的"奋斗者"和"逃避工作者"，这种分化嵌入在最近媒体和政治言论对英国工人阶级人口的叙述中。[1] 这已成为流行的观点，而且几乎是默认的理解，利用福利国家来获得全部或部分收入的人，他们由于自己的"生活方式选择"而过度依赖福利，结果是他们用纳税人的血汗钱过上了安逸的生活，这通常包括吸毒、喝酒以及总体来说玩得很愉快（如果我们相信穷情影像的故事的话）。

然而，特蕾西·希德里克（Tracy Shildrick）和她的同事们近期开展的研究提供了明确的证据，证明了针对那些过着最不稳定生活的人（贫穷的工人阶级）的观点是错误的。[2] 他们将这些人发现自己所处的循环描述为一种"就业不稳定的纵向模式，以及在低收入工作之间的流动，通常伴随着对福利的要求"。许多申领失业救济金的人根本不是"懒惰"或"怕工作"，他们是在低薪、低质量、不稳定、短期或临时工合同的工作期间内领取救济金。在新自由主义的英国，这类工作的数量比固定的、全职的、能维持生活的工作增长得更快。重要的是，它

---

[1] Tracey Jensen, "Welfare Commonsense, Poverty Porn and Doxosophy", *Sociological Research Online*, 19（3）, 3.

[2] Tracy Shildrick, Rob MacDonald, Colin Webster and Kayleigh Garthwaite, *Poverty and Insecurity: Life in Low-pay, No-pay Britain*（Bristol: 2012）.

不再局限于入门级工作，在过去，入门级工作被视为获得更高收入和更稳定工作的垫脚石。相反，它构成了一种工作的"黏滞状态"、一种圈套的循环，而且，在未来的工作机会方面会产生强烈的污名化影响。把这些结构性的论点带入我们今天思考和谈论英国最贫穷群体的方式中是很重要的。这里有一个与我们在前一章对"普通"精英的反思直接对应的部分。在那里，在皮凯蒂的研究之后，我们开始思考我们是否看到了一个有凝聚力的、可见的精英阶级的回归（考虑到社会最顶层阶级的财富积累更多）。我们也应该反思，同样的趋势是否也与对穷人污名化的重现有关？维多利亚时代对待贫困的政策特点，是强调穷人在很大程度上应该为自己的不幸负责，而现在是否又回归到了"值得救济和不值得救济的穷人"的时代？

如果我们这本书的论点是正确的，那么我们还需要进一步论证，为什么针对最弱势群体的污名化变得越来越严重。既然过去在上层阶级、中产阶级和工人阶级之间所确立的文化和社会界线的认同感现如今已经瓦解，那么这或许可以解释为什么针对最弱势群体的不满情绪又重新高涨。今天，阶级认同的矛盾心理和复杂性似乎引发了那些处于底层人的强烈反应，针对穷人的共同和共享的负面话语，似乎成为一种其他完全不同的群体在宣称共同感受时的主要方式。

这种针对穷人的政策也是近几十年来的一贯做法。在20

第10章 朝不保夕的不稳定无产者：那些被忽视的人

世纪80年代，玛格丽特·撒切尔领导的保守党政府运用了美国新自由主义和右翼社会评论员查尔斯·默里（Charles Murray）的思想，推广下层阶级理论以及剥夺循环理论（即所谓的福利依赖的负面影响），实施新自由主义政策，例如减少救济和国家福利的供给，侧重将家庭作为一个支持单位，而不是解决不平等的结构性或社会性原因。这是对著名人类学家奥斯卡·刘易斯（Oscar Lewis）在1961年的早期研究成果的重读和改写，他通过在墨西哥城开展的研究，展示了当穷人所做的一切都是为了应付贫穷可能带来的日常压力时，他们的做法是如何被重命名为"有缺陷"的。刘易斯指出，当时墨西哥城的一些最贫穷的人有固定的工作，但仍然有许多人通过其他各种各样的活动生存下来：从事非技能型工作、儿童从事劳动、典当个人物品，或者从当地的高利贷者那里以过高的利率借贷。根据刘易斯的说法，最贫穷的人之所以能存活下来，首先是因为他们在当地有强大的家庭、邻居和朋友之间的社会网络。刘易斯描述了他所谓的贫穷文化理论的社会和心理特征，还描述了这个贫穷社区里的人们的其他特征，即"不信任统治阶级的基本制度，憎恨警察，他们知道中产阶级的价值观……但不会按照这些价值观去生活"。[①]

---

① Oscar Lewis, *The Children of Sánchez: Autobiography of a Mexican Family* (Harmondsworth: 1961).

刘易斯的贫困文化理论被玛格丽特·撒切尔的保守党政府用于政治目的，以延续穷人应该为自己的贫困负责的观念。这种说法在 20 世纪 90 年代再次被提起，并且最近在由戴维·卡梅伦领导的联合政府（主要是保守党）之下得到加强，他们用"破碎的英国"叙事聚焦于特定的"问题家庭"的特定行为。关于当代政治中受过教育的中产阶级的假定道德价值观已有了很多文章，与此同时，关于这些中产阶级以外的人的非常不同的观点被认为是有缺陷和有限的。[①] 刘易斯在 20 世纪 60 年代试图用他的"贫穷文化"话语来审视最贫穷群体生活的价值体系；因此，他试图理解那些选择有限的人的日常行为，并将其置于情境中（因为他们所处的社会结构和社会不平等），而不是审视穷人的行为而将他们的处境归咎于他们自身。

在英国，最贫穷的人和他们居住的社区已通过许多方式展现出来，而且这些人的定义和他们的位置在不断变化。对于低薪或无薪、住房不安全且被称为"危险分子"的不稳定无产者来说，情况似乎很糟糕，但事实是情况可能会变得越来越糟糕。这是因为不利因素和不平等不仅表现在物质和经济手段的匮乏上，劣势也可以通过文化媒介来体现，即当一个群体被剥夺了

[①] 参见 Beverley Skeggs, *Class, Self, Culture* 和 Mike Savage, *Class Analysis and Social Transformation*（Milton Keynes: 2000）。

第10章 朝不保夕的不稳定无产者：那些被忽视的人

过上有尊严的生活所必需的其他资源时。这是关于尊重和被重视的问题，以及关于在过去至少 30 年里，一群被定义为或被认为是没什么价值的人身上所发生的问题。

不稳定无产者知道他们被瞧不起和嘲笑，这就是为什么他们说他们宁愿待在"自己的"圈子里。对于这群人来说，在自己所在的社区里受到喜爱和尊重更为重要。这使不稳定无产者的不稳定性和不安全感变得更加强烈。他们在困境下的恢复力和抵抗力被误认为是粗野的；他们对自己偏好的保护被称为"坏品位"；他们的社区意识，被视为他们判断力差和刻板的一部分。尽管不稳定无产者非常显眼，他们的"坏品位"是诋毁他们的理由，但他们的价值仍然被忽视。今天的阶级文化太倾向于特权阶级，以至于没能留给不稳定无产者一个栖身之地。

第11章
阶级意识与新的自我优越感

Elizabeth 过着一种多姿多彩的大都市生活。如今,她在约克郡幸福地过着半退休的生活,她花了很多时间在英国之外以及英国国内的不同地方从事社会服务、教学和艺术方面的工作。她对今天阶级的意义进行了有趣的思考,同时强调"我实际上根本不在乎"自己属于哪个阶级。尽管如此,她还是仔细认真地思考了大约有多少人似乎"被排斥"了。她说:"人们真的倾向于将它[术语'阶级']作为一种武器去使用……上层阶级与他人保持距离,'你和我们不是一类人。'不幸的是,我认为有一场战斗正在进行。"

随着她的话题逐渐升温,她讲述了她丈夫最近讲的一个故事:

但是 Fred 有一个有趣的经历,因为他突然出现在……

一个当地的酒吧，那里有各种各样的人。他说，去年（有一天）他在啤酒花园里坐着，有人转过身来对他们的伙伴说："噢，看那个势利眼。"你知道［笑声］……可怜的人，他只是去喝了杯啤酒。所以我认为差不多，是的，这是，嗯……因为我对你们的阶级调查很感兴趣，它不会显得如此分层的，似乎只有一点点……而以前的调查却是这样，你从底层一步步爬到顶层，是不是……现在我更倾向于认为它是用来排斥他人，而不是分层的……我认为它更像是排斥，是的，没错。

Elizabeth 的思考触及了这本书的许多主题。阶级似乎不适合良好的等级层次。但这并不意味着阶级已经消失了，远非如此，它的痕迹在酒吧人们的闲聊中显而易见。阶级是用于排斥他人的。但最说明问题的是，阶级的概念本身就在定义等级中发挥作用。

第 9 章和第 10 章揭示了专业技能、学问和自信在协调当今阶级分化中的力量。在一个极端，我们找到了一群被 GBCS 吸引的"普通的"财富精英。他们拥有丰富的文化资本，充满自信，并被吸引着去参加诸如 GBCS 的"科学实验"。在另一个极端，不稳定无产者几乎没有参与过 GBCS。这并不是因为他们无知或没有意识到，而是因为他们对自己可能面临的不公平分类高度敏感，并且在接受负面评价方面受到了"良好的训练"。本书的一个关键论点是，专业知识本身并不是一个阐明社会结构的中立工具，但事实上它与阶级类别的建构以及以它们的名义进行的"象征性暴力"紧密相连。

这一点让我们回到了今天的阶级文化这个令人烦恼的问题上，因为关于如何以及何时谈论阶级有一个非常复杂的礼仪。这触及了新的自我优越感的核心，它牵涉到今天关于阶级的讨论。谈论阶级的礼仪始于这样一个事实，即公开"命名"阶级引起激烈的争论和不适。正如南希·米特福德（Nancy Mitford）时代一样，公开地揭露阶级问题也令人不安。想想英国独立电视台（ITV）的节目《今晨》中舒适的沙发吧——它通常不被认为是阶级斗争的战场。但在2013年7月4日，真人秀节目《学徒》中的明星凯蒂·霍普金斯（Katie Hopkins）的出现改变了这一切。霍普金斯受邀加入了一个关于孩子名字的看似温和的讨论，当她谦逊地把阶级带入辩论中时，立刻引起了混乱。"我想你能从一个名字中分辨出很多东西，"她平静地说，"对我来说，一个名字就是找出这个孩子来自哪个阶级的捷径，这会让我问自己：'我会想让我的孩子和他们一起玩吗？'……[……] 比如姓氏为 Tyler、Charmain、Chantelle、Chardonnay 等的孩子们。这些孩子会遇到各种各样的事情，会对学校产生很大的破坏性影响。"

一向镇定自若的主持人霍莉·威洛比（Holly Willoughby）明显感到震惊。"太可怕了，听听你在说什么。"她绝望地脱口而出。霍普金斯完全知道她在说什么。她继续说道："我倾向于认为那些名字听起来就聪明的孩子往往有着相当聪明的父母，这些孩子能更好地成为我孩子的玩伴。"现在轮到作家安娜·梅·曼根（Anna May Mangan）了，她也是这个节目的嘉宾，她对霍普金斯说："我不敢相信你是这么一个令人难以忍受的势利小人。工人阶级的孩子们在学校表现得非常好。对你来说，把他们按名字分类——他们甚至都没有选择——这是残忍的、目中无人的、刻薄的、过时的。"霍普金斯也笑了笑，开始回应。但是越来越生气的威洛比已经受够了——"噢，别说了。就此打住吧。"①

在演播室之外，公众对霍普金斯言论的愤怒情绪很快就高涨起来。两天之内，她在节目中的表现就在 YouTube 上获得了 300 万的点击量，数千名愤怒的观众在社交媒体上表达了他们的厌恶之情。如果说当代有一个问题是所有英国人最终都能达成一致的话，那就是对阶级的自我优越感的情绪反应。曼根似乎总结了这种情绪：自我优越感似乎"过时"了，它是英国过去阶级统治的遗迹，令人讨厌。但是，事实上，正如我们在本

---

① Simon Cable and Deni Kirkova, "Femail" column, *Mail on Sunday*, 5 July 2013（并参见 http://www.dailymail.co.uk/femail/article-2356736/This-Morning-row-Holly-Willoughby-Katie-Hopkins-baby-bust-gets-million-YouTube-hits-days.html）。

书中所看到的，有一种新的自我优越感正在起作用，它过于强烈地展示了阶级的烙印，但它采取了一种不引人注意的地下路线，这种路线本身并不是精英主义的明显标志。

从"阶级意识"到阶级的"情感政治"

从马克思开始，一代又一代的社会科学家预测，资本主义会使被剥削的工人阶级（"无产阶级"）对自己的阶级产生忠诚感，从而导致他们为了提高阶级利益而进行政治运动，并最终推翻这个制度。人们通常认同他们所处的阶级，这种观点已成为主流社会学的一部分。社会主义历史学家汤普森最著名的著作《英国工人阶级的形成》就以这种方式论述了在 19 世纪早期，随着英国工业化，属于工人阶级的人们开始意识到自己的阶级身份，这促使他们为自己的利益而开展运动。19 世纪后期以来劳工运动的兴起被广泛认为与工人阶级决心提高其社会地位的强烈的集体意识有关。① 本着这种精神，关于工人阶级的

---

① E. P. Thompson, *The Making of the English Working Class*（London: 1963）. 其他大致描绘英国集体阶级认同形成过程的历史记载包括 Ross McKibbin, *Classes and Cultures: England 1918–1951*（Oxford: 1998）。 Selina Todd in *The People: The Rise and Fall of the Working Class 1910–2010*（London: 2014）提供了一个更加细致入微的描述，书中将集体认同与个人认同更紧密地联系在一起。关于进一步的社会学思考，参见 Mike Savage, *Class Analysis and Social Transformation*（Milton Keynes: 2000）。

经典社会学研究集中在他们如何形成紧密团结的社区，不仅因为贫困，也因为共同的价值观和文化而团结在一起。在"同一条船"上的每个人之间所产生的团结，意味着工人阶级有很强的集体认同感。

然而，在21世纪，一套更加柔和、个性化和复杂的阶级身份将被发现。20世纪60年代以来的研究怀疑，大多数人确实感受到强烈的集体阶级认同，并否认有很多基于共同的阶级位置的共同感受。20世纪90年代中期，贝弗利·斯基格斯（B. Skeggs）进行了一项具有里程碑意义的研究，他分析了年轻的工人阶级女性是如何与对工人阶级的过度认同划清界限的，尽管阶级不平等已深刻地影响了她们的生活。[1] 这是因为，一方面，"工人阶级"这个标签带有如此负面的含义，"用来证明一切都是肮脏、危险和没有价值的"；另一方面，中产阶级被认为是自命不凡的。此外，作为女性，她们无法获得更多与男性角色捆绑在一起的职场身份（通过她们在制造业的工作可以看出）。作为回应，斯基格斯所研究的年轻女性对女性气质和女性名望进行了投资，以回应他人的（真实的和想象中的）判断，即基于与主流阶级相关的价值观和道德观的判断。然而，她们并不具备成为工人阶级女性之外的任何人所必需的各种资

---

[1] Beverley Skeggs, *Formations of Class and Gender*（London: 1997）.

本——经济、文化或社会资本。斯基格斯有力强调了工作中的"情感政治",这与他们的"恐惧、欲望、怨恨和羞辱"的感觉有关。它还提醒我们,阶级身份也是由性别(以及种族和性取向)塑造的。

其他的定性研究,包括我们自己进行的研究,也提出了类似的观点。现在,大多数人对自己属于哪个阶级感到矛盾和犹豫,当被问及这个问题时,他们往往更愿意反思自己是如何跨越不同阶级的。[1]阶级的重要性并不像一个公开的徽章(当人们为自己属于某个阶级而感到自豪时)那么重要,更多的是它会引发道德和情感反应,尤其是负面反应。重要的是你不属于哪个阶层,而不是你认为你属于哪个阶层。正是这些情绪影响了公众对 GBCS 的兴趣。而且,当人们注意到社会流动性并接受精英价值观时,这些由阶级不平等带来的情感影响就会被重新塑造成与个人责任有关的问题。根据美国社会学家理查德·桑内特(Richard Sennett)和乔纳森·柯布(Jonathan Cobb)的《阶级的隐藏伤口》[2]一书中的观点,当你失败的时候,你会觉得自己有责任,并且会将与之相关的羞耻感内化。我们愿意认为我们要为自己的命运负责,当我们不能或者不愿

---

[1] Mike Savage, Gaynor Bagnall, Brian Longhurst, 'Ordinary, Ambivalent and Defensive: Class Identities in the Northwest of England', *Sociology*, 35(4), 2001, 875–92.

[2] Richard Sennett and Jonathan Cobb, *The Hidden Injuries of Class* (New York, 1972).

攀登山峰时，我们也会责怪自己。

由此可见，阶级认同是以一种复杂而矛盾的方式运作的。他们所展现的形象和价值观往往是无法实现的、遥不可及的或是被禁锢在过去的。例如，在当代流行文化中，工人阶级生活的浪漫化一方面会让它看起来更"真实"或更"酷"；另一方面，它可能会被嘲笑和贬低（比如通过唤起"傻帽"的想法）。同样，主流的中产阶级文化也会被嘲笑，比如社交媒体上的表情包"#middle class problems"。阶级标签迅速增加，尽管只是为了引起对它们的负面反应。

我们的阶级新模式为今天阶级的意义提供了一些见解。表11.1显示，在具有全国代表性的样本中，不到1/3（32%）的受访者认为自己确实属于某个社会阶级。相比之下，超过2/3的人反对阶级认同。有趣的是，当我们考虑到GBCS受访者的回答（如括号所示）时，认为自己属于某个阶级的人的比例上升到51%，原因显而易见——那些对阶级更感兴趣的人会被GBCS所吸引。

但还有一个很有说服力的模式，即认为自己不属于某个阶级的受访者比例随着阶级层级的下降而上升。接近一半的精英认为自己属于某个阶级，但只有1/4的不稳定无产者认为自己属于某个阶级。这是对马克思可能的想法的一个有趣颠倒，阶级意识在无产阶级化的人群中增强，他们"除了枷锁没有什么可失去的"。

事实上，那些处于最底层的人最不可能认为自己属于某个阶级，而那些处于最有利地位的人则更有可能这么想。

处于最低平均年龄的两个阶级的人（新富裕工人和新兴服务业工人）也不太可能积极认同自己所属的社会阶级。这支持了其他一些研究，[①] 这些研究表明，随着时间的推移，阶级认同可能会（非常缓慢地）变得没那么强大，并且年轻人对这种身份尤其抵触。

表 11.1　认为自己属于按 GBCS 阶级类别所划分的某个社会阶级的人数比例

单位：%

	精英阶级	老牌中产阶级	技术中产阶级	新富裕工人	传统工人阶级	新兴服务业工人	不稳定无产者	总计
不是	55（42）	64（50）	63（45）	67（55）	69（46）	75（54）	75（50）	68（49）
是	45（58）	36（50）	37（55）	33（45）	31（54）	25（46）	25（50）	32（51）

资料来源：来自 GfK（具有全国代表性样本）和 GBCS 数据；对 GBCS 中的问题的回答："你认为自己属于某个社会阶级吗？"

通过观察人们在阶级结构中的位置，我们可以进一步分析这些答案。受访者被要求思考他们属于这个阶级，即使他们通常并不认为自己属于那个阶级。表 11.2 戏剧性地展示了工人阶级身份的持续吸引力。最普遍的回答是"中层工人阶

---

① Savage, Bagnall and Longhurst, "Ordinary, Ambivalent and Defensive: Class Identities in the Northwest of England".

级"，占所有回答的41%。令人吃惊的是，62%的人认为自己有某种工人阶级身份。不到1/4的人认为自己属于中上层或中产阶级。英国人仍然不愿宣称自己有一个更有特权的阶级身份。

表11.2 认为自己属于按GBCS阶级类别所划分的不同阶级的人数比例

单位：%

	精英阶级	老牌中产阶级	技术中产阶级	新富裕工人	传统工人阶级	新兴服务业工人	不稳定无产者	总计
上层阶级/上层中产阶级	10（33）	2（7）	4（1）	4（1）	3（4）	3（4）	1（1）	3（12）
中层中产阶级	42（47）	29（35）	29（9）	15（43）	20（22）	11（21）	9（7）	20（34）
下层中产阶级	18（10）	18（28）	22（22）	9（24）	13（26）	15（28）	11（14）	15（23）
上层工人阶级	8（5）	18（15）	2（27）	8（11）	12（15）	9（18）	5（11）	10（14）
中层工人阶级	22（5）	29（14）	41（36）	54（10）	43（26）	45（23）	51（32）	41（15）
下层工人阶级	0（1>）	3（1）	3（5）	3（1）	9（5）	17（6）	23（35）	11（2）

资料来源：来自GfK（具有全国代表性样本）和GBCS数据；对GBCS中的问题的回答："如果让你从该列表中选择，你会认为自己属于哪个社会阶级？"

表11.2还表明，在阶级结构中，人们无论客观上处于什么位置，主观上都会倾向于认为自己处于"中间"位置。最

具特权的三个群体，如精英阶级、老牌中产阶级和技术中产阶级，都将自己的阶级地位主要定位于中产阶级中的"中间位置"。这也是在所有阶级中最普遍的答案。人们不喜欢把自己标榜为有特权的人，而是倾向于选择不那么引人注目的身份。然而，GfK 样本和 GBCS 样本之间的差异很大。这再次表明，那些参与 GBCS 的人是如何地经常出于想提高社会地位和生活水平的原因而被它所吸引的（作为确认他们是中产阶级或上层阶级观点的一种手段）。但这里有一个例外，即不稳定无产者，那些参与 GBCS 的不稳定无产者们更有可能将自己视为下层工人阶级（和之前一样，那些做了问卷的人的比例显示在括号中）。

在不同的社会阶级中有一些有趣的模式。第一，精英们比其他人更有可能认为自己属于上层或中上层阶级。在具有全国代表性的调查中有 10% 的受访者以及在 GBCS 中有 33% 的受访者使用这一相对独特的标签，比例远远超过其他类别。这再次证明，精英阶级的成员更有可能对自己的特权阶级身份有一种与众不同的感觉。第二，不稳定无产者更倾向于认为自己是下层工人阶级，很少有人认为自己是中产阶级。他们承认自己处于社会秩序的最底层。第三，年轻的新兴服务业工人也有可能将自己定位在底层阶级。尽管他们拥有相当多的文化资本，但他们中的相当一部分人认为自己被排斥在中产阶级和上层阶级之外。

第Ⅱ章 阶级意识与新的自我优越感

一个普通人？

我们应该如何解释 2/3 的英国人并不觉得自己属于某个社会阶级？为什么人们会对自己属于哪个阶级感到矛盾和怀疑呢？我们的采访提供了有价值的线索。当问到关于阶级归属的问题时，我们发现许多人故意回避作答，而是立即将讨论的方向转向阶级的概念，更具体地说，是为什么他们不喜欢这个概念。"说实话，我真的没有想过这个问题，因为这有点暗示某种预先决定，不是吗？"会计师 Paul 告诉我们。Christopher 是一名退休的铁路信号员，他甚至更加不屑："我把人当人看。"他坚持这样说。

这种防御性反应有着悠久的历史。它反映了一种意识，即分类是如何作为强大的中介而被使用的，以及人们是如何合乎情理地想要把注意力吸引到它们与所使用的标签不符的地方。但也有更深层次的不安。关键在于社会阶级的自我认知，即阶级这个概念本身对一个人的自我意识和个性构成了一种根本威胁。① 通过暗示人们只是他们社会背景的产物，阶级被视为对个人能动性的挑战，因此，过于轻易地承认自己是一个社会阶

---

① 关于这些主题，另见 Savage, Bagnall 和 Longhurst, "Ordinary, Ambivalent and Defensive", 以及 Mike Savage, "Working-class Identities in the 1960s: Revisiting the Affluent Worker Study", *Sociology*, 39（5）, 2005, 929–46。

级的成员就类似于纵容阶级成为一个概念，这就成为 Paul 所说的"预先决定"的同谋。在回答有关阶级的问题时，受访者总会反驳说，你的人生终点应该是你所做过的事情的结果——你的努力，你的成就——换句话说，就是你的个人价值。正如化学品推销员 Alan 总结的那样："我认为很难 [根据阶级] 对人进行分类，因为我一直认为你来自哪里并不重要——生活是由你自己创造的，你明白我的意思吗？"

因此，尽管受访者无一例外地承认阶级的重要性，但这往往会导致他们对阶级这个概念产生异议。这其中还有一个有趣的道德层面需要关注。受访者似乎特别意识到阶级和自我优越感之间的持久联系，并强烈反对任何基于他人社会地位做出判断的暗示。Roberta 是一名教师，她解释了自己是如何驾驭这个道德雷区的。

373/ 你只需非常小心，因为这就好像你的地位越高你就越好——不是这样的，对吗？嗯，事情不应该是这样的。但人们就是这样看待它的，如果你稍不注意，结果就会让人觉得你好像瞧不起 [别人] ……我想这就是为什么人们不愿意谈论这件事的原因。

这与公众对凯蒂·霍普金斯评论的反应有密切的相似之

第Ⅱ章 阶级意识与新的自我优越感

处。人们强烈地将自己与自我优越感和自命不凡的观念划清界限，但也热切地强调，不管社会地位如何，他们对每个人都一视同仁。57岁的教授Anthony尤其直言不讳。在整个采访过程中，他不断重申开放和包容的价值观，最后他巧妙地提炼出了他对阶级问题的反对意见："我认为最基本的问题是，我更愿意根据人的内在价值而不是其阶级位置来定义他们。"通过这种方式，至少在公共场合，人们会对刻意避免划分阶级界线的行为表现出强烈的道德优越感。

与此同时，还有一种主张"平凡"的愿望，这与源自优越感的自我疏离紧密相关。因此，那些传统上既属于工人阶级又属于中产阶级的人经常将自己描述为"一般的"、"正常的"、"普通的"或"中间的"。Tina是一名护工，年收入2.08万英镑，拥有一套价值20万英镑的房子。Tina称自己有一个传统的工人阶级背景，她一生中的大部分时间都是一名工厂工人，也正是基于此，她才认为自己属于中间位置的工人阶级。但她也强调，她在经济上比其他工人更加宽裕（50岁时，她已经有能力偿还抵押贷款并改变职业），与她的父母相比，她在文化上更为见多识广（她对芭蕾、戏剧和古典音乐感兴趣）。与她周围的人相比，Tina显然认为自己更稳定，更有修养，更接近英国社会中的"中产阶级"。

正如我们在第9章所概述的，这种对平凡的断言甚至延伸到了我们的精英受访者身上。他们的坚持是基于个人的精英体制标准，而不是基于夸大他们通过家庭关系与特权联系在一起的想法——就像旧贵族阶级可能做的那样。这种信念通常根植于对他们社会轨迹的反思，以及一种意识，即他们的社会地位可能低于他们的起点。例如，Benedict 出身于舒适的中产阶级家庭，但在他二十多岁的时候大部分时间都没有工作，并且暂住在伦敦南部的不同房子里。这段时期的记忆清晰地浮现在他的脑海中，甚至直到今天，他的身份认同感也深受其影响。他解释说：

> 我相当坚持这样的想法，即住在尽可能靠近街道的地方。所以无论发生什么，我都会走出那扇门，我会踩到狗屎［笑］我会被一辆小赛车撞到，你知道，这就是事情的一部分。所以，我与外界的联系是有意而持久的。我强迫自己这么做，因为我确实想保持这种联系，这是一种反精英的举动、一种反精英的立场。

Benedict 的故事说明了这种对"正常"的普遍追求——即使周围的阶级标记很容易被识别，他们也要以某种方式游离于阶级体系之外。虽然他和其他精英受访者可能已积累了大量的经济、文化和社会资源，但他们却本能地夸大自己的平凡。对他们来说，乃至对我们所有受访者来说，阶级是一个高度承载的道德能指，它玷污了他们所珍视的精英体制、开放和个性的观念。通过成为"普通人"，他们可以维护自己的自主权，控制自己生活的发展方式，并在此过程中避免任何怀疑，即他们是一个牢不可摧的阶级体系中社会固定的容器。

根植于你皮下的阶级

英国学者安妮特·库恩（Annette Kuhn）在20世纪90年代中期的一篇文章中指出，"阶级是隐藏在你的衣服、皮肤、本能反应和灵魂之下的东西，是你存在的最核心的东西［我们的斜体字］。"[1] 库恩的观点是，如果你想真正弄清楚阶级是如何与人们的身份联系在一起的，则需要进行更进一步的研究，而不是像我们在GBCS中所做的那样，仅仅问一个需要勾选的问题，即你认同哪个阶级标签，就像我们刚刚展示的那样，人们很可能表面上与这些标签保持距离，但实际上，这些标签在他们内心深处可能很重要，而且很难被处理和识别。我们在本书中已看到这方面的大量元素，特别是在第10章我们对不稳定无

---

[1] Annette Kuhn, *Family Secrets: Acts of Memory and Imagination*（London: 1995），p. 98.

产者的讨论。主张一种普通的、无阶级的生活是对阶级分化的高风险和尖锐现实的回应，尤其是对社会层级的顶层和底层之间鸿沟的回应。当这一点被揭示出来的时候，并不是在关于阶级的明确讨论中，而是在关于日常生活的细节讨论中（关于家庭、品位、社区和政治），即当人们在不同社区之间（根据它们是否包含"大房子"或市政福利房）、在坐于电视机前吃饭而不是围桌吃饭的人们之间，或者在通过文身和穿洞变成表面意义上的阶级划分界线的时候。

当人们的谈话集中在这些阶级焦虑时，谈话往往针对那些最底层的人，我们称之为不稳定无产者，他们成了负面认同的主要对象。文身就是一个很好的例子，这些仍然经常与一种特定类型的阶级人士联系在一起：不值得尊敬的或粗鲁的人。文身用的墨水可以使皮下的东西清晰可见，这是对一个人性格的说明性陈述。类似的观点围绕着吸烟、酗酒和肥胖——受损的身体和病态化身份的具体特征。例如，退休教师 Monica 认为，在她所在的城镇，那些品位差的人可以通过"有文身和穿着短裤"到处走的人来识别。在访谈过程中，她差点就把她的真实想法告诉了采访者，但后来又忍住了，因为她知道自己不应该"评判"。Monica 对那些不守规矩的身体的厌恶，包含在她对她所在的海滨小镇和"一种特定类型的人"的更普遍的焦虑之中，这种人正在改变她的社区（环境）。一所戒毒康复中心导致使用

第Ⅱ章 阶级意识与新的自我优越感

戒毒服务的人留在了镇上,再加上她自己在一家食品银行做义工,这增加了她对当地商店关闭和镇上经济衰退的认识和担忧。对她来说,贫穷和毒瘾产生了变革性的影响,并通过以文身为标志的乱象体现出来。

当人们思考自己在世界上的位置时,他们非常清楚这些标记。当我们询问叉车司机 Lorraine 所在的社区情况时,她立刻将自己和街道上的其他人进行了比较,并说出了她想象中的其他人对她的看法。她最近离了婚,带着两个十几岁的儿子搬进了一个小得多的房子里,在成长过程中,她自然而然地感到自己比那些住在"舒适、漂亮的房子"里的人低一等:"因为我只是在想,不,因为我真的是在最底层,不是吗?因为这是租来的房子,单身妈妈,两个男孩,你知道,这对很多人来说都是警钟。"Lorraine 敏锐地意识到标志着她社会地位的标识符,并在没有明确使用阶级语言的情况下认识到游戏中的层级制度。"单身母亲"一词经常被用来代表阶级,被贴上了污名化的身份标签,她们中的一些人被指责养育了一代心怀不满的年轻人。再加上之前她对自己经济地位与他人不同的想法(她的境况清楚地表现在她租来的小房子上),Lorraine 的阶级焦虑在一次看似无关痛痒的关于她所在地区的讨论中爆发了。这也说明了阶级结构位置与人际关系紧密相连——在 Lorraine 的案例中,她的离婚是她的社会地位下降以及她对自己在世界上的地位感到

/377

· 351 ·

焦虑的催化剂——以及阶级身份是如何与其他关于性别和体面的观点相交织的。

378 / 　　另一种可能检测到阶级身份明显存在的方法是在一些场景中，即当人们描述自己被推入与来自截然不同的阶级背景的人在一起的社会情境时。在人们的日常生活中，阶级的存在往往不易被察觉，因为大多数人往往把大部分时间花在阶级地位相似的人身上。在大多数情况下，我们倾向于觉得自己像水中之鱼，我们的认同感就像第二天性一样本能地表现出来。然而，当我们和不同类型的人在一起时，这种直接的不适感迫使我们反思自己到底是谁，并试图弄清楚为什么我们会感到如此不舒服。我们发现，正是通过这种跨阶级互动所伴随的自我反思或激昂的情绪，人们阶级认同的深层次方面才得以自我显露。正如我们在第 6 章所看到的，这对于那些经历过社会流动的人来说尤其明显，尽管我们发现跨阶级互动的例子在我们所有的访谈中经常被报道。这里有两个例子。

379 / 　　首先，我们回头看看第 3 章中在公立学校接受法律教育的 Henry。在采访 Henry 的大部分时间里，他根本没有提到阶级。然而，值得注意的是，当他描述了一个进入爱丁堡酒吧的"误会"，随后被"当地人"弄得"明显不自在"时，他对自己阶级身份的意识清晰地显现出来了。"我说了一个词，就立刻明白了，又收了回去。"他回忆道。"吧台后面的那个家伙好像在说：'你不应该来这里，你一定是皇室成员。'当然，我和一群与我一样来自学校的孩子在一起，他们的口音也和我一样［强调他正宗的英式口音］，我们都说：'请给我来一杯加奎宁水的杜松子酒，谢谢。'只是，你知道，从你说话的那一刻起，就像世界末日一样。我有时想，我只是为了活着，却让人们走错了路。"

这种阶级冲突的深刻影响在我们访问 Benedict 时更为显著。他的房子正在大规模整修中，有一小群建筑工分散在房子周围。他似乎和他们关系很好，采访一开始他就告诉我们，他喜欢和他们在一起，喜欢和他们谈论"家常"。有趣的是，在采访的最后，当 Benedict 明显变得更加自在和开放时，他透露这些互动并不是那么直接的，正是阶级代表了关键的障碍。

> Benedict：但有时候我觉得我说话有点像表演，这需要很大的努力，你知道吗？我得关掉电源了。我真的没有精力再去那样做了。
>
> 提问者：那是关于你能连接的话题吗？
>
> Benedict：是的。话题，还有你谈论话题的方式，不管它是否重要。因为我的立场是，如果你纵观整个事情，它只是归结为在任何时候采取一个批判的立场，而不是突然摆脱它。就是这样。无论闲聊的内容是什么，你都要站

在批判的立场，这就是事情变得有趣的地方。所以，我发现在我说话的方式当中让我感兴趣的是思想和批判的立场。它很少涉及事实、故事和笑话。所以，这是我感到最舒服的层次，矛盾的是，它需要更多的努力去做表面文章。

Henry 和 Benedict 对跨阶级互动的回忆都表明，具体的事件如何引发了强烈的自我意识和阶级意识。从爱丁堡酒吧当地人的反应中，Henry 显然对自己所流露出的特权阶级身份有了更明确的认识（"我想我当时一定长得像一个行走的老古板"）。对于 Benedict 来说，这个过程带来的反映更加强烈。在日常对话中采取"批判立场"的能力将 Benedict 与他雇用的建筑工们区分开来，至少在他看来，后者更感兴趣的是"事实"、"故事"和"笑话"。通过这种方式，当人们被迫与来自不同阶级背景的人进行互动或交往时，阶级身份的边界、其边缘的清晰度和区分差异的能力就会得到最清晰的关注。这些场景往往会产生突然感到如离水之鱼一般浑身不自在、与周围环境不协调的强烈情绪，这让人们强烈地意识到自己属于以及不属于哪里。

我们在这里看到的是一个非常引人注目的过程，在这个过程中，对阶级身份的反抗和宣称"正常"的愿望实际上强调了对上层和底层的象征性关注。想要表现自己是"普通"的人可以通过反对那些处于社会底层的人或那些处于社会顶层的人来达到目的。通过这种方式，对阶级认同的普遍反对产生了矛盾的效果，即在极端的情况下强化了象征边界。

自我优越感的重新审视

在当代，阶级认同通过与他人的区别变得丰富多彩。人们很少会对自己是工人阶级、中产阶级或上层阶级感到自豪或忠诚。相反，由于无法确定阶级边界到底在哪里，人们倾向于通过对他人评头论足，甚至以势利的方式对待他人并划定边界，而这些人往往与他们有很多共同之处。这种自我优越感是复杂的，通常不包括对特定类型的人的否定，也不包括对"某些人"在特定环境下的行为的否定。尽管如此，这种灵活性使自我优越感本身变得更强大。人们使用含蓄的、基于阶级的参照来在社会结构中定位自己。

Charlotte 是一名退休教师。她判断差品位的依据是她所认为的缺乏"关心"，无论是个人的外貌，还是照料花园。Charlotte 无法理解那些让自家的草长得乱七八糟、留下"成堆垃圾"的人。她得出结论，她看到这样做的那些不那么富裕的邻居并不为自己和自己的家在外界的形象而"烦恼"。这种道德判断也明显地体现在她讨论自己对语言和说话方式的感受之上：

/382

> 他们介意自己说话的方式吗？他们能掌握英语吗？我的意思是，即使是现在，当我和别人打交道时……他们会说，"你怎么知道那个词的？你把字典吞下去了吗？"他们只是不知道那种语言是如此丰富。

语言和口音是我们的许多受访者经常隐含的阶级身份的标志。例如，不能以一种"良好"的教育方式交谈，通常被认为是缺乏"标准"，这在某种程度上反映了一个人"怕麻烦"的品质。例如，Frazer认为说脏话只是"词语匮乏的借口"。不过，和许多受访者一样，Frazer强烈驳斥了他是个势利人的说法。Frazer的邻居被描述为是一群和他一样有"专业背景"的人，尽管他想让我们知道，他不是"那种势利、傲慢的人，并不是反对工人阶级，我的很多朋友都是工人阶级"。他煞费苦心地向我们讲述了他的一个朋友的故事，这个朋友来自"真正的工人阶级背景"，是一个"工具匠"，而且他"非常聪明，是你所见过的最聪明的工人阶级人士"，也是"一个聪明的小伙子"。为了不让自己显得势利，也为了突出自己多样化的社交网络，Frazer将他的朋友与他平常的社交圈区分开来。但他的言外之意是，"工人阶级"通常并不等同于"知识分子"。因此，讽刺的是，尽管有些人声称要避开势利，宣扬一种独特的开放和平等主义精神，但与此同时，这

第Ⅱ章 阶级意识与新的自我优越感

种立场也表现出严重的矛盾。

这些社会判断的产生并不仅仅是源于上层"看不起"那些处于社会结构底层的人。其中一个最明确的界线就存在于工人阶级和"下层阶级"之间,下层阶级通常被定义为救济金申领者。这种观点在英国电视四台最近播出的"现实生活"纪录片《福利街》中得到了普及,这部纪录片再次激起了人们对那些生活在处于失业状态的家庭的人的道德愤怒。透过这个节目的镜头,这些人被视为"乞讨者"。该节目招致了相当多的批评,但也反映了某些普遍持有的信念——大多数领取救济金的人都在进行欺诈性索赔,过着由"辛勤工作的家庭"的税收资助的堕落生活。尽管在英国支付的所有救济金中,有20.8%流向了有工作但收入较低的人,只有2.6%流向了失业者。[1]然而,我们的一些受访者也经常提到一个群体——一个被认为是不愿工作的"救济金申领群体",他们分享着一代又一代传承下来的失业文化。[2]据我们的受访者所言,这个下层阶级不属于正常社会,其居民既缺乏教育,又缺乏工作意愿。这意味着工人阶级的参

---

[1] J. Browne and A. Hood, "A Survey of the UK Benefit System" (IFS Briefing Note BN13), Institute for Fiscal Studies, 2012 (http://www.ifs.org.uk/bns/bn13.pdf). 另见 T. Shildrick and R. MacDonald, "Poverty Talk: How People Experiencing Poverty Deny their Poverty and Why They Blame 'the Poor'", *Sociological Review*, 61 (2), 2013, 285–303。

[2] T. Shildrick, R. MacDonald, C. Webster and K. Garthwaite, *Poverty and Insecurity: Life in Low-pay, No-pay Britain* (Bristol: 2012).

与者不愿意承认自己是这样的人,以防他们被认为是"一丘之貉"。例如,尽管 Lorraine 表达了自己对位于社会层级底部的担忧,但她在证明自己是工人阶级时则非常谨慎:

> 如果我把自己归为工人阶级,我想我不会和那些拿着他们能拿的东西,抱着"好吧,我不工作更好"的态度的人归为同一阶级,你们明白我的意思吗?我不认为我想这样……因为你知道,我为自己的工作感到自豪,我早上起床后,你知道,我不想……我想不出比整天在家无所事事更糟糕的事了。你知道,因为他们通常都很胖,不是吗?然后他们想知道为什么。你会被允许那样说吗?

Lorraine 的边界划定是基于她对价值观的道德判断:与那些"救济金申领者"不同,她很努力(当然,她也意识到,她可能不被"允许"做出这样的判断)。其他受访者谈到了一种与下层阶级有关的缺陷文化,这种文化建立在"懒惰"和"冷漠"之上。事实上,我们的调查对象越接近阶级结构秩序的真正底层,他们对那些在自己下面的人做出的判断就越明确——而且这些判断也变得更加情绪化。因此,人们对自己接近社会层级底部的焦虑,并没有转化为与特权阶层划清界限，也没有转化为更广泛的不平等，而是转化为对"下层阶级"的怨恨。例如，约克郡的养老金领取者 Alison 拒绝了阶级社会的观念，但尽管如此，她对于自己不得不省吃俭用以维持生计而感到异常愤怒。可是在她的眼中，领取救济金的人生活要好得多，在她挣扎的时候，他们以接受施舍为"职业"，"没有工作的打算"。Alison 使用了非常情绪化的语言——这种情况很"恶心"，让她"真的很生气"。因此，Alison 的愤怒显然是由她自己的不平等经历催生的，但这并不是通过与处于相同地位的其他人形成的集体团结来表达的。相反，Alison 更在意的是如何清楚地表明她不是什么。人们普遍持有的"平凡"观念——"每个人都和其他人一样好"——注入了这样一种意识：每个人，包括那些最不幸的人，都应该为自己所处的位置承担个人责任。

当然，我们很难知道这种隐藏的和赤裸裸的自我优越感对更广泛的英国社会的影响。在那些拥有较少资本的人中，我们发现了一些——尽管是试探性的——势利迹象，这些迹象出现在那些正在努力应对被人看不起的真实或想象的威胁的人身上。我们的一个受访者 Sarah，她是一名护士，她非常明确地想与她的工人阶级背景保持距离。她嫁给了一个"出身于受过良好教育的家庭"的中产阶级男人，并且她说她讨厌自己的婚礼，因为她为自己的亲戚感到尴尬。

/385

> 我的婆婆对我说:"我感觉在你的婚礼上有着社会分化。""你的家人都坐在一起抽烟喝酒,我们一家人都安静地坐在一起聊天。"那是一场噩梦,我不喜欢它,它……它很可怕,那是我一生中最糟糕的一天,而不是最美好的一天。

值得注意的是,Sarah 并没有拒绝婆婆的势利判断,而是接受了——她也想摆脱自己工人阶级家庭背景的污名。她告诉我们:"说实话,我试着向我丈夫的家庭靠拢。"这个逸事生动地强调了阶级标记的力量和被评判的痛苦;既有与某些阶级身份相关的污名,也有阶级伤害和阶级情感政治。在某种程度上,Sarah 觉得她已经能够摆脱使自己失去光泽的工人阶级身份,但她也担心这是她永远无法摆脱的东西。

Imogen 是一位出身于工人阶级的再生疗法医生,她描述了自己在伦敦南部被邻居评判时的类似感受。Imogen 在这个地区生活了 25 年,但她描述说,随着这个地区的士绅化,以及它成为富人的"殖民地",她有一种逐渐滋长的自卑感。但 Imogen 感受到的与其说是经济差异,不如说是围绕语言和讨论的更微妙的文化界线:"是的,我认为有一种自我优越感,它只存在于出身背景的某个地方,你知道,(是他们对我的)一种奇怪的评论,我发现有某种学术的方法,它是一种可以与他人保持距离

第Ⅱ章 阶级意识与新的自我优越感

的方法,即心灵对话,这种对话不会让其他人成为对话中的一部分。"

凯蒂·霍普金斯在混乱的《今晨》中露面的某一时刻,在短暂的平静中,她向沮丧的主持人吐露了心声:"你知道吗?一些父母经常出现在操场上,说,'我读了你的关于阶级和孩子名字的文章……[低声说]我不会说,但这也是我所做的。'"威洛比、菲利普·斯科菲尔德(Phillip Schofield)、她的检察官同事以及曼根都使劲地摇着头,显然想驳斥霍普金斯关于今天的英国可能藏匿着这么一大群势利之人的说法。 /387

然而,令人不安的事实是,霍普金斯的嘲笑(以及她提到的那些窃窃私语的父母)可能并没有那么反常。在某种意义上,霍普金斯说出了无法言说的、明确的阶级边界,并表达了对这些边界的情感(通常不说出来会更有力量)。正如本章所说明的那样,人们通常会与社会阶级的概念保持距离,尤其是与阶级优越感保持距离。正如表11.1所示,在我们的受访者中,只有不到一半的人认为自己属于某个社会阶级,而且在访谈中大多数人强烈反对反精英体制的、阶级评判的观点。然而,我们想在这里表明,这并不是整个故事。尽管大多数英国人可能不会直接认同某个特定的阶级,但不平等的程度以及它不平等地塑造人们生活机会的方式,意味着阶级仍然深深地存在于人们的身份中。大多数人继续识别强烈的阶级标志(通过 /388

· 361 ·

识别社区类型、家庭背景和生活方式,以及他们和那些与自己不同的人的互动)。我们的阶级意识往往不是通过理解我们是谁,而是通过理解我们不是谁而得到承认的。

结　论
21世纪的新旧阶级政治

在20世纪80年代和90年代，许多学者和政治家的著作已宣告"社会阶级的死亡"和基于"个体化"的后现代社会秩序的兴起。在本书中，我们对这种仁慈的观点提出了质疑。我们认为，通过关注顶层的财富精英与底层的不稳定无产者之间的根本区别，以及大量处于阶级结构中间层的群体，我们为认识21世纪阶级的重要性提供了更为丰富（尽管也令人深深担忧）的视角。

从根本上讲，阶级概念总是被政治问题所裹挟。阶级不仅是抽象的社会学分类，而且，如果说它们有什么重要意义的话，它们确实通过引发政治争论来塑造历史。那么，我们在本书中提出的令人担忧的叙述是如何影响当今紧张的政治格局的呢？在某些方面，2015年英国大选中保守党的成功和工党的失败，确实可以被解读为以中产阶级和工人阶级之间的区别为基础的老式阶级模式的失败。然而，我们也可以将保守党的成功解读为对我们在本书中所采用的阶级分析方法的价值证明。

近几十年来，英国出现了新的不平等现象，尤其是在经济领域。这就形成了不断扩大的阶级分化：一小部分位于顶层的"普通"财富精英成为最大受益者，而另一大部分位于底层的不稳定无产者则缺乏任何一种重要的经济资源。在这两个极端之间的是一些处于社会中间层级的群体。几个世纪以来，中产阶级和工人阶级之间的鸿沟已深深烙印在英国社会和文化中，尽管其文化遗产依然存在，但在这些新的不平等现象下，这种鸿沟的重要性已日渐式微。这些阶级之间的界线并不是封闭的，社会流动性普遍存在，尤其是在中间位置。然而，也确实存在着这样一个累积过程，即拥有优势的人能从更具竞争力的地位起步，这使他们有更多机会进入精英群体。这一点在地理动态和大学等精英机构的作用中得以体现。我们这代人正在见证一个与旧贵族秩序不同的精英阶级的形成，这一群体的独特之处就在于其优势明显超过其他任何群体。

这种阶级模式对传统的阶级政治提出了重大挑战。如果我们首先考虑近几十年来也被纳入政治动员中的社会学观点，那么我们就会怀疑关注"工人阶级政治"在今天还有多大的意义。这可以追溯到我们在第1章中首次讨论的旧观点，即在以前，中产阶级和工人阶级之间的轴心划分对于政治动员来说是至关

结论 21世纪的新旧阶级政治

重要的。

然而,政党不再与不同的职业阶级紧密相连,这是一个巨大的历史转变。表 C.1 显示出 1983 年和 1984 年与主要政党结盟的不同社会阶级(基于职业的)所占比例的一个明显的阶级分化。管理者、雇主和(专业程度稍轻的)专业人士将选票投给保守党的可能性至少是投给工党的两倍。相反,体力劳动阶级与工党结盟的可能性则是与保守党结盟的两倍。在这里我们可以看到,老式阶级政治清楚地体现在不同职业阶级的政党认同上。

进一步的思考提醒我们,为什么如此强烈的阶级分化会在这个时候发生。当时正值英国一次重大的工业冲突——矿工罢工,它在整整一年里占据了英国政坛的主导地位,当时保守党政府正面临着全国矿工工会(National Union of Mineworks)的强力动员,抵制其矿井关闭计划。工会会员人数在 1979 年达到了 1300 万人的历史最高点,直到 1983 年仍有超过 1200 万人。将近一半的工人都加入了工会,而且工业冲突也常常出现在新闻报道中。在大衰退的背景下,失业人数从 20 世纪 70 年代后期的 150 万人上升到 80 年代中期的 300 多万人,这是 20 世纪 30 年代以来的最高水平。这其中首先受到冲击的就是工业中的体力劳动者。因此,我们可能会看到那时支持工党和保守党的高度阶级分化也就不足为奇了。

表 C.1　职业阶级与政党身份认同之间的比例（1983~1984 年）

单位：%

	保守党	工党	自由民主党	其他党派
管理者	61	23	11	2
所有者和个体经营者	69	17	11	2
专业人士和中级工人	52	25	18	2
初级非体力劳动者	50	23	18	0
技能型体力劳动者	29	52	11	1
半技能型体力劳动者和非技能型体力劳动者	25	54	12	3

资料来源："The Role of Class in Shaping Social Attitudes", Anthony Heath, Mike Savage and Nicki Senior, British Social Attitudes, 30, 2013, 173–99 ed. A. Park, C. Bryson, E. Clery, J. Curtice and M. Phillips。

让我们回顾一下 2011~2012 年的情况，并提供完全可比的数字。30 年过去了，保守党政府（1979~1997 年、2010~2014 年）的两次长期执政，和新工党政府（1997~2010 年）的执政已改变了政治格局。此时工会会员人数已降至 700 万人，仅为原来的一半多一点，而且集中在公共部门的专业人员中，并不是标志性的煤矿工人、铁路工人、码头工人、钢铁工人等。一项大规模的公共设施私有化方案大大减少了公共部门的规模，并且在原本提供福利的许多领域实行了市场化原则。此时，经济已严重依赖服务业和金融业。

现在可以看到一套完全不同的政治联盟，而且这种联盟与职业阶级之间的关系并不那么紧密。表 C.2 显示，管理者、雇主和初级非体力劳动者不再成群结队地拥护保守党。事实上，他们对保守党的认同程度似乎不比工党高。与保守党相比，专业人士和中间阶级实际上变得更倾向于认同工党，这种情况在历史上第一次出现。这些趋势归功于托尼·布莱尔决心吸引这些群体，以此作为重塑新工党形象的一部分。实际上，由受过大学教育的议员所组成的基本统一的"政治阶级"已经取代前几代工会积极分子、商人和专业人士。

表 C.2 显示，尽管体力劳动者仍然明显地更有可能认同工党而不是保守党，但认同工党的比例已远低于 50%。越来越多的工人阶级选民也投了弃权票，并表示对整个政治制度不抱有幻想。

表 C.2 职业阶级与政党身份认同之间的比例（2010~2011 年）

单位：%

	保守党	工党	自由民主党	其他党派
管理者	40	32	6	6
所有者和个体经营者	33	30	4	16
专业人士和中级工人	29	38	10	10
初级非体力劳动者	31	26	8	10
技能型体力劳动者	24	40	3	12
半技能型体力劳动者和非技能型体力劳动者	17	41	4	8

资料来源："The Role of Class in Shaping Social Attitudes", Anthony Heath, Mike Savage and Nicki Senior, *British Social Attitudes*, 30, 2013, 173–99 ed. A. Park, C. Bryson, E. Clery, J. Curtice and M. Phillips。

从表面上看，这两张表表明，以工人阶级和中产阶级之间的根本分歧为基础的，在20世纪的政治动员中占主导地位的老式阶级政治已终结。然而，正如我们在本书中极力强调的那样，这并不意味着阶级本身已死亡。我们需要重新思考阶级和政治相互交织的关系。职业阶级政治现在非常有局限性，因为在职业政治中，你当前的工作定义了你的阶级，并赋予你一系列影响你的政治立场的阶级利益。然而，政党的成功似乎取决于他们能在多大程度上迎合不同选民的未来愿景和价值观，用我们的论点来说，就是他们如何提供积累不同类型资本的策略。新的阶级政治正是通过定义这种看似可信的未来的能力而得以运行的。

　　我们现在看到的是一个有效且强大的财富精英的阶级政治，从广义上讲，一个极端是，财富精英在政治上高度参与，并且知道如何游说；而另一极端却是，不稳定无产者在很大程度上与主流政党政治的疏离。在这两个极端之间还有一个更大的群体，他们的定位更加灵活且具有流动性。我们之后会回过来思考这种政治格局，但在此之前，我们需要反思一下精英阶级政治的问题。

　　在过去的50年里，精英政治一直是政治动员和游说的中心。精英政治在工党（社会民主党也是新工党的变种）和保守党（在它的"一个国家"的思想，也在它更为撒切尔主义的形式中）中都有强大的基础，其核心观点是：不平等是竞争性资本主义制度不可避免的特征，而事实上，这些不平等在激励人们努力工作、变得充满抱负以及努力创新等情况下是可取的。出于这种信念，政治任务就是确保不存在阻碍人们基于自己真正的功绩和努力而登上社会顶层的障碍。就任何人都有可能成功这一点来看，不平等本身就不一定是一个问题。因此，新工党的设计师彼得·曼德尔森（Peter Mandelson）曾有一句著名的俏皮话："不用在意人们是否变得满身铜臭……只要他们纳税就行。"尽管他的言论备受指责，但他也只是在描述他那个时代的政治常识。

但值得记住的是，这种精英体制思潮取代了更加平等主义的政治体制，后者坚信平等本身就是一个需要解决的问题。这种平等主义思潮在安东尼·克罗斯兰（Anthony Crosland）1956年的著名论著《社会主义的未来》（*The Future of Socialism*）中得到了有力的阐述。

> 在英国，机会均等和社会流动［……］还不够。它们需要［……］与措施［……］结合起来，使奖励和特权的分配更加平等，以减少阶级分化的程度、由于巨大的不平等而造成的不公正，以及因奖励过于分散而引起的集体不满。①

---

① Anthony Crosland, *The Future of Socialism* (London: 1956), p. 237.

直到20世纪70年代，克罗斯兰的观点一直都是工党内部的一股重要力量。令人惊讶的是，当时的英国是世界上拥有"累进"税制最多的国家之一，在20世纪80年代之前，英国的所得税率高达98%，遗产税率也高达85%。[1]因此，我们有一种增长报国的传统，在不平等加剧的情况下，这种传统的相关性肯定可以恢复。似乎毫无疑问，那些坚持认为平等是一个需要直接解决的政治问题的声音，现在很明显又回来了，以至于工党内部的一些人又开始主张再分配（例如，关于豪宅税的争论）。毫无疑问，我们认为这些争论会在未来几年持续存在，并且我们希望我们这本书能鼓励这一举动。

如今，认为精英体制的机会可以为经济不平等提供正当性的支持者们面临着两个基本问题。首先是皮凯蒂和其他社会科学家提出的挑战，本书也特别强调了这一点。就像其他国家一样，英国的不平等现象也在加剧，很难看出，在山峰之巅进一步积累财富将起到任何额外的精英体制的作用。事实上正好相反，这种积累已被证明会产生一系列的社会问题。[2]当人们将注意力集中在财富而非收入上时，这一点就变得更加引人注目，因为人们很难将超级富豪财富的飙升归因

---

[1] Thomas Piketty, *Capital in the Twenty-first Century* (Cambridge, MA: 2014), Chapter 14.
[2] 特别参见 Richard Wilkinson and Kate Pickett, *The Spirit Level: Why More Equal Societies Almost Always Do Better* (London: 2009)。

于任何一种发挥作用的精英体制。尽管我们可能会承认，某种精英体制因素可能在中端劳动力市场发挥作用，但这无论如何都无法解释高端市场的情况，因为在那里，食利者的收入空间至关重要。正是这一点解释了经济分配顶层的经济资本为什么能够迅速增长。

我们还本着迈克尔·杨的精神在这里坚持第二个问题。精英体制的进程不能解决不同社会群体前景中的不平等问题，事实上甚至可能加剧这种不平等。这是因为在一个竞争激烈的教育体系和劳动力市场中，那些能够最大限度地发挥所有可能的优势，且能够从最有利的位置起步的人，才是最有能力在这种精英体制下取得成功的人。我们看到，典型表现是在寻找"人才"方面表现得非常活跃，即这些公司和组织在"赢家通吃"的市场中，为其明星员工扮演了"温室"的角色。精英体制并不能遏制日益加剧的不平等，它实际上也牵涉其中。

在这方面，乔治·奥斯本（George Osborne）和戴维·卡梅伦（David Cameron）在牛津大学布灵顿俱乐部（Bullingdon Club Oxford）时期的传统形象，即这种预示着封闭的、老式的精英世界将继续自成一派的形象是具有误导性的。比如，像"建制派"这样的形象可以被动员起来，这表明如果我们可以拥有"真正的"精英体制，并能够打破那些在上层社会中仍然存在的地位壁垒，那么我们就有可能解决社会阶级的不平等。但是，这种回溯到对旧贵族文化的批判是无济于事的。精英教育机构之所以取得成功，并不是因为它们被掌握在前贵族精英的手中（尽管旧习难改，而且现在仍然可以找到其遗迹），而是因为它们处于竞争激烈的招聘和培训过程的顶端，这些过程正是当代新自由资本主义的核心。精英体制与我们在本书中所提出的这种严重不平等现象的产生是密切相关的。因此，面对近几十年来日益加剧的不平等现象，呼吁更多的"教育"作为鼓励社会流动和解决阶级不平等问题的手段是具有很大局限性的。

新阶级政治分类

我们应该再一次采取平等政治。但是，这并不意味着我们可以简单地恢复老式阶级政治或欣然接受社会民主主义的遗产。从社会学的角度来看，我们已证明了阶级分化的本质，但将它们投射为清晰的类别划分就过于简单了。人们不能像这样整齐地排列和用一元的方式来定义阶级。在布迪厄的指导下，我们坚持采用一种多维的方法来看待阶级，这种方法可以更好地把握当今阶级动态的复杂性。我们还坚持认为，有必要将文化和社会进程，而不仅仅是经济进程，视为当今阶级运作方式的基础。

结论 21世纪的新旧阶级政治

我们倡导一种新的阶级文化政治,这种政治并不致力于将人们划分为明确的类别,并根据他们假定所属的成员身份来对其进行判断。鉴于本书似乎包含了许多此类情况,所以这听起来可能有点令人惊讶,但我们希望读者能够看到,我们的努力是在更广泛地关注分类政治的背景下进行的,并且在这方面,我们已提醒大家注意这种阶级分类的定义和分类的构建所存在的局限性和缺陷。而这里最令人震惊的发现是,如果你仅依赖GBCS的网络调查,那么不稳定无产者将变得不可见,而精英人士则会变得非常显眼。

因此,我们对社会底层的不稳定无产者群体和顶层的"普通"财富精英的特征提出了质疑。我们在本书中坚持认为,分类模式本质上是具有等级的,所以由此产生的阶级类别必然充满道德性。我们还进一步指出,新兴文化资本的形式进一步推动了这种分类政治,导致了负面认同和反应模式的激增,其结果是加剧了那些最不具备能力去对这些定义提出异议的人已背负的污名。这只会使他们的处境变得更糟。

对这种政治的一种回应可能是拒绝分类,或者是指出任何一种分类在一般意义上的局限性。然而,这种回应存在两个问题。首先,它让人回想起旧的贵族文化,那时它被认为是"庸俗"的分类。20世纪50年代,当南希·米特福德谈到了区分上流社会和庸俗社会的不同口音与社会能指时,即"U"和

"非U"的口音,她因为将一直都不成文的准则说得太过清楚而招致朋友们唾骂。鉴于这些原因,不参与分类的政治并不是一个有效的回应,因为它保留了隐性的特权。其次,它并不能阻止分类的发生,因为分类已强有力地嵌入当代生活。排行榜、市场分析和分类是当今"认识资本主义"的核心。[1] 拒绝参与这种分类政治,就极大地限制了你寻求更积极地影响这些力量的方式。我们可以做得更有效的事情就是将这些分类过程本身视为一个政治问题加以重视,并设法进一步使它们更有效地结合起来,以便凸显那些被赋予特权而受到质疑的群体。这需要将分类过程本身置于政治聚光灯之下。这就牵涉到社会科学的介入,以及社会科学也试图从市场研究人员、顾问、记者和评论员那里夺取知识权威。

我们认为,这种方法使我们能够更好地理解当今阶级的意义。人们之所以不喜欢阶级这个概念,恰恰是因为它的重要性在日常生活中如此明显,正如人们看到周围的不平等现象正在蔓延一样。在任何一条大街上,不同种类商店的社会阶级编码都在激增:维特罗斯(Waitrose)超市、奥乐齐(Aldi)超市、街角商店、熟食店,所有的这些都带有社会意义和实际意义。然而,这样的分类表明,如今中产阶级和工人阶级之间的老旧

---

[1] 参见 Nigel Thrift, *Knowing Capitalism* (London: 2005)。

结论　21世纪的新旧阶级政治

划分已不再清晰。与存在于社会结构中间范围内的相当大的社会流动性相结合，可以发现如今存在着一种关于阶级界线究竟在哪里的广泛的不确定感。对此的回应不应是坚持"实际"阶级界线的固定性质，而是去了解这些流动性为何需要一种阶级的文化政治。

我们可以提出五点建议作为本书的结论。第一，我们对那些处于最底层社会阶级的人群的刻板印象提出质疑。在本书中，我们已看到处于最底层的那些人是如何充当污名化与边缘化的避雷针的。这与之前中产阶级和工人阶级之间的不稳定性与分裂有关，正如很多人会看向低于自己的位置，将那些他们认为地位比自己低的人视为声名狼藉且不道德的人。在某些方面，这并不算什么新鲜事，但在今天，这种趋势的运作尤其险恶。我们坚持认为，这种带有污名化的政治是有严重问题的，因为它会进一步破坏那些在贫困线水平上勉强糊口的英国人原本艰难的生活。我们只能赞同其他研究者的观点，例如伊莫金·泰勒（Imogen Tyler）、特蕾西·谢尔德里克（Tracy Shildrick）、罗伯特·麦克唐纳（Robert MacDonald）、贝弗利·斯基格斯，以及社会政策专家约翰·希尔斯（John Hills）等的观点。他们坚持认为，在现实生活中，社会底层人民的生活并不像真人秀《福利街》中那样，以非道德化的乞讨模式为特征，而是建立在

/404

一种不稳定的基础之上。①挑战大量存在的刻板印象就需要提出新的且更具挑战性的分类，这正如我们在对 GBCS 的分析中所做的那样。

第二，我们需要更直接地让处于最顶层的人进入视野。这里最根本的问题是，他们迅速增长的经济资本在多大程度上是合理的。皮凯蒂坚持认为，资本回报率通常会超过经济增长率，因此财富积累的速度会超过国民经济的增长速度。皮凯蒂的观点让人们注意到，最高水平的经济资本正以越来越强烈的方式进行自我再生产。更直接地说，就是你拥有的越多，你得到的就越多。目前已有一场重要的运动，旨在让人们更清楚地看到超级富豪获得的过度回报——例如占领运动——我们强烈支持这种关注。但我们认为更重要的是，不能只关注特定的"超级富豪"个人，甚至是通常被单独挑出来的那"1%"的人。有一种危险是，这种政治既会变得耸人听闻，又会以某种方式聚焦于特定的个人，从而削弱了我们对所谓"普通"财富精英的更广泛的社会共鸣。在这里我们需要明确一点，即在华尔街这样的特定网站上点名批评某些"强盗大亨"无疑是重要的，但我们也希望看到更广泛的群体成为被关注的对象。

---

① 参见 Imogen Tyler, *Revolting Subjects* (London: 2013), T. Shildrick, R. MacDonald, C. Webster and K. Garthwaite, *Poverty and Insecurity: Life in Low-pay, No-pay Britain* (Bristol: 2012), Beverley Skeggs, *Class, Self, Culture* (London: 2004), 以及 John Hills, *Good Times, Bad Times: The Welfare Myth of Them and Us* (Bristol: 2015)。

结论　21世纪的新旧阶级政治

第三，在对社会分化的理解中，我们力求使经济资本、文化资本和社会资本等各种资本的积累问题变得更加重要。分类通常是在大致印象的基础上操作的，而这些操作混淆了基本的时间维度。我们在阶级结构的最顶端看到的是平凡而普通的积累，例如迅速上涨的房价。通过对财富和豪宅税的关注，这种积累形式日益成为政治关注的对象，我们认为这是完全合适的。我们认为，只关注超级富豪的阴谋是无益的，因为它忽略了这些极端积累的更为常规（但暗含排他性）的过程。

第四，我们需要更有效地拆解当代不平等与不同类型资本之间相互作用的关联方式，这种关联会导致一系列恶性循环和良性循环。同样地，我们在这里面临的挑战是抵制简单化和快照式的分类。因此，我们强调了经济资本、文化资本和社会资本相互交织的方式，这些关联是如何通过特定的机构（精英大学）和特定的地点具体化的，以及这些关联是如何通过长期积累过程而形成的。

第五，在本书的结尾处，让我们回到有关精英政治局限性的评论上。我们可以通过讨论以下观点来扩展这一点：为了从根本上挑战本研究中所揭示的不平等现象，我们需要质疑竞争性的、资本主义的、新自由主义的市场体系本身。这一体系的合法性取决于它是否被视为与自由和机会均等相符。通过对这种关联提出质疑，我们能够更好地思考其他更有效和更具包容性的模式的力量。

因此，我们希望本书能够开启有关当今阶级意义的讨论，并通过促成日益增多的公众辩论而直面当代的挑战，从而向政治家和政策制定者施压，要求他们挑战存在于 21 世纪开端数十年中的不可接受的严重的不平等现象。

附 录
英国阶级大调查（GBCS）

在本书中，我们引用了英国阶级大调查（GBCS）收集的数据。任何对该项目的组织和实施感兴趣的人都应该读一读菲奥娜·迪瓦恩和海伦妮·斯尼于2015年发表在《社会学评论》上的《进行英国阶级大调查》一文。

我们在本书中使用的GBCS项目中的数据有3个组成部分。

（1）这项调查由BBC的LabUK网站主办，该网站于2011年1月26日推出。该调查采用了需要20分钟时间填答的问卷调查形式。调查问卷的详细信息可从英国数据档案馆获得。数据主要分两批收集。首先是截至2011年6月收到的16.1万份回复，我们将这些数据用于迈克·萨维奇等发表的《社会阶级的新模式？来自英国广播公司（BBC）的英国阶级大调查

（GBCS）实验的发现》一文的初步分析中。① 然而，直到2013年6月底，该调查仍留在网站上，特别是鉴于2013年4月底对GBCS结果发布的媒体宣传，有很多人提交了新的回复（在第二波调查中还有16.4万条回复），回复总共有32.5万条。本书中的大部分分析都使用初始数据集，因为在本书所报告的分析内容完成时，还没有对后一波数据进行错误检查。因此，未来使用整个数据集进行的研究可能会证明本文的结论是正确的，尽管我们的初步探索并不表明这会导致大幅修订。在我们的分析中，我们忽略了非英国居民的受访者。完整的数据集保存在埃塞克斯大学的英国数据档案馆中，其中包括更多关于样本的信息。②

（2）在2011年4月我们所进行的初步调查中，当GBCS的样本偏差被曝光后，BBC同意资助另一项面对面的调查，以便发现具有全国代表性的模式。这项特定的调查是由市场研究公司捷孚凯（GfK）在2011年4月进行的，使用了配额抽样方法［在迈克·萨维奇、菲奥娜·迪瓦恩、尼尔·坎宁安、萨姆·弗里德曼、丹尼尔·劳里斯顿、安德鲁·迈尔斯、海伦妮·斯尼和马克·泰勒，"关于社会阶级，Anno 2014年"，《社会学》（即将

---

① Mike Savage, Fiona Devine, Niall Cunningham, Mark Taylor, Yaojun Li, Johannes Hjellbrekke, Brigitte Le Roux, Andrew Miles and Sam Friedman, "A New Model of Social Class? Findings from the BBC's Great British Class Survey Experiment", *Sociology*, 47（2）, 2013, 219–50.

② 数据集在 https://discover.ukdataservice.ac.uk/catalogue/?sn=7616。

见刊）中进行解释］，并有1026名受访者。在本书中，这项调查有时也被称为"全国代表性调查"。有关本次调查及其与其他国家调查相比的代表性特征的更多信息，请参见萨维奇等的论文附录，"关于社会阶级，Anno 2014年"。这个数据集也在英国数据档案馆存档，其中包括更多关于样本的信息。

（3）鉴于媒体和公众对GBCS的浓厚兴趣，以及用定性证据补充调查结果的需要，我们随后进行了50次额外的采访，通过他们自己的语言，我们了解了更多他们对阶级的看法。我们向受访者提出了与GBCS类似的问题，但也对他们的生活史、态度和价值观提出了额外的定性问题。尽管我们特别关注我们认为的特别令人感兴趣的两个社会阶级（鉴于GBCS的结果），即处于社会结构顶层和底层的社会阶级，我们还是在社会范围内指导了这些访谈。这项研究是由萨姆·弗里德曼和海伦妮·斯尼协调的，本书的所有作者都参与了访谈。这些访谈是在2014年春末进行的，并被转录和编码，以供分析（在此期间我们系统地搜索了关键短语和问题）。关于访谈对象的简要说明如下。

职业	化名	地点	性别	年龄（岁）
人力资源经理	Hayley	牛津	女	50
退休教师	Charlotte	伍斯特郡	女	77

续表

职业	化名	地点	性别	年龄（岁）
会计	Paul	格洛斯特	男	66
退休教师	Monica	萨默塞特郡	女	67
退休女裁缝	Alison	约克郡	女	69
戒毒康复高级职员	Yasmine	兰开夏郡	女	49
护士	Sarah	西约克郡	女	51
夜总会保镖	Craig	莱斯特	男	48
退休的工资管理员	Martin	伯明翰	男	60~65
工厂工人和护工	Tina	埃塞克斯	女	51
叉车操作员	Lorraine	北安普敦郡	女	44
退休的小学校长	Fraser	达勒姆郡	男	66
古董经销商	Pauline	林肯郡	女	63
化学工程师	Michael	伍尔弗汉普顿	男	63
企业主	Indi	伍尔弗汉普顿	男	71
退休/艺术家	Elizabeth	约克	女	60
铁路信号员	Christopher	约克	男	75
学者/商人	Nigel	约克	男	60
教师	Roberta	埃塞克斯	女	—
退休银行家	Giles	柴郡	男	60
大学教授	Anthony	圣安德鲁斯	男	57
退休店员	Jane	伦敦	女	72

续表

职业	化名	地点	性别	年龄（岁）
IT 经理	Fiona	伦敦	女	48
销售经理	Alan	大伦敦	男	34
小说作者	Jennifer	南拉纳克郡	女	52
再生疗法专家	Imogen	伦敦	女	54
（游说政府或议员的）说客	George	伦敦	男	34
记者	Pierce	德比	男	38
销售主管	Jemima	白金汉郡	女	32
继续教育讲师	Roger	大曼彻斯特	男	59
法学院的学生	Henry	爱丁堡	男	19
通信主管经理	Georgia	伦敦	女	42
IT 经理	Benedict	苏塞克斯	男	51
市场经理	Jeremy	肯特	男	27
律师	Jarvis	牛津郡	男	38
退休护士	Stuart	布莱顿	男	60
零售顾问	Louise	伦敦	女	48
建筑工人	Richard	诺丁汉	男	32
建筑工人	Joe	伦敦	男	56
建筑工人	Simon	伦敦	男	47
管道安装工	Terry	伦敦	男	35

续表

职业	化名	地点	性别	年龄（岁）
慈善工作者	Janice	诺丁汉	女	35
平面设计师	Gita	伦敦	女	44
说客	Samantha	伦敦	女	29
性工作者	Lesley	诺丁汉	女	24
志愿工作者	Rosie	诺丁汉	女	52
美甲师	Laura	伦敦	女	34
清洁工	Barbara	伦敦	女	35
清洁工	Claire	伦敦	女	59

索　引

（此部分页码为英文版页码，即本书页边码。）

A

academics, income inequalities 200
accents
 – and class identity 382
 – cross-class interactions 379–80
 – 'U' and 'non-U' 305–6, 402
access to capital (Bourdieu) 46
affluent workers *see* new affluent workers
Afro-Caribbeans and Africans 38
age
 – and access to higher education 227
 – and class identity 52, 369
 – and cultural oppositions 112–13, 116
 – and economic capital 82, 83F, 84, 175
 – occupation and income 71T, 72
 – and the seven-class model 174T, 175–6, 180
 – and social capital 154–5, 159F
Alan (interview subject) 120, 208, 372, 412T
Alison (interview subject) 61, 114, 385, 412T
Anthony (interview subject) 99, 314, 318, 373, 412T
appearance, and class identification 124, 336, 351, 382
 – tattoos and piercings 376–7
aristocracy
 – *Debrett's* listing 32
 – decline of 304, 307
 – importance of weak ties 133
 – likelihood of knowing an aristocrat 147
 – a new aristocracy 88–95
 – separateness 26, 31–2, 43
 – stereotyping 323
Arthur (interview subject) 278–9
ascription cultures 323, 325, 328–9
Asian communities, Blackburn 82
assertiveness and educational level 51
assets *see* economic capital; property; wealth

B

Barbara (interview subject) 348, 413T
BBC (British Broadcasting Corporation)
 – announcement of GBCS 25
 – LabUK website 11, 409
 – survey supplementing GBCS 16–17
 – *see also* Class Calculator; GBCS
Beckham, David 102
'bedroom tax' 78, 342
Belfast 273F, 274
Benedict (interview subject) 115, 117, 124, 264, 314, 374–5, 379–80, 413T
benefit caps and cuts 342, 344, 356
benefit claimants, stigma 352–5, 383–5
Benefits Street (television series) 353, 383, 404
Bennett, Tony 17
bingo 122, 350
black and ethnic minorities *see* ethnicity
Blackburn 82
blue-collar occupations 4, 37
bodies, as stigmatization targets 336, 376–7
Booth, Charles 32, 352
boundaries
 – 'deserving' and 'undeserving' poor 32, 352, 355
 – urban-rural division 265, 290–1, 295–6

- working class and underclass 383–5
- *see also* middle-class-working-class; north-south divide

Bourdieu, Pierre
- on cultural capital 49–50, 95, 97–8, 101–2, 177
- on cultural class analysis 46–53, 105, 336
- 'distance from necessity' 63
- *Distinction* (book) 98, 101, 110
- 'field of power' 309
- 'habitus' 237
- 'homology' between types of capital 167, 170, 172
- influence on the authors 19
- 'misrecognition' 52, 155
- on multidimensionality of class 401
- on the significance of capital 47–8, 201–4
- on social capital 131
- 'symbolic violence' 50, 337, 362
- on wealth accumulation 74, 91

Bowling Alone, by Robert Putnam 131

brands
- 'gentry' aesthetic 303, 305, 322
- and snobbery 122–3

Brideshead Revisited, by Evelyn Waugh 223, 303, 306

Bristol University and UWE 236–8, 239F, 255T

Britain
- 'Broken Britain' narrative 356–7
- dollar millionaires 73
- relative inequality levels 59, 65
- whether typical 18

Brown, Gordon 224, 227, 229

building industry workers 343, 346

C

Cambridge social contact scale 140–1T, 169T

Cambridge University
- and Anglia Ruskin 238, 239F, 251, 255T
- graduates in 2010 cabinet 227–9
- *see also* Golden Triangle; Oxbridge

Cameron, David 131, 356, 400

Capital in the Twenty-first Century, by Thomas Piketty 303

capital types
- absolute and relative accumulation 166
- as accumulated labour 47
- accumulation and social divisions 405–6
- and clustering of elites 279–90
- importance of access to capital 46
- interplay between 165, 180, 204
- and unequal opportunity 48, 165
- *see also* cultural; economic; social capital

capitalism
- in contemporary Britain 45, 180
- 'gentlemanly capitalism' 28
- 'knowing capitalism' 403
- legitimacy 406
- and meritocracy 4, 398, 401

CARs approach (capitals, assets and resources) 46–7

Centre for Economic Performance, LSE 191

CEOs (chief executive officers)
- concentration in London 321–2
- GBCS participation 11, 311
- income of 69, 71T
- likelihood of knowing a CEO 147

Charlotte (interview subject) 63–4, 99, 106–8, 382, 412T

'chavs' 52, 175, 272, 335–6, 367

Chavs, by Owen Jones 263

chief executives *see* CEOs

children's names 363, 387

Christopher (interview subject) 372, 412T

cities
- elite segregation in 265, 274–6
- income inequalities within 269, 270F

City University, London 242–3T, 247

civic engagement/political involvement 131, 158, 160

Claire (interview subject) 348, 413T

class *see* social class

Class Calculator (BBC) 5–6, 314–15, 333, 346
- parodies of 337, 338F

'class formation' process 192

class identification
- and emotional politics 364–71
- and GBCS participation 367
- history of 27–31
- and stigmatization 355, 402

· 386 ·

class identity/class consciousness
- and age 52, 369
- and class hierarchy 367, 368T
- and distance from London 295
- and individuality 371-2
- and inter-class contacts 378-81, 388
- working class/precariat 339, 365
- *see also* self-identification
class origin, parental occupation as indicator 192
'class salary gap' 201
classical music
- and age 112
- alleged redemptive power 100
- and emergent culture 115
- as epitome of high culture 97-8, 110-12, 169T, 170, 317
Clegg, Nick 190
'clipped-wing generation' 78
community, sense of 343-4, 349-50, 352, 357-8, 365
comprehensive schooling 188, 245-7, 246T, 324
Conservative governments 304, 355-6, 393, 395
Conservative Party
- 2015 General Election 391-2
- definition of middle class 37
contacts *see* networks
council housing *see* social housing
Craig (interview subject) 86, 412T
'crap towns' 262, 272
critical attitude as a discriminator 115-16, 380
Crosland, Anthony 398-9
cultural capital
- Bourdieu's view 49-50, 95, 97-8
- defined and described 96-103
- elite clusters 286-9F, 290-1, 317-18
- GBCS findings 103-6
- interplay with economic and social capital 165
- and the precariat 337-9, 350
- and self-confidence 98-100, 107-9
- and social mobility 204-9
- by unitary authority 293T

- and university attended 253, 254-5T
- *see also* emerging culture
Cultural Capital and Social Exclusion study 17
cultural differentiation
- in banking 42
- and economic capital 90, 98, 126
- highbrow and emerging culture 110-18, 125-6, 178
- increased accessibility 101
- internationalized tastes 102
- by the middle class 30, 367
- and networks 109, 318
- private and public activities 107
- social and individual engagement 348
- sociology and 36
- state support for 'high' culture 95
'cultural omnivores' 114-15
cultural oppositions
- cultural orientation 103-6, 104T
- emerging culture and 110, 111T
cultural snobbery 118-26, 166, 178, 180
'culture' of occupations 33-5
'culture of poverty' theory 356-7
'cycle of deprivation' theory 355

D

Debrett's Peerage and Baronetage 32
'deserving' and 'undeserving' poor 32, 352-5
'desirability bias' 138
Diana, Princess of Wales 305
Distinction, by Pierre Bourdieu 98, 101, 110
Dorling, Danny 4, 170

E

'ease' (Khan) *see* self-confidence
Easington, Co. Durham 262-3
eclecticism 114, 118, 121
economic capital
- accumulated wealth component 74
- and age 82, 83F, 84
- assets other than income 72-6, 91
- and family background 204, 205-6F
- growth in Britain 74-5

- imperfect match with occupation 91
- and inequality 75, 87
- interplay with cultural and social capital 165
- overlapping forms 91-2
- and perceptions of class 84-8
- property as 73, 75-84, 86
- and social networks 160
- by unitary authority 294T
- and university attendance 247, 253

economic growth and capital returns 404-5
economic inequalities
- Bourdieu's view 48-9
- and economic capital 75, 87
- effect of wealth as well as income 72

economists
- on income group mobility 191
- neglect of social class by 4

Edinburgh 327, 379-80
educational level/qualifications
- assertiveness and 51
- and cultural capital 49, 106
- and economic capital 89
- GBCS take-up 14, 15T
- pathways to elite membership 245, 246T
- prominent non-graduates 227
- and social capital 148-9, 151F, 161
- and social mobility 401
- see also universities

educational provision and location 263
educational system
- the 11-plus examination 188
- comprehensive schooling 188, 245-7, 246T, 324
- curriculum changes 50-1
- independent schools 222, 245-7, 324
- promotion of 'high' culture 96-7, 119-20

'elective belonging' 264, 274
electoral reform 29, 36
elite class
- choice over location 274
- discomfort over identification 314-15, 374-5
- distinction from the '1 per cent' 170, 309
- dominance of London 319, 327-8
- educational pathways 245, 246T
- exclusivity 194, 313
- family backgrounds of 193, 204, 205-6F
- as fundamentally urban 297
- GBCS sample skew 311-17, 402
- occupational diversity 318-19, 327
- proportion attending paired universities 239F
- proportion of graduates among 240-1, 242-3T
- as proportion of the population 170-1, 174T
- proportion who are graduates 226-32
- regional clustering 279, 280-9F, 290-5
- segregation within cities 265, 272-4, 273F
- self-identification as middle class 369-71, 370T
- in the seven-class model 169T, 170
- tendency to display 313
- viewed as a constellation 317-22
- see also wealth elite

elite clusters 143, 265, 280-1F
elite institutions see universities
elite occupations
- access and family background 196-7, 203-4T
- social differentiation 143, 145

elitist culture 101-2
Elizabeth (interview subject) 115, 119, 122, 361-2, 412T
emerging culture
- and causes of GBCS bias 312
- distinction from highbrow culture 102, 110-18, 178
- effects of age and class 52, 177
- geographical distribution 263-4, 291
- and hierarchical classification 402
- universities 251-2, 254T

emerging professionals 197
emerging service workers group
- class identity 369-71
- as predominantly youthful 175-7
- as proportion of the population 174T
- in the seven-class model 169T, 170
- types of capital 172, 176, 179-80

Emin, Tracey 341-2
emotional politics and class consciousness 364-71

employees
- distinctions among 42
- distinguished from employers and self-employed 40

employment
- basis of Registrar General's classification 33
- insecurity of the precariat 351-4
- public-facing employment and networks 135, 145
- *see also* manual workers; occupations

England, specific preoccupations 30
English-speaking countries, inequality levels 65, 66F
entitlement, sense of 46, 51, 97
equality of opportunity 47-8, 215, 398, 406
Essex, University of 410
established middle class
- contrasted with technical middle class 178-9
- proportion attending paired universities 239F
- proportion of graduates 229
- proportion of the population 174T
- self-identification 369, 370T
- in the seven class model 170
- types of capital 172

the 'Establishment' 133, 305, 307-9, 322, 400
ethnicity
- and age 176
- and GBCS take-up 14, 15T
- inequality and Goldthorpe 40
- and property values 82
- and the seven-class model 173-5, 174T
- working class racial divisions 38

European Union, inequality levels 65, 66F
Eurostat 266F, 268F
Experian plc 263
expertise
- and the class divide 362
- and the seven-class model 178, 180

F

Facebook 74, 114, 116, 335, 347
families, cultural orientations compared 104T, 111T

family backgrounds
- and economic capital 89
- and elite occupations 202-3T
- and financial sector earnings 201
- and social capital 149, 152-4, 153F

family income *see* household incomes
fast food 110, 111T, 117
'field of power' (Bourdieu) 309
financial crisis
- effect on London's dominance 267
- exacerbating inequalities 65

financial sector, employment 201
Fiona (interview subject) 61, 114, 123, 212, 317, 412T
France 98, 175
franchise extension 29, 36
Fraser (interview subject) 99-100, 106-8, 115, 121-2, 130, 382-3, 412T
friendship and favours 52, 155
'fringe benefits' 43

G

GBCS (Great British Class Survey)
- access to professions 196-7
- announcement of 25
- archive 410
- breakdown of occupational contacts 136-7T
- differential take-up and sample skew 7-16, 240, 311-17, 333, 402
- discrepancies with GfK survey 369-71
- findings on cultural capital 103-6
- income and occupational class 69
- methodology 7, 409-11
- new classes and family background 195T
- new classes and percentage of graduates 228F
- new classes and their incomes 169T
- new classes and their numbers 174T
- occupational groupings 133-4, 202-3T
- possible spoiling 312
- responses to 5-6, 345, 409-10
- social mobility insights 192
- supplementary interviews 16-17, 340, 411, 412-13T

· 389 ·

GDP (gross domestic product) 73-4, 404-5
gender
 – class awareness and anxieties 37, 346, 365-6
 – differing effects of relationships 158
 – female respectability and femininity 37-8, 365-6
 – franchise extension to women 36
 – gender pay gap 201
 – inequality and Goldthorpe 40
 – university admissions 256
 – women's labour and class hierarchies 28
General Elections
 – 2010 78, 189, 222, 227
 – 2015 391
generational differences see age
'gentlemanly capitalism' 28
gentrification 87, 269, 272, 274-5, 386
'gentry' aesthetic 303
geographical differences
 – distribution of resources 290-5
 – GBCS take-up 7-11, 8-9F, 311
 – moralization of location 263
George (interview subject) 108-9, 116, 208, 316, 320, 326, 413T
Georgia (interview subject) 115-16, 122, 314, 316, 325, 413T
GfK market research
 – breakdown of occupational contacts 136-7T, 143, 144T, 146F
 – class identification 368T, 369, 370T
 – methodology 16, 410
 – as nationally representative survey 134-5
 – social mobility indicators 192, 195T
gifts
 – and cultural capital 49-50
 – and social capital 155
Giles (interview subject) 211, 320, 326, 412T
the Gini coefficient 65, 66F
Gita (interview subject) 213-14, 413T
global class relationships 18-19
'global elite' 82, 244
global precariat 352-3
globalized culture 102
Golden Triangle
 – of universities 241, 245-7, 246T, 251
 – of Yorkshire 279

Goldsmiths College, University of London 244, 252-3, 254T
Goldthorpe, John
 – occupational classification 39-43
 – on social mobility 190-1, 210-11
Granovetter, Mark 132
Great British Class Survey see GBCS
Greater Manchester 267, 272, 273F, 274-6
'guilty pleasures' 119
GVA (gross value added) 265-7, 266F, 268F

H

healthcare and location 263
Hecht, Katharina 88-9
Henry (interview subject) 117, 314, 379-80, 413T
hierarchies
 – defined by the idea of class 362
 – within the middle class 90-1
 – position of the 'new affluent workers' 168-70
 – position of the 'technical middle class' 168-70
 – and women's labour 28
highbrow culture
 – and age 125, 155
 – alleged redemptive power 100
 – and emerging culture 102, 110-18, 177-8, 251
 – geographical concentration 290-1, 322
 – and income 169T, 170
 – and popular culture 95-6, 105
 – recognition, in France 98
 – snobbery and 120-1, 126, 166
 – and social capital 206F, 209
 – in universities 251-3, 254-5F, 256
higher education see universities
Hills, John 76, 84
'hip' see emerging culture
homology principle (Bourdieu) 167, 170, 172
Hopkins, Katie 363-4, 373, 387-8
household incomes
 – higher professional and managerial 69-72
 – and range of contacts 143, 146F, 147, 150F, 154, 156-7F

- and the seven-class model 169T
- spatial distribution in London 269–72, 271F
- and university attended 247–51, 250F

household net worth 73
housing *see* property

I

immigration
- and class anxieties 37–8
- and identity 213–14
- and prudence 86–7

Imogen (interview subject) 87–8, 107–8, 119, 386, 413T
income
- and age 83F
- elite group 205–6F
- and family background 200
- relative importance for wealth 91
- *see also* household incomes

income inequalities
- causes in the UK 65–7
- within cities 269, 270F
- growth in 65–72
- NS-SEC classes 67, 68T
- top and bottom percentiles 67–9

income mobility 191
independent schools/private education 222, 245–7, 324
Industrial Revolution
- class identification and 25, 27
- and the north-south divide 277

industrialists, Bourdieu on 167
inequality
- and the housing market 77
- increased by growing wealth 74
- and meritocracy 187–9, 215–16, 398–401
- public perception and attitudes 59–64
- in recent decades 392
- and research participation 333–4
- in the 1970s 304
- university access 225–6
- *see also* income inequalities

information technology 197, 200
inheritance
- of cultural capital 49

- and economic capital 75, 84

insurance premiums 263
intellectuals, cultural distinction 98, 167
'intermediate class' 42, 44, 395
internet, and accessibility of culture 101–2
internships, unpaid 208, 320
interviews
- follow up to GBCS 17, 59, 61, 314
- with Manchester residents 25–6
- *see also* GfK; *individual respondents, listed on page 412–413*

IQ testing (Intelligence Quotient) 187–8, 221

J

Jane (interview subject) 61, 119, 412T
Janice (interview subject) 345, 413T
Jennifer (interview subject) 211–12, 412T
Jeremy (interview subject) 61, 208, 212, 413T
Joe (interview subject) 339, 413T
Jones, Owen 4, 263, 307
- book, *Chavs* 263

K

Khan, Shamus 99, 118, 324, 327
'knowing capitalism' 403
knowingness
- about university status 237
- among working-class interviewees 340–2
- cultural 114, 117–18, 178, 312, 329
- and GBCS bias 312
- over social contacts 130
- political, of the wealth elite 396

Knowsley, Merseyside 82
Kuhn, Annette 375–6

L

Labour Force Survey 41T, 67, 68T, 70T, 135
- breakdown of occupational contacts 136–7T

Labour movement 28–9, 365
Land Registry 79
language *see* accents

'latent class analysis' 168
Laura (interview subject) 348, 413T
law
- location of the legal elite 321
- recruitment into 131, 197, 201, 319
Lawler, Stephanie 335-6
league tables
- in classificatory politics 403
- of universities 233-5, 240, 244
Leeds 261
legitimacy
- determined by the powerful 336, 349
- and emerging culture 118, 177
- of 'high' culture 95-7, 106-9, 125
Lesley (interview subject) 340-2, 345, 413T
Lewis, Oscar 356-7
lex insita 47
life histories and self-assessment 63-4, 85
Lin Position Generator (Nan Lin) 133-4
LISA (Local Indicators of Spatial Association) 279, 280-9F
Lisa (Mckenzie, interviewer) 334, 340, 342, 345-7, 350
Lockwood, David 39, 42
London
- concentration of top-ranked universities 241, 244-5
- cultural dominance 262, 291, 293T
- economic dominance 265-76, 291, 294T
- elite concentrations 319-21
- GBCS take-up 9F, 10
- household income distribution 269-72, 271F
- insecurity of the poor 342-5
- network status and breadth 283F, 285F, 290
- and property values 79-82
- social dominance 291, 292T
- social mapping 32, 283F, 285F, 290
Lorraine (interview subject) 63-5, 377-8, 384, 412T
lottery winners 45
Louise (interview subject) 62, 207-8, 314, 374, 413T
'lower-middle class' 38, 210
LSE (London School of Economics) 191, 241

M

The Making of the English Working Class, by Edward Thompson 364
managerial and professional classes
- cultural differentiation 42
- income inequalities 67-9, 68T, 70T, 201
- as parents of the elite 193-4
- *see also* senior managerial
Manchester 25-6, 267, 272, 273F, 274-6
Mandelson, Peter 398
mansion tax proposals 399, 405
manual workers
- distinction from staff 42
- GBCS take-up 11, 13T
- Registrar General's classification 33, 34T
mapping
- and moralization of locations 263
- social map of London 32
- statistical mapping techniques 279
market research surveys *see* GfK
Martin, Ronald 277-8
Marx, Karl 3, 364, 367
Mckenzie, Lisa 334, 340, 342, 345-7, 350
medicine, income inequalities 200
men
- beneficial effects of marriage 158
- class awareness 346, 365
mental illness 276
Meritocracy, The Rise of, by Michael Young 187, 221
meritocratic justification of wealth 313, 316, 322-5, 398-400
meritocratic system
- incentives 67
- and inequality 187-9, 215-16, 398-401
- meritocratic recruitment 201
- and the modern wealth elite 322-9, 374-5
- and private education 324
Mexico City 356
middle class
- increasing hierarchy within 90-1
- 'lower-middle class' 38, 210
- as a mediating force 29
- problems of definition 26-7
- relationship to place 264, 296
- specifically British meaning 39

– *see also* established middle class; technical middle class
middle-class-working-class boundaries
– as an enduring preoccupation 26–7, 30–41
– continuing validity 160, 391–2
– Goldthorpe's perspective 39
– and the north-south divide 264
– politicization of 37, 391–2
Milburn, Alan 196
millionaires, British 73
'misrecognition' (Bourdieu) 52, 155
Mitford, Nancy 305–6, 363, 402
money
– and choice of cultural activities 106
– mention by interviewees 61–2
– 'old' and 'new money' 88
Monica (interview subject) 87, 377, 412T
morality
– of class as a concept 373
– conflated with economic stability 63–4
– conflated with social class 32, 35–6
– *see also* respectability
'moralization of place' 52
mortality linked to cultural factors 35
Mrs Brown's Boys 348–9
museums
– increased accessibility 101
– visits and the precariat 348

N

names of children 363, 387
national identity
– and class identification 10
– and the dominance of London 267
National Student Survey 233, 235
nationally representative survey *see* GfK
neo-liberal policies 175, 351, 354–5, 401, 406
net worth, comparative 73
net worth, housing assets 76
networks
– absence of class segregation 143
– among the poor 356
– clustering of occupational contacts 138–42

– and cultural taste 109, 117–18
– occupational breakdown 134–8
– 'school-gate' networks 132
– in social capital 52, 129
– survey limitations 138
– tendency to accumulate 149
– of the wealthy 90
'new affluent workers'
– class identity 39, 369
– economic and cultural capital 171
– position in the hierarchy 168–70
– as proportion of the population 174T
– proportion who are graduates 228F, 230–1F
– types of capital 171–2
New Labour 189, 395, 398
Nigel (interview subject) 114, 326, 412T
'non-domiciled' rich 309
north-south divide
– as middle- and working class 264–5
– preconceptions 276–7
– and preeminence of London 269, 291, 295–6
Northern Ireland 10
'northern powerhouse' plan 267
Nottingham 334, 339–40, 344–5, 349
NS-SEC (National Statistics Socio-Economic Classification)
– adoption of Goldthorpe's classification 40
– categories 41T
– household income and contacts 146F
– income inequalities and 67, 68T, 69, 70–1T
– middle class subdivisions 44–5
– mobility between classes 190
– occupational group and family background 202–3T
– occupational group and range of contacts 144T
– parents' occupational group and GBCS class 195T
– ranking and contact network 139, 140–1T, 142
Nuffield mobility study 190–1

· 393 ·

O

occupational classes (7) *see* NS-SEC
occupational groupings (5) 142–3, 150–1F
occupations
- basis of Registrar General's classification 33–5, 34T, 36–7
- chance of contact between 138–42, 140–1T, 143
- diversity of, among the elite 318–19, 327
- extent of social networks 134–8, 139–42
- GBCS take-up 11, 12–13T
- Goldthorpe's classification 39–43
- imperfect match with economic capital 91
- imperfect match with income 69, 70T
- and parental background 198–9F
- and political allegiances 393–6, 394T, 397T
- routine occupations 145, 172
- status 37, 134, 139
- *see also* employment

Occupy movement 405
OECD inequality trends, 2008-2010 65, 66F
Office for National Statistics 40, 270F
- *see also* NS-SEC
the 'one per cent' 170, 405
opera
- attended by the wealth elite 90, 92, 318
- and cultural oppositions 103, 104T, 110, 111T, 349
- as exemplar of 'highbrow' taste 100, 122, 290, 318, 390
- improved accessibility 102, 349–50
ordinariness, insistence on 373–6, 381, 385
'ordinary' wealth elite *see* wealth elite
Orwell, George 30–1
outlier effects 148
Oxbridge (Oxford and Cambridge universities)
- Attlee on distinctions 235
- graduates as GBCS participants 311
- graduates in privileged professions 222
- proportion of elite class graduates 240
Oxfam 3
Oxford, University of
- as most prestigious institution 240–1, 245, 246T, 247
- prime ministers from 222, 227, 235
Oxford Brookes University 240, 243T, 255T

P

Paired Peers project 236, 238
parents
- adults living with 78, 86
- influence, and economic capital 75–6, 84
- 'school-gate' networks 132
parents' occupations
- and professional recruitment 318–19
- and social contacts 149, 152, 153F, 156–7F
- and social mobility 192, 195T
past experience and self-assessment 63–4, 85
Paul (interview subject) 99, 119, 124, 372, 412T
Pauline (interview subject) 108, 412T
peasantry, absence from Britain 27
percentiles, deciles, quintiles
- income inequalities 67–9, 70T
- inheriting wealth 75–6
perceptions of class *see* class identity; self-identification
Piketty, Thomas
- *Capital in the Twenty-first Century* 303
- on housing as capital 72–3, 297
- on increasing disparities favouring elites 170, 310, 354
- on wealth accumulation 74, 91, 404
political allegiances
- extreme politics 351
- and occupational groupings 393–6, 394T, 397T
- and regional stereotypes 277
political involvement/civic engagement 131, 158, 160
political organization of the working class 29, 364
politicians
- appeal to aspirations 37, 396
- Oxbridge over-representation 222
- proportion of graduates 227–9
- as a uniform political class 395

politics and the idea of class 391–2, 402–3
popular, contrasted with 'high' culture 95–6, 105
population
- GBCS as unrepresentative 14, 16, 173
- precariat as proportion 171, 174T, 333
- proportion attending universities 222–4
- wealth elite as proportion 170, 174T, 309–10
Port Talbot 82
postcode sociology 263
poverty
- blamed on the poor 355–7
- and collective identity 365
- and fears of the residuum 32–3
- *see also* inequality
'poverty porn' 353–4
the precariat
- as characteristically tenants 77–8, 342–5
- family backgrounds of 193
- GBCS invisibility 402
- as a global phenomenon 352
- identification and characteristics 351–7
- proportion of graduates 229
- as proportion of the population 171, 174T, 333
- self-identification 371
- separation from the wealth elite 4, 53
- in the seven-class model 169T, 170
- stigmatization and 4, 335–9, 352–7, 386, 404
- understanding of GBCS methodology 347, 350–1
- *see also* working class
private education/independent schools 222, 245–7, 324
privatization 309, 395
professional recruitment
- into law 131, 197, 201, 319
- and parental background 318–19
- and social mobility 131, 194–6, 200
professionals, GBCS take-up 11–13, 12T
property
- 'affordable' housing 79
- choice over location 274
- as economic capital 75–84, 86, 297

- second homes and buy-to-rent 297, 310
- wealth from, and location 78–9, 85
property ownership
- and age 75–6, 78, 83F
- and economic self-assessment 63–4
property values
- and accidental wealth 317, 405
- elite group 205–6F
- geographical aspect 79–82, 80–1T
- and household earnings 89
- mapping, and associated variables 263
- and the new social classes 169T
- and university attended 249F
'prospective rewards' 43
psychological imprint, upward mobility 214–17
publicans in social networks 138
Putnam, Robert 131

R

racial divisions *see* ethnicity
'reality' television 122–3
redistribution 59, 399
regional identity and class identification 10
regional stereotypes 261, 277–9
Registrar General's Office, household classification 32–3, 34T, 36–7, 40
rent, anxieties over 78, 340, 342–5
Research Excellence Framework 233, 235
respectability
- and class identification 31, 32, 35–6, 38
- and cultural interests 95, 97, 103, 106–7, 336–7
- and femininity 37–8
- and social networks 138
Richard (interview subject) 339, 346–7, 413T
The Rise of Meritocracy, by Michael Young 187, 221
Robbins Report 223
Roberta (interview subject) 373, 412T
Roger (interview subject) 85, 413T
Rosie (interview subject) 345, 413T
routine occupations 145, 172
Russell Group universities

· 395 ·

– compared to local 'new' universities 238, 240
– compared to other elite institutions 241, 244-7, 246T, 325
– as elite institutions 236

S

salaried and waged employees 42
Samantha (interview subject) 208, 413T
Sarah (interview subject) 212, 385-6, 412T
savings
– and age 83F
– elite group 205-6F
– and income 89
– and university attended 248F
scientists 69, 71T, 197
– see also technical middle class
Scotland 10, 80-1T, 224
'screen culture' 180
self-confidence
– and cultural capital 98-100, 107-9, 118
– of the GBCS elite group 315, 348-9
– and upward mobility 208-12
the self-employed 40, 343, 346, 394T, 397T
self-identification
– complexity and ambivalence of 217, 366
– economic capital and 84-8
– and inter-class contacts 378-81
– reluctance over 25-6, 349, 366
– subjective self-identification 368T, 369-71, 370T
– working class as commonest identification 369-71, 370T
senior managerial backgrounds
– cultural capital and 204, 206F
– economic capital and 89, 92, 200, 202T, 204, 205F
– of the elite class 193-4, 195T, 246T
– and elite occupations 196-7, 198F, 319
– social capital and 154, 204
– see also CEOs
'service class' 42-4, 172, 190
– see also emerging service workers
Sex Discrimination Acts 37
Sheffield University and Sheffield Hallam 237, 251

shopping and social class 403
Simmel, Georg 96
single mothers, stigmatization 378
Skeggs, Beverley 37, 335-7, 365-6, 404
'Sloane Rangers' 304-7
snobbery
– and class awareness 44
– and class boundaries 381-8
– cultural snobbery 118-26, 166, 178, 180
– distinguished from self-confidence 99
– and the etiquette of discussing class 363, 373-4
– and meritocracy 50
– and social contacts 130
soap operas 119, 124
social capital
– and age 154-5, 159F
– bridging contacts 145
– civic engagement and 131, 158
– elite clusters 282-5F
– and family background 149, 152-4, 153F
– importance of 149-61
– interplay with cultural and economic capital 165, 167
– networks in 52, 129, 134-8, 138-42
– and the new social classes 169T
– and social mobility 204-9
– by unitary authority 292T
– 'weak ties' 131-2, 145
social class
– and accumulated advantages 46-7, 91, 126
– conflated with morality 32, 35-6
– and family background 195T
– gender and class awareness 346, 365-6
– generational differences 175-6
– hierarchical views 4, 53, 204, 361-2
– historical understanding 48
– interactions across classes 375-81
– and occupational contacts 142, 144T
– perceptions of 84-8, 89-90, 158, 371-5
– in popular imagination 6
– proclaimed 'death of' 391
– proportion of graduates in each 226-31, 230-1F
– self-identification within 25-6, 217, 368T
– the seven-class model 168-80, 174T

- and shopping 403
- and sociological paradigms 31–9
social contact scores 140–1T, 169T
social housing
- and mobility 343
- Nottingham council estate 334, 345
- and political allegiances 277
- scarcity of affordable housing 77–8, 344
- and security 345
- segregated entrances 79
- stigmatization and 77, 335–6
social inequality *see* inequality
social media
- age and 112–13
- Facebook 74, 114, 116, 335, 347
- reaction to Katie Hopkins 364
- response to GBCS 6
- stigmatization on 335, 367
- Twitter 116, 166, 314
- use by emerging service workers 179
- weak ties networking 133
social mobility
- Bourdieu's experience 46
- in contemporary Britain 189–209
- decline in income mobility 191
- and family background 192–4, 195T, 216–17
- neglecting the effects of age 176
- Nuffield mobility study 190
- and professional recruitment 131, 194–6
- social and cultural capital 204–9
- universities' role 221, 224
- *see also* upward mobility
Social Mobility and Child Poverty Commission 196
social networks *see* networks
sociology
- class analysis, 1960-2000 39–45
- early class paradigms 31–9
- investigating classification 403
- research participation and inequality 333–4
speech *see* accents
The Spirit Level, by Richard Wilkinson and Kate Pickett 65
'staff' distinction from manual workers 42
standard deviations 269, 270F

Standing, Guy 171, 351–3
stately homes
- fascination with 98, 303
- visiting 105, 110, 111T, 169T, 348, 350
statistical mapping techniques 279
status of different occupations 134
stereotyping
- aristocracy 323
- awareness of 340–1
- regional 261, 277–9
- rejection of 313
- self-made businessmen 308
- and the 'underclass' 353, 404
Stevenson, David 35
stigmatization
- of benefit claimants 352–5, 383–5
- and class identification 402
- and the moralization of place 62, 335–6
- and 'poverty porn' 353–5, 404
- of the precariat 4, 335–9, 352–4, 402, 404
- related to domination 46
- of single mothers 378
- and social housing 77, 335–6
- the term 'underclass' 171
Stuart (interview subject) 85–6, 317, 413T
the super-rich 3, 170, 405–6
'symbolic violence' 50, 337, 362

T

taste
- class identity and 382
- legitimacy and 107–8
- snobbery and displays of 45
tattoos and piercings 376–7
tax breaks 308–9
tax rates, in the 1970s 304, 399
technical middle class
- as culturally disengaged 178
- position in the hierarchy 168–70
- as proportion of the population 174T
- self-identification 369, 370T
- types of capital 171–2
television
- *Benefits Street* 353, 383, 404
- *Mrs Brown's Boys* 348–9
- reality television 122–3

· 397 ·

- soap operas 119, 124
tenants
- anxieties over rents 78, 340, 342-5
- capital accumulation difficulties 75-6
- class identification 377-8
- members of the precariat as 77-8
Thatcher, Margaret 77, 262, 304, 355-6
theatre attendance
- as an aspiration 348
- and education 50, 120
- GBCS influence 6
- and income 90, 374
- subsidy 95
Thompson, Edward P. 27, 364
Tina (interview subject) 120, 374, 412T
trade unions 36, 265, 277-8, 393-5
'traditional working class'
- as proportion of the population 174T
- types of capital 172
Twitter 116, 166, 314

U

'U' and 'non-U' accents 305-6, 402
'underclass'
- distinction from working class 212, 383-5
- as stigmatizing 171, 352-3
'underclass theory' 355
unemployment 36, 334, 393
unemployment benefit 354, 383-4
universities
- access to, and equality 222-6
- compared with local ex-polytechnics 237-8, 239F, 244
- elite institutions, inequalities in access to 222
- elite institutions and access to professions 221, 324-5
- elite institutions and GBCS class 240
- elite institutions and inequalities 244-5, 253, 311, 324, 406
- elite institutions outside the UK 241, 242T, 244
- enrolments, 1860-2010 225F
- percentage of graduates in the new classes 228F, 230-1F

- proportion of elite graduates 240-1, 242-3T
- proportion of the population attending 222-4
- role in social mobility 221, 229, 256
- and school attended 245, 246T
- status and rankings 232-6
- *see also* Oxbridge
university towns, GBCS take-up 10
'Unleashing Aspiration' report 196
upper classes *see* aristocracy; elite
upward mobility
- experience of 207-8, 209-17
- mockery of 209
- 'Sloane Rangers' 304-7
- social groups 192-3, 200
- twentieth century 187, 190, 196
- whether decreasing 190, 216
- *see also* social mobility
urban-rural division 265, 290-1, 295-6

V

vis insita 47

W

waged employees 42-3
Wahrman, Dror 29
Waugh, Evelyn 223, 306
'weak ties' 132-3, 145
wealth
- and class awareness 89
- housing as a proportion of net worth 75
- increasingly inequalities 74
- independence from income 73
- meritocratic justification 313, 316, 322-5, 398-400
- personal wealth to GDP ratio 73-4, 404-5
wealth elite
- distinctiveness of social ties 147-8, 160
- distinguished from the aristocracy 303, 323
- distinguished from the precariat 4, 53
- distinguished from the super-rich 309
- evidence for formation 88

- Piketty on 310, 404-5
- as politically engaged 396
- as proportion of the population 309-11
- self-made stereotypes 308
- *see also* elite class

wealth elite, ordinary
- distinguished from the 'one per cent' 170, 405
- GBCS participation 313, 362
- London localization 322
- the meritocratic system and 323, 327-9
- as a recent phenomenon 392

welfare system *see* benefits

white-collar occupations 26, 28, 31, 37

women
- ambivalent effects of living with men 158
- franchise extension 36
- 'respectability' and femininity 37-8, 365-6
- in work, and class hierarchies 28

working class
- boundaries with the 'underclass' 383-5
- collective identity 365
- as commonest self-identification 369, 370T
- cultural disparities 278
- 'deserving' and 'undeserving' poor 32, 352-4, 355
- difficulty of defining 172
- identities and distance from London 296
- origin of fear of 29
- persistence of identity 27
- political disenchantment 396
- political organization and disenchantment 364, 396
- racial divisions 38
- romanticization 367
- 'smell' and 30-1
- 'traditional working class' 172, 174T
- and the 'underclass' idea 171, 212, 352-2, 355, 383-5
- *see also* manual workers; middle-class-working-class; precariat

World Economic Forum 3

Y

Yorkshiremen and -women 210, 261, 278-9, 320, 385
Yorkshire's Golden Triangle 279
Young, Michael 187-9, 215, 221, 400
- book, *The Rise of Meritocracy* 187, 221
youth 52, 177, 371

Z

zero-hours contracts 354

译后记

本书的翻译是在我的导师张海东教授的精心策划与悉心指导下完成的。2018年秋，刚迈入博士学习阶段的我，接到的第一项科研任务就是参与《新阶级社会：美国梦的终结?》一书的翻译工作，该书作为海东老师主编的"社会研究新视野"丛书之一，于2019年由社会科学文献出版社出版，被出版社评为"社会学年度十大好书"。回想起一整年来几乎每周一次的翻译读书会，逐字逐句地斟酌与讨论，让我感受到了海东老师严谨的治学态度，也提升了我的学科素养与专业英语水平，这为本书的翻译工作打下了扎实的基础。

本书作为《新阶级社会：美国梦的终结?》的"姊妹篇"，其核心内容是探讨21世纪以来英国的社会阶级结构及其变迁的新动态。这两本有关社会阶级结构的著作，以及另一本正在翻译中的有关日本社会阶层结构变动的著作，表面上看似无关，

译后记

实则有着紧密的内在关联。即无论是美国、英国，还是日本等其他发达资本主义国家，自20世纪七八十年代以来，都经历过或正在经历着国内社会阶层结构的重组。如果概括其结构变迁的共通性，我们可以将其称为"中产陷落"，即近数十年来一种普遍存在于西方发达国家中社会两极化的趋势。实际上在本书中，这一观点也被作者们反复提及，并贯穿始终。萨维奇等认为，当前在英国，由于传统中产阶级与工人阶级近百年来不断争夺其阶级边界而使整个社会阶级结构的中游区域变得越发模糊难辨，且伴随着经济资本、文化资本与社会资本的累积效应，处于社会顶层的贵族（或称其为精英阶级）的优势地位不断凸显，以及由于缺乏任何资本而处于社会底层的不稳定无产者越来越多，整个英国社会阶级结构已明显呈现与美国"新阶级社会"异常相似的特征。因此，本书以英国为个案所探讨的阶级结构及其引发的各类社会不平等问题，其意义与启示就不仅仅局限于一国，同样值得我们学习与借鉴。

本书的翻译工作实际上是集体合作的成果。全书具体分工如下：致谢、引言、结论由袁博翻译，第1章由袁博、陆鸣鸣翻译，第2、6、7章由丁宇露翻译，第3、10、11章由梁闻轩翻译，第4章和附录由陆鸣鸣翻译，第5、8、9章由王心芳翻译。全书由袁博负责校对，丁宇露、王心芳、陆鸣鸣、梁闻轩协助校对并做了大量的图表、文字等技术性处理工作，为本书的出版贡献颇多。

在此，还要感谢社会科学文献出版社杨桂凤老师和张小菲编辑在本书翻译以及出版过程中予以的指导与帮助。最后想说的是，翻译工作不仅要求译者有较高的专业素养与外语水平，还需要相当程度的耐心与细心，即便如此也难免出现各类问题，所以责任完全在译校者。恳请读者朋友们批评指正，以进一步完善翻译质量。

袁 博

2021年7月3日

图书在版编目（CIP）数据

21世纪英国的社会阶级 /（英）迈克·萨维奇 (Mike Savage) 等著；袁博等译 . -- 北京：社会科学文献出版社，2021.10
（社会研究新视野丛书）
书名原文：Social Class in the 21st Century
ISBN 978-7-5201-8271-3

Ⅰ. ①2… Ⅱ. ①迈… ②袁… Ⅲ. ①社会阶层 - 研究 - 英国 - 21世纪 Ⅳ. ① D756.161

中国版本图书馆CIP数据核字（2021）第076202号

审图号：GS（2021）5146号

社会研究新视野丛书
21世纪英国的社会阶级

著　　者	/ 〔英〕迈克·萨维奇 (Mike Savage) 等
译　　者	/ 袁　博　等
出 版 人	/ 王利民
组稿编辑	/ 杨桂凤
责任编辑	/ 赵　娜　张小菲
责任印制	/ 王京美
出　　版	/ 社会科学文献出版社·群学出版分社（010）59366453 地址：北京市北三环中路甲29号院华龙大厦　邮编：100029 网址：www.ssap.com.cn
发　　行	/ 市场营销中心（010）59367081　59367083
印　　装	/ 三河市东方印刷有限公司
规　　格	/ 开　本：880mm × 1230mm　1/32 印　张：13　字　数：245千字
版　　次	/ 2021年10月第1版　2021年10月第1次印刷
书　　号	/ ISBN 978-7-5201-8271-3
著作权合同登记号	/ 图字01-2021-4624号
定　　价	/ 89.00元

本书如有印装质量问题，请与读者服务中心（010-59367028）联系
▲ 版权所有　翻印必究